土地利用分析案例式实验教程

谢花林 卢 华 何亚芬 陈倩茹 温家明 著

科学出版社
北 京

内 容 简 介

本书结合微观、中观和宏观数据，以综合实验案例的形式直观和详尽地揭示土地利用分析的不同方法、不同方法的适用条件及可解决的具体土地利用问题，详细展示了微观的农户土地利用行为驱动、中观的土地利用风险评估和关键性生态空间识别、宏观的土地利用格局演变和优化等土地利用分析案例实验过程。

本书适合高等院校土地资源管理、地理学和城乡规划专业教师及学生使用，也适合相关研究人员参考、使用。

图书在版编目(CIP)数据

土地利用分析案例式实验教程/谢花林等著. ——北京：科学出版社，2023.2
ISBN 978-7-03-074118-9

Ⅰ. ①土… Ⅱ. ①谢… Ⅲ. ①土地利用–案例–教材 Ⅳ. ①F301.24

中国版本图书馆 CIP 数据核字（2022）第 234454 号

责任编辑：郝 静／责任校对：杜子昂
责任印制：张 伟／封面设计：无极书装

科学出版社 出版
北京东黄城根北街 16 号
邮政编码：100717
http://www.sciencep.com

北京中石油彩色印刷有限责任公司 印刷
科学出版社发行 各地新华书店经销

*

2023 年 2 月第 一 版　开本：787×1092　1/16
2023 年 2 月第一次印刷　印张：11 1/2
字数：250 000

定价：68.00 元
（如有印装质量问题，我社负责调换）

前 言

土地利用分析已广泛地运用在地理学、环境学、生态学、社会学、经济学、管理学等诸多领域。作者结合多年来的教学和科研体会发现，目前鲜有系统介绍土地利用分析式案例的教材，导致相关专业的本科生和研究生对土地利用的研究方法缺乏直观清晰的认识，利用现代土地利用方法来分析和解决现实问题的能力也并不突出。为提高学生的学习兴趣和解决实际问题的能力，作者编写了本书。本书的指导思想是以综合实验案例的形式直观和详尽地解释土地利用分析中的不同方法、不同方法的适应条件及可解决的具体土地利用问题等。本书适合为土地资源管理、地理科学、人文地理与城乡规划等相关专业的本科生、研究生及科研工作者提供土地利用分析的具体思路、方法和途径。

本书共有12个实验，分别对应12个综合案例，具体包括：①土地利用格局演变特征分析；②土地利用变化驱动力分析；③区域土地利用生态风险分析；④森林优先保护区识别；⑤区域关键性生态空间识别；⑥土地利用变化模拟；⑦耕地质量保护的农户选择行为分析；⑧农户耕地撂荒行为决策过程分析；⑨土地经营规模和效益预期对农户秸秆还田意愿的影响分析；⑩农业社会化服务的环境效应分析；⑪区域土地利用效率分析；⑫土地利用格局优化研究。每一个综合案例都详细地列出了背景、技术路线、实验步骤和小结。

本书在编写过程中，参考了大量国内外优秀科研成果和文献资料。土地利用分析本身极为复杂，涉及众多学科的理论和方法，本书所涉及的内容仅仅是土地利用分析方法研究的粗浅层面。由于作者自身知识和水平的局限，书中难免存在不足和疏漏之处，在内容组织和表达上也存在不尽如人意的地方，敬请读者批评指正。另外，书中有不少彩图，黑白印刷时很难完全呈现，为了方便阅读，相关图片旁边放置了原图二维码，读者可以通过扫码查看完整图片。

目 录

实验一 土地利用格局演变特征分析 ··· 1

    1.1 实验概述 ·· 1

        1.1.1 背景及目的 ·· 1

        1.1.2 数据说明 ·· 1

        1.1.3 整体实验设计 ·· 2

    1.2 实验步骤 ·· 4

        1.2.1 制作土地利用转移矩阵 ·· 4

        1.2.2 景观格局指数分析 ·· 9

    1.3 讨论与总结 ·· 11

    参考文献 ·· 12

实验二 土地利用变化驱动力分析 ··· 13

    2.1 实验概述 ·· 13

        2.1.1 背景及目的 ·· 13

        2.1.2 数据说明 ·· 13

        2.1.3 整体实验设计 ·· 14

    2.2 实验步骤 ·· 14

        2.2.1 插值 ·· 14

        2.2.2 实验数据提取 ·· 15

        2.2.3 距离分析 ·· 19

        2.2.4 栅格数据转点 ·· 20

        2.2.5 探索性数据分析 ··· 22

        2.2.6 变量相关性检验 ··· 23

        2.2.7 Logistic 回归分析 ·· 24

    2.3 讨论与总结 ·· 26

    参考文献 ·· 26

实验三 区域土地利用生态风险分析 ··· 27

    3.1 实验概述 ·· 27

		3.1.1	背景及目的	27
		3.1.2	数据说明	27
		3.1.3	整体实验设计	28
	3.2	实验步骤		30
		3.2.1	划分风险评价单元	30
		3.2.2	生态风险指数计算	34
		3.2.3	生态风险指数空间自相关分析	38
		3.2.4	生态风险指数空间格局分析	43
	3.3	讨论与总结		53
	参考文献			54

实验四 森林优先保护区识别 ························· 55

	4.1	实验概述		55
		4.1.1	背景及目的	55
		4.1.2	数据说明	55
		4.1.3	整体实验设计	57
	4.2	实验步骤		57
		4.2.1	双评价指标体系构建	57
		4.2.2	生态系统服务能力	57
		4.2.3	经济开发成本格局	63
		4.2.4	叠加分析	67
		4.2.5	聚类分析	67
	4.3	讨论与总结		68
	参考文献			69

实验五 区域关键性生态空间识别 ························· 70

	5.1	实验概述		70
		5.1.1	背景及目的	70
		5.1.2	数据说明	70
		5.1.3	整体实验设计	70
	5.2	实验步骤		74
		5.2.1	栅格数据的归一化处理	74
		5.2.2	水源涵养功能重要性评价	75
		5.2.3	土壤保持功能重要性评价	76
		5.2.4	生物多样性保护功能重要性评价	88
		5.2.5	地质灾害敏感性评价	89
		5.2.6	洪涝灾害敏感性评价	92
		5.2.7	关键性生态空间识别	95

5.3　讨论与总结 96
参考文献 97

实验六　土地利用变化模拟 98

6.1　实验概述 98
 6.1.1　背景及目的 98
 6.1.2　数据说明 98
 6.1.3　整体实验设计 99

6.2　实验步骤 100
 6.2.1　数据准备 100
 6.2.2　CA-Markov 模型 102
 6.2.3　Logistic-CA-Markov 模型 108

6.3　讨论与总结 112
参考文献 113

实验七　耕地质量保护的农户选择行为分析 114

7.1　实验概述 114
 7.1.1　背景及目的 114
 7.1.2　数据说明 115
 7.1.3　整体实验设计 116

7.2　实验步骤 116
7.3　讨论与总结 120
参考文献 121

实验八　农户耕地撂荒行为决策过程分析 122

8.1　实验概述 122
 8.1.1　背景及目的 122
 8.1.2　整体实验设计 122

8.2　实验步骤 123
 8.2.1　基于计划行为理论的农户耕地撂荒行为决策模型构建 123
 8.2.2　研究假说提出 123
 8.2.3　变量选取及数据说明 124

8.3　结构方程模型构建 125
 8.3.1　建立路径模型图 125
 8.3.2　结构方程模型的修正 128

8.4　讨论与总结 132
参考文献 132

实验九　土地经营规模和效益预期对农户秸秆还田意愿的影响分析 133

9.1　实验概述 133
9.1.1　背景及目的 133
9.1.2　数据说明 134
9.1.3　整体实验设计 134
9.2　实验步骤 135
9.3　讨论与总结 138
参考文献 139

实验十　农业社会化服务的环境效应分析 140

10.1　实验概述 140
10.1.1　背景及目的 140
10.1.2　数据说明 140
10.1.3　整体实验设计 141
10.2　实验步骤 144
10.3　讨论与总结 148
参考文献 148

实验十一　区域土地利用效率分析 149

11.1　实验概述 149
11.1.1　背景及目的 149
11.1.2　数据说明 150
11.1.3　整体实验设计 151
11.2　实验步骤 153
11.3　讨论与总结 159
参考文献 159

实验十二　土地利用格局优化研究 160

12.1　实验概述 160
12.1.1　背景及目的 160
12.1.2　数据说明 160
12.1.3　整体实验设计 161
12.2　实验步骤 164
12.2.1　生态系统服务价值计算 164
12.2.2　关键性生态用地识别 165
12.2.3　生态用地目标约束下的土地利用格局优化 169
12.3　讨论与总结 176
参考文献 176

实验一
土地利用格局演变特征分析

1.1 实验概述

1.1.1 背景及目的

土地利用/覆被变化（land use and cover change，LUCC）研究在全球气候变化、粮食安全、土壤退化和生物多样性等关键问题研究中发挥着越来越重要的作用。LUCC 对景观格局有巨大的影响。景观是以类似方式重复出现的、相互作用的若干生态系统的聚合所组成的异质性土地地域（Forman and Godron，1986）。人类的经济开发活动主要是在景观层面上进行的，因而景观成为研究人类活动对环境影响的适宜尺度（谢花林，2008；彭建等，2004）。景观格局是景观异质性的具体体现，又是各种生态过程在不同尺度上长期作用的结果（邬建国，2000），是 LUCC 最直观的标志。认识土地利用变化与景观格局之间的相互作用机制对区域土地资源的可持续利用和受损生态系统的恢复与重建具有重要理论和现实意义（冯异星等，2009）。景观格局指数具有高度浓缩景观格局信息的功能，广泛应用于景观格局分析（朱东国等，2017）。常用的景观格局指数包括三个尺度：斑块水平指数、类型水平指数及景观水平指数。不同尺度的景观格局指数能够定量地描述不同水平的景观格局，从而对其组成、结构、特征及功能的差异进行探究（Li and Wu，2004）。

本实验希望达到以下目的：①掌握利用 ArcGIS 10.2.2 软件进行栅格数据叠加分析的方法；②掌握土地利用转移矩阵的计算方法；③掌握利用 Fragstats 4.2.1 软件计算景观格局指数的方法。

1.1.2 数据说明

本实验所使用的数据存储于 data_exp1 文件夹中，包含的数据信息见表 1.1。

表 1.1 实验数据信息

数据类型	数据来源	数据内容	数据说明
空间数据	网络获取	LULC 现状数据	栅格数据（100m×100m）

注：LULC 指土地利用/土地覆被（the land-use/land-cover）

本实验中的 LULC 现状数据的形式为栅格，格式为 tif，格网单位为 100m×100m，年份为 2010 年和 2015 年。LULC 现状分类包括耕地、林地、草地、水域、建设用地和未利用地 6 个一级类，见表 1.2，可以直接使用这些数据进行土地利用格局演变特征分析。

表 1.2　LULC 现状分类

编号	名称	含义
1	耕地	种植农作物的土地，包括熟耕地、新开荒地、休闲地、轮歇地、草田轮作地；以种植农作物为主的农果、农桑、农林用地；耕种三年以上的滩地和滩涂
2	林地	生长乔木、灌木、竹类，以及沿海红树林等林业用地
3	草地	以生长草本植物为主，覆盖度在 5%以上的各类草地，包括以牧为主的灌丛草地和郁闭度在 10%以下的疏林草地
4	水域	天然陆地水域和水利设施用地
5	建设用地	城乡居民点及县镇以外的工矿、交通等用地
6	未利用地	目前还未利用的土地，包括难利用的土地

1.1.3　整体实验设计

本实验主要在 ArcGIS 10.2.2、Fragstats 4.2.1 和 Excel 2016 的软件环境下，从土地利用数量变化和景观格局变化两个角度，制作土地利用转移矩阵，计算景观格局指数，对研究区 2010～2015 年的土地利用格局变化进行分析。整体实验流程如图 1.1 所示。

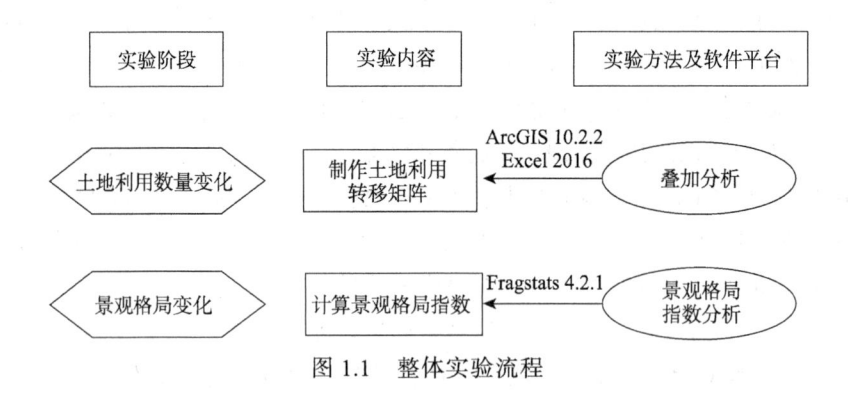

图 1.1　整体实验流程

1. 土地利用数量变化分析

土地利用转移矩阵可以定量地表明不同土地利用类型（简称地类）之间的转换情况。

2. 景观格局变化分析

景观格局指数可以从斑块、类型和景观三个尺度进行衡量。本实验主要从类型和景观两个尺度对土地利用格局演变特征进行分析。在类型尺度中主要选取的是斑块数量（NP）、斑块密度（PD）、最大斑块指数（LPI）、边缘密度（ED）、周长-面积分维数（PAFRAC）、散布与并列指数（IJI）、斑块结合度指数（COHESION）、分离度指数（SPLIT）、聚集度指数（AI）9 个指标。景观尺度则主要从斑块数量（NP）、斑块密度（PD）、最大斑块指数（LPI）、边缘密度（ED）、周长-面积分维数（PAFRAC）、蔓延度指数（CONTAG）、分离度指数（SPLIT）、聚集度指数（AI）、散布与并列指数（IJI）9 个指标中进行选取。各景观格局指数的含义见表 1.3。

表 1.3　景观格局指数

尺度	景观格局指数	公式	含义
类型/景观	斑块数量	$NP = N$	NP（个）越大，则破碎程度越高；反之，则破碎程度越低；式中，N 为景观的斑块数量
类型/景观	斑块密度	$PD\_C = \dfrac{n_i}{A} \times 10^6$ $PD\_L = \dfrac{N}{A} \times 10^6$	PD（个/km²）越大，则破碎程度越高；反之，则破碎程度越低；式中，N 为景观的斑块数量，n_i 为斑块类型 i 的斑块数量，A 为景观面积（m²）
类型/景观	最大斑块指数	$LPI = \dfrac{\max(a_1, \cdots, a_n)}{A} \times 10^2$	LPI（%）反映最大斑块对整个景观的影响程度。LPI 越小，则某种景观类型所代表的最大斑块面积越小；式中，$a_1, \cdots, a_n$ 为斑块面积（m²），A 为景观面积（m²）
类型/景观	边缘密度	$ED\_C = \dfrac{\sum\limits_{k=1}^{m} e_{ik}}{A} \times 10^4$ $ED\_L = \dfrac{E}{A} \times 10^4$	ED（m/hm²）表示单位面积异质景观要素斑块间边缘长度，反映景观类型的复杂程度；式中，E 为景观边缘总长度（m），e_{ik} 为景观中斑块类型 i 与 k 的边缘总长度（m），A 为景观面积（m²），m 为斑块类型数量
类型/景观	周长-面积分维数	$PAFRAC\_C = \dfrac{2 \Big/ \left\{ \left[n_i \sum\limits_{j=1}^{n}(\ln p_{ij} \times \ln a_{ij}) \right] - \left[\left(\sum\limits_{j=1}^{n} \ln p_{ij}\right)\left(\sum\limits_{j=1}^{n} \ln a_{ij}\right) \right] \right\}}{\left(n_i \sum\limits_{j=1}^{n} \ln p_{ij}^2 \right) - \left(\sum\limits_{j=1}^{n} \ln p_{ij} \right)^2}$ $PAFRAC\_L = \dfrac{2 \Big/ \left\{ \left[N \sum\limits_{i=1}^{m}\sum\limits_{j=1}^{n}(\ln p_{ij} \times \ln a_{ij}) \right] - \left[\left(\sum\limits_{i=1}^{m}\sum\limits_{j=1}^{n} \ln p_{ij}\right)\left(\sum\limits_{i=1}^{m}\sum\limits_{j=1}^{n} \ln a_{ij}\right) \right] \right\}}{\left(N \sum\limits_{i=1}^{m}\sum\limits_{j=1}^{n} \ln p_{ij}^2 \right) - \left(\sum\limits_{i=1}^{m}\sum\limits_{j=1}^{n} \ln p_{ij} \right)^2}$	PAFRAC 反映景观形状复杂程度。PAFRAC 越大，则其受人类的干扰程度越大；反之，则其受人类的干扰程度越小；式中，a_{ij} 为斑块类型 ij 的面积（m²），p_{ij} 为斑块类型 ij 的周长（m），N 为景观的斑块数量，n_i 为斑块类型 i 的斑块数量，m 和 n 为斑块类型数量
类型/景观	散布与并列指数	$IJI\_C = \dfrac{-\sum\limits_{k=1}^{m}\left[\left(\dfrac{e_{ik}}{\sum\limits_{k=1}^{m} e_{ik}}\right) \times \ln\left(\dfrac{e_{ik}}{\sum\limits_{k=1}^{m} e_{ik}}\right)\right]}{\ln(m-1)} \times 10^2$ $IJI\_L = \dfrac{-\sum\limits_{i=1}^{m}\sum\limits_{k=i+1}^{m}\left[\left(\dfrac{e_{ik}}{E}\right) \times \ln\left(\dfrac{e_{ik}}{E}\right)\right]}{\ln\{0.5[m(m-1)]\}} \times 10^2$	IJI（%）越大，表示某斑块类型与周围各类型的斑块邻接程度越高；反之，则仅与少数类型的斑块邻接；式中，e_{ik} 为斑块类型 i 与 k 的边缘总长度，E 为景观边缘的总长度，m 为斑块类型数量

续表

尺度	景观格局指数	公式	含义
类型	斑块结合度指数	$COHESION=\left[1-\dfrac{\sum_{j=1}^{m}p_{ij}}{\sum_{j=1}^{m}p_{ij}\sqrt{a_{ij}}}\right]\times\left[1-\dfrac{1}{\sqrt{Z}}\right]^{-1}\times 10^2$	COHESION（%）越大，则斑块之间的结合程度越高；反之，则斑块之间的结合程度越低；式中，p_{ij}为斑块类型ij的周长（m），a_{ij}为斑块类型ij的面积（m²），Z为景观的像素数量，m为斑块类型数量
类型/景观	分离度指数	$SPLIT\_C=\dfrac{A^2}{\sum_{j=1}^{n}a_{ij}^2}$ $SPLIT\_L=\dfrac{A^2}{\sum_{i=1}^{m}\sum_{j=1}^{n}a_{ij}^2}$	SPLIT代表分散程度。SPLIT越大，则分散程度越大；反之，则分散程度越小；式中，a_{ij}为斑块类型ij的面积（m²），A为景观面积（m²），m和n为斑块类型数量
类型/景观	聚集度指数	$AI\_C=\left[\dfrac{g_{ii}}{\max\rightarrow g_{ii}}\right]\times 10^2$ $AI\_L=\left[\sum_{i=1}^{m}\left(\dfrac{g_{ii}}{\max\rightarrow g_{ii}}\right)P_i\right]\times 10^2$	AI（%）表示斑块间的聚集程度。AI越大，则斑块间的聚集程度越大；反之，则斑块间的聚集程度越小；式中，g_{ii}为斑块类型i像素之间的相似邻接的数量，$\max\rightarrow g_{ii}$为斑块类型i的像素之间的相似邻接的最大数量，P_i为斑块类型i的比例，m为斑块类型数量
景观	蔓延度指数	$CONTAG=\left\{1+\dfrac{\sum_{i=1}^{m}\sum_{k=1}^{m}\left[P_i\times\left(\dfrac{g_{ik}}{\sum_{k=1}^{m}g_{ik}}\right)\right]\left[\ln\left(P_i\times\dfrac{g_{ik}}{\sum_{k=1}^{m}g_{ik}}\right)\right]}{2\ln m}\right\}\times 10^2$	CONTAG（%）反映不同类型的斑块之间的连接程度。CONTAG越大，则各类型之间连接程度越好；反之，则各类型之间连接程度越差；式中，P_i为斑块类型i的比例，g_{ik}为斑块类型i与k像素之间的相似邻接的数量，m为斑块类型数量

1.2 实验步骤

1.2.1 制作土地利用转移矩阵

1. 导入数据文件

打开 ArcGIS 10.2.2 软件（https://www.arcgis.com/index.html），单击 Add Data 按钮，选择文件夹中的 2005landusetype.tif 与 2010landusetype.tif 两个文件，单击 Add 按钮，出现的界面如图1.2所示。

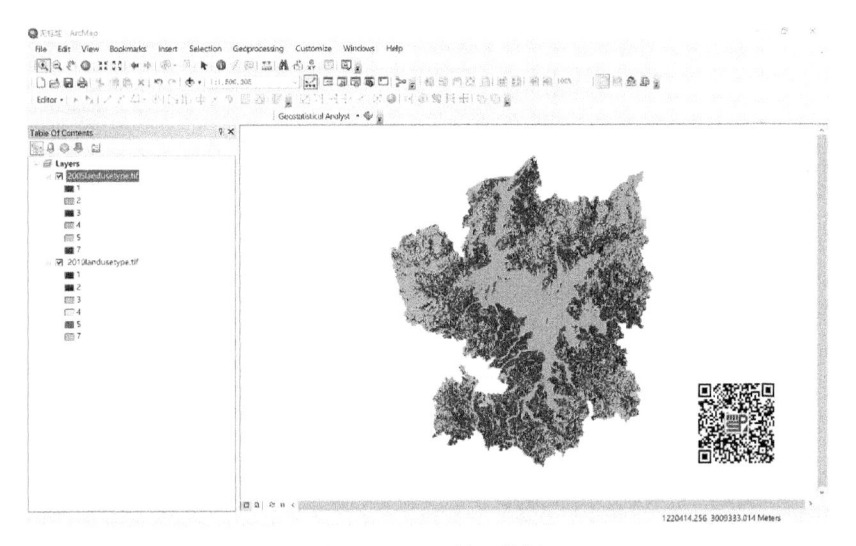

图 1.2 土地利用数据

2. 土地利用类型面积计算

在左边菜单栏中右击栅格数据，选择 Properties→Source 选项，可以查看栅格数据的坐标系、范围和分辨率等属性，如图 1.3 所示，栅格分辨率为 100m×100m，即栅格数据中每个像元（pixel）的面积为 0.01km²。

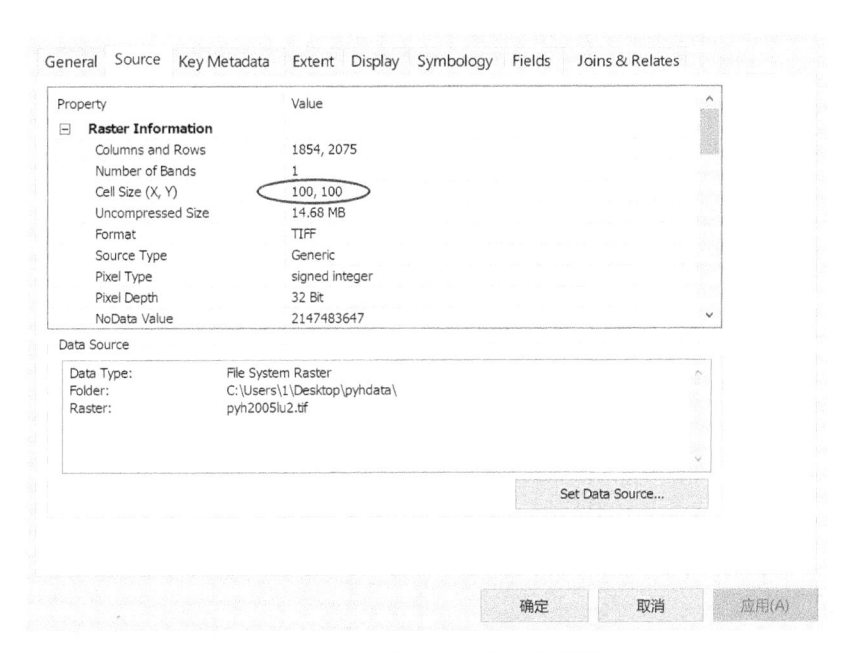

图 1.3 土地利用栅格数据分辨率

右击栅格数据，选择 Open Attribute Table 选项，即可得到每种土地利用类型（Value）的像元数量（Count），而每个像元的面积为 0.01km²，由此可以计算出 2005 年和 2010 年两期栅格数据中不同土地利用类型的面积，见表 1.4。

表 1.4　2005 年和 2010 年的土地利用类型面积及构成比例

土地利用类型	2005 年 面积/km²	构成比例/%	2010 年 面积/km²	构成比例/%
耕地	543.23	16.9085	544.06	16.9343
林地	2428.69	75.5949	2426.08	75.5137
草地	186.54	5.8062	185.22	5.7651
水域	31.87	0.9919	31.96	0.9949
建设用地	21.90	0.6817	24.92	0.7756
未利用地	0.54	0.0168	0.53	0.0164
总计	3212.77	100.0000	3212.77	100.0000

3. 栅格数据叠加分析

使用 Spatial Analyst（空间分析）工具集需要额外授权，所以首先要添加拓展模块。如图 1.4 所示，选择 Customize→Extensions 选项，在弹出的对话框中勾选 Spatial Analyst 选项，这样就可以使用 Spatial Analyst 工具。

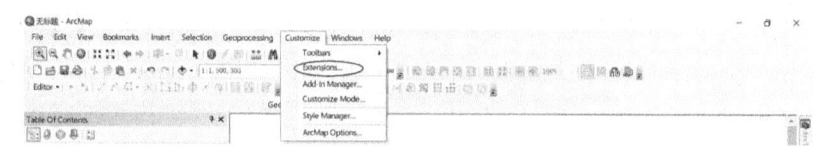

图 1.4　添加 Spatial Analyst 工具

完成 Spatial Analyst 的授权后，选择 ArcToolbox→Spatial Analyst Tools→Local→Combine 选项，打开 Combine（叠加分析）工具，如图 1.5 所示。

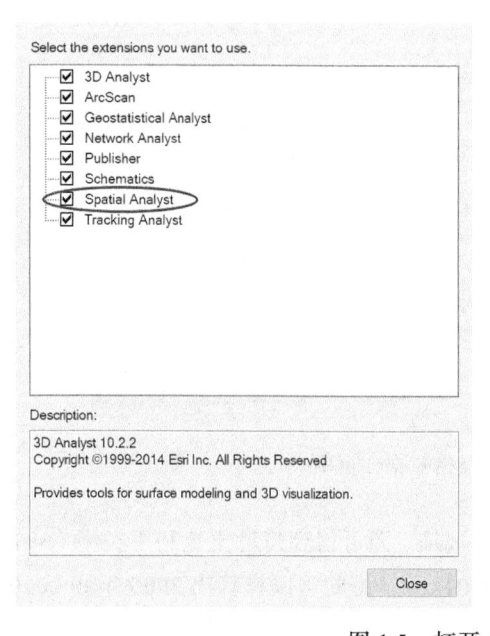

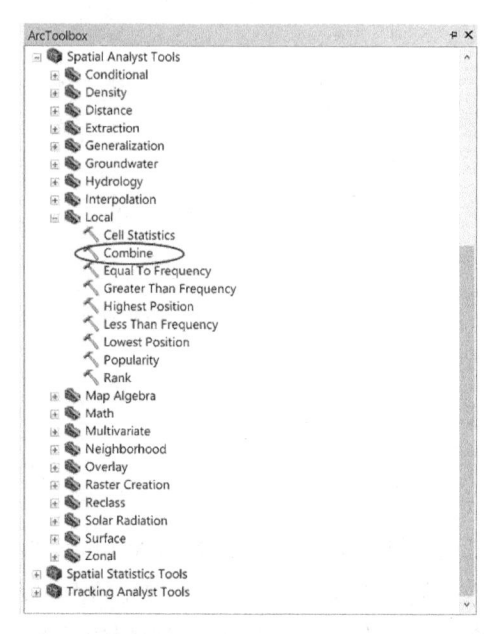

图 1.5　打开 Combine 工具

在 Input rasters 选项中添加 2005landusetype.tif 与 2010landusetype.tif，在 Output raster 选项中设定输出路径，并将名称设置为 Combine_tif，如图 1.6 所示。

图 1.6　栅格数据叠加分析

右击 Combine_tif，选择 Open Attribute Table 选项，如图 1.7 所示。例如，属性表的第一行含义为：2005～2010 年，有 455384 个属性值为 4（水域）的像元土地利用类型没有发生变化。又如，属性表的第四行含义为：2005～2010 年，有 8902 个像元的土地利用类型由 4（水域）转变为 1（耕地）。以此类推，可得到 2005～2010 年土地利用类型发生变化的像元数量，并相应地计算其面积。

图 1.7　栅格数据分析结果

为了方便数据处理和制作土地利用转移矩阵，可将属性表的内容复制到 Excel 2016 软件中进行处理，如图 1.8 所示，选择 Table options→Add Field 选项，即可选中所有的栅格属性；选择 Export 选项，再右击 Copy Selected 按钮，即可直接将属性表的内容复制到 Excel 2016 软件中。

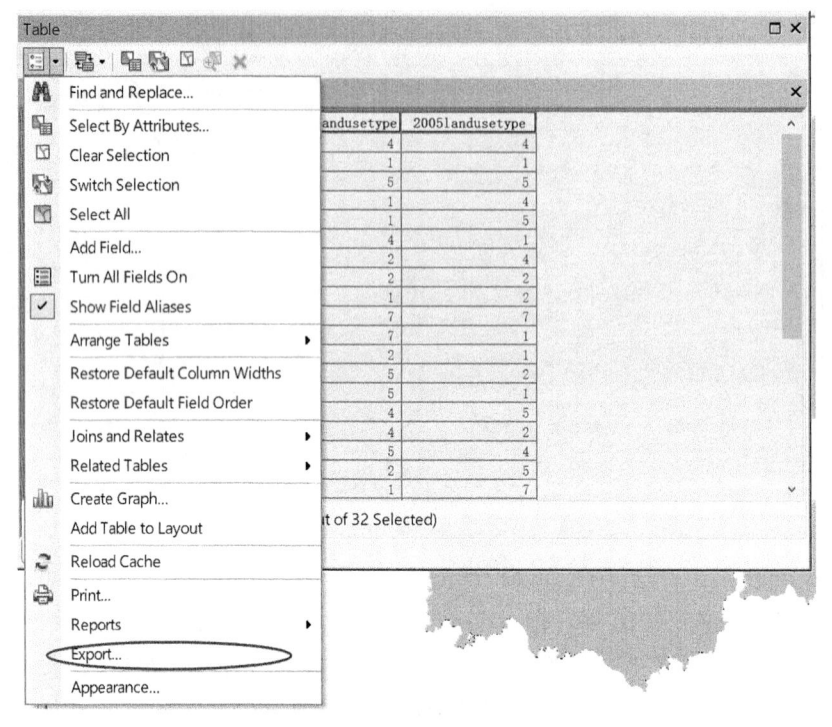

图 1.8　生成数据表

4. 制作土地利用转移矩阵

在 Excel 2016 软件中，选中所有数据后，选择"插入"→"数据透视表"选项，如图 1.9 所示。

图 1.9　数据透视表

在数据透视表字段框中，勾选 COUNT、PYH2005LU2 和 PYD2010LU 选项，分别将其拖至 Σ 值、行和列中，如图 1.10 所示。每个像元的面积为 0.01km^2，根据像元数量变化，即可得到 2005~2010 年研究区不同土地利用类型之间的数量关系，从而完成土地利用转移矩阵的构建，以此反映 2005~2010 年研究区土地利用数量变化。

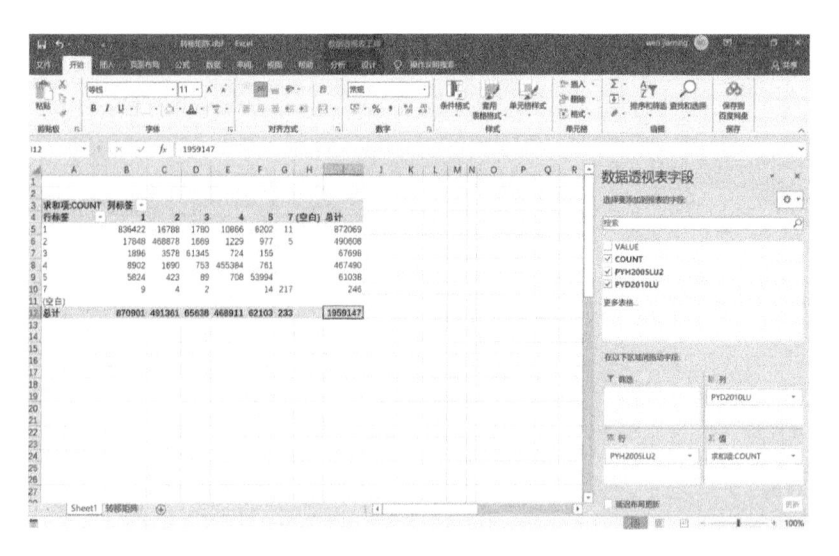

图 1.10 土地利用转移矩阵

1.2.2 景观格局指数分析

1. Fragstats 4.2.1 软件介绍

Fragstats 4.2.1 软件由马萨诸塞大学景观生态学实验室开发（https://github.com/kmcgarigal/Fragstats），图 1.11 为 Fragstats 4.2.1 软件的初始界面。对用 Fragstats 4.2.1 软件分析的文件，其文件名称与文件路径不能包含中文，否则 Fragstats 4.2.1 软件将报错，无法执行景观格局指数计算。

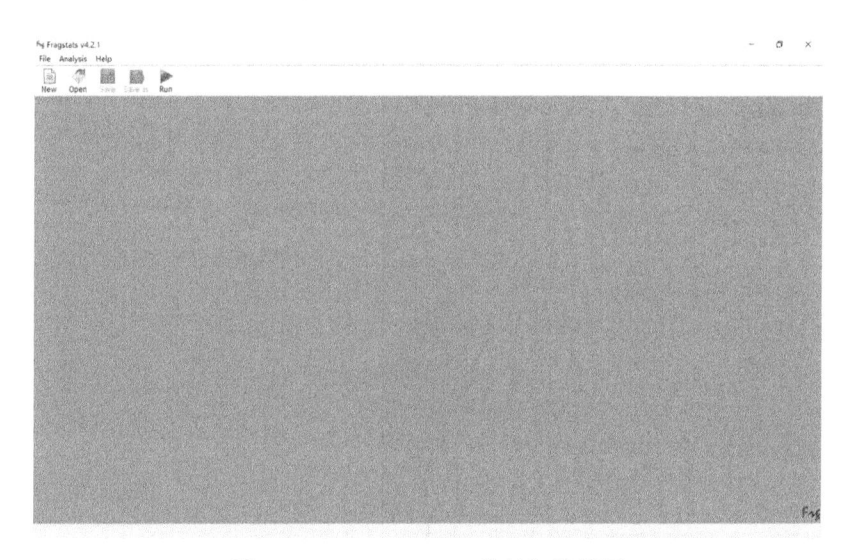

图 1.11 Fragstats 4.2.1 软件初始界面

在 Fragstats 4.2.1 软件中，单击 New 或者在 File 下拉菜单中选择 New 选项都可以新建一个工程文件，文件名默认为 unnamed.fca，同时会出现 Fragstats 4.2.1 软件的工作界面，如图 1.12 所示。其中，左侧为待分析图层的相关信息以及分析参数的输入界面，右上方为分析结果，右下方则为软件运行状态。

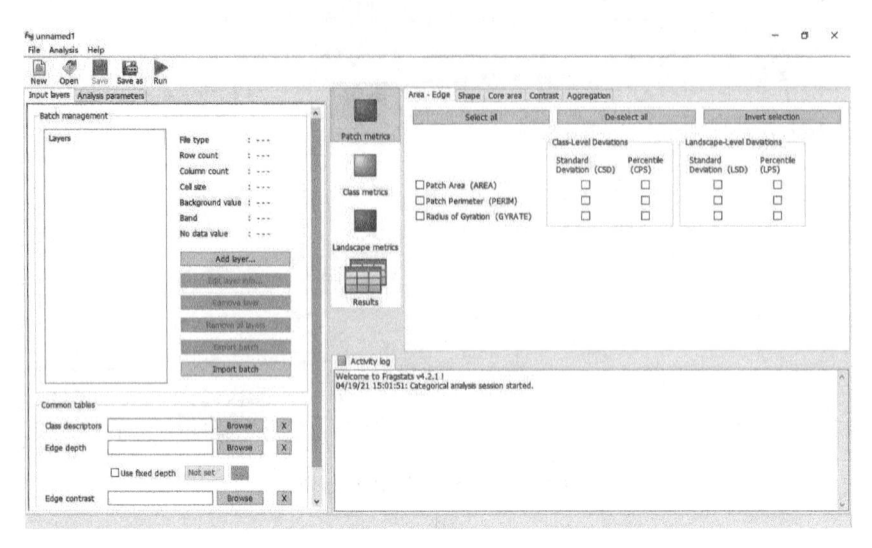

图 1.12　Fragstats 4.2.1 软件工作界面

2. 数据输入

在 Input layers 窗口单击 Add layer 按钮，将栅格形式的 LULC 数据导入 Fragstats 4.2.1 中，由于文件是 tif 格式，这里选择 GeoTIFF grid 选项，分别导入 2005 年和 2010 年的研究区 LULC 数据，如图 1.13 所示。

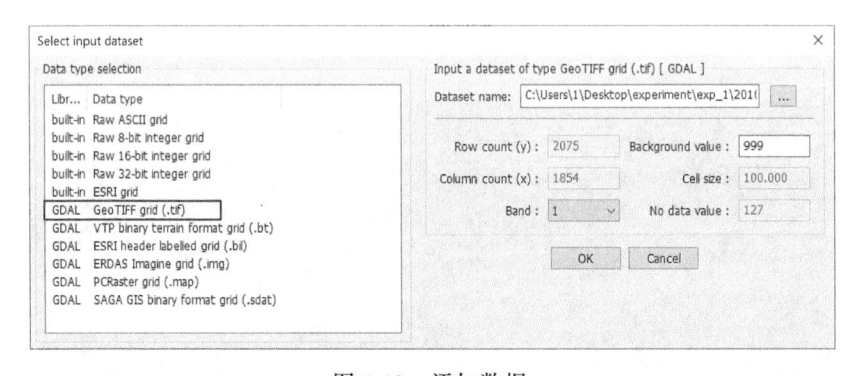

图 1.13　添加数据

3. 景观格局指数计算

首先，设置分析参数。单击工作界面左侧窗口上分析参数选项卡的 Analysis parameters 选项。可以通过选择邻域规则（4 邻域规则或 8 邻域规则）来设置分析窗口的大小，指定是否要对景观进行采样以分析子景观，并设置分析方法。本实验选择保留默认的 8 邻域规则。分析方法选择 No sampling，由于本实验在景观和类型尺度上对研究区景观格局变化进行度量，需首先勾选 Landscape metrics 和 Class metrics 复选框，如图 1.14 所示。

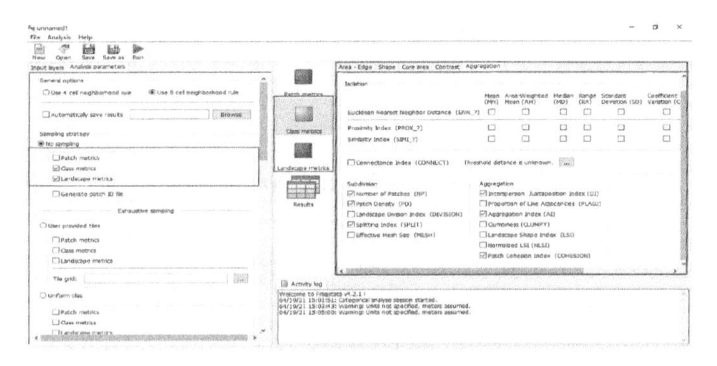

图 1.14　景观格局指数参数设置

其次，选择景观格局指数。在工作界面分别单击 Landscape metrics 和 Class metrics 按钮，并勾选想要计算的景观格局指数，如图 1.15 所示，在景观和类型尺度可同时勾选最大斑块指数进行计算。

图 1.15　景观格局指数选择

最后，单击 Run 按钮，运行 Fragstats 4.2.1 软件，在弹出的窗口中单击 Proceed 按钮。当 Activity log 状态栏中显示 Run completed 时，本次分析任务完成；否则，软件运行有误，需要根据状态栏的反馈重新调整参数。景观格局指数计算结果如图 1.16 所示。

图 1.16　景观格局指数计算结果

1.3　讨论与总结

本章主要在 ArcGIS 10.2.2 与 Fragstats 4.2.1 软件的支持下，分析了两期土地利用栅格数据的土地利用数量变化和景观格局变化。Fragstats 4.2.1 软件是常用的开源景观分析软件。读者在使用时，可以通过菜单栏上方 Help 选项中对景观格局分析、景观格局指数的阐述和说明，进一步了解该软件的用法。

本实验也存在一些可以改进的地方。例如，在分析不同土地利用类型的数量变化时，可进一步利用土地利用类型转换的转入–转出贡献率、土地利用类型转换的转移动态度等指标分析其动态变化特征。又如，在分析土地利用景观格局变化时，可采用 Fragstats 4.2.1

软件中的移动窗口法计算景观格局指数，该方法生成的结果是与输入格网具有相同数据格式的格网。

参 考 文 献

冯异星, 罗格平, 尹昌应, 等. 2009. 干旱区内陆河流域土地利用程度变化与生态安全评价——以新疆玛纳斯河流域为例[J]. 自然资源学报, 24(11): 1921-1932.

彭建, 王仰麟, 刘松, 等. 2004. 景观生态学与土地可持续利用研究[J]. 北京大学学报(自然科学版), 40(1): 154-160.

邬建国. 2000. 景观生态学——概念与理论[J]. 生态学杂志, 19(1): 42-52.

谢花林. 2008. 基于景观结构和空间统计学的区域生态风险分析[J]. 生态学报, 28(10): 5020-5026.

朱东国, 谢炳庚, 熊鹏. 2017. 基于三维景观格局指数的张家界市土地利用格局时空演化[J]. 经济地理, 37(8): 168-175.

Forman R, Godron M. 1986. Landscape Ecology[M]. Hoboken: John Wiley and Sons.

Li H, Wu J. 2004. Use and misuse of landscape indices[J]. Landscape Ecology, 19(4): 155-169.

实验二 土地利用变化驱动力分析

2.1 实验概述

2.1.1 背景及目的

土地利用变化是指人类改变土地利用和管理方式,导致土地覆被变化。土地利用变化的两个研究方向如下:一是通过实例研究揭示不同状态下覆被动态变化的特征和原因;二是建立全球或区域土地利用变化模型,通过模型揭示土地利用与驱动力的相关关系,预测全球或区域土地利用的未来趋势。因此,研究土地利用变化是研究一个地区自然条件、资源和社会经济发展区域结构及优化配置的重要途径之一,对区域产业布局、土地合理利用具有指导意义。综合某地区人口密度、人均地区生产总值、海拔、坡度等社会和自然因素,本实验利用逻辑(Logistic)回归模型对区域建设用地变化的驱动因素进行分析。本实验希望达到以下目的:①理解土地利用变化的驱动机制;②掌握并运用Logistic 回归模型研究实际问题;③掌握并运用数据空间化处理方法进行空间数据的处理与分析。

2.1.2 数据说明

本实验所使用的数据存储于 data_exp2 文件夹中,包含的数据信息见表 2.1。

表 2.1 实验数据信息

数据类型	数据来源	数据内容	数据说明
社会经济数据	中国社会经济统计资料及相关统计年鉴	人口密度、人均地区生产总值	表格数据
基础地理数据	网络获取	海拔、坡度、河流、道路、城镇中心	矢量数据
土壤数据	网络获取	土壤有机质含量、土壤含沙量	矢量数据
土地利用数据	网络获取	区域土地利用数据	矢量数据

在实际研究中,存在数据收集和预处理阶段。该阶段涉及的操作包括社会经济数据的收集和清洗、空间数据和社会经济数据的对应、投影系统的选定等,这些操作已经预先完成,并形成了本实验提供的原始数据,可以直接使用这些数据进行实验操作。

2.1.3 整体实验设计

首先，在 ArcGIS 10.2.2 软件上对社会经济数据进行空间插值，实现社会经济数据的空间化；其次，对两年期的土地利用数据进行叠加分析，识别出新增建设用地，为满足 Logistic 回归分析要求，需要随机选取与新增建设用地数量相当的非新增建设用地（其他地类未转为建设用地），这里运用 ArcPy 站点包通过编程实现非新增建设用地的随机选取；再次，运用 ArcGIS 10.2.2 软件中的距离分析工具测算因变量（新增建设用地和随机选取的非新增建设用地）到最近河流、最近道路及城镇中心等要素的距离；最后，将因变量（新增建设用地和随机选取的非新增建设用地）对应的海拔、坡度、土壤有机质含量、土壤含沙量、人口密度、人均地区生产总值等变量值连接到因变量上。

在整理好空间数据的基础上，将对应的 dbf 数据放到 SPSS 软件中，进行探索性数据分析；通过协变量之间的相关分析后，选取最终放入模型中的协变量（Xie et al., 2017）；利用二元 Logistic 回归分析工具探究新增建设用地变化的驱动力（Menard, 1995）。

2.2 实验步骤

2.2.1 插值

社会经济发展情况是影响土地利用变化的重要因素，本实验选取区域人口密度和人均地区生产总值两个社会经济因素，首先对它们进行数据的空间化。以下以人口密度数据的空间插值为例，展示社会经济数据空间化的步骤。

在 ArcMap 中加载 xzpointpop 点数据（图 2.1），在 ArcToolbox 工具中选择 "Spatial Analyst 工具" → "插值分析" → "克里金法"。"克里金法" 工具窗口如图 2.2 所示，"输入点要素" 栏选择数据 xzpointpop，"Z 值字段" 栏选择人口密度的字段 rkmd，"输出表面栅格" 栏键入输出数据的保存地址，"输出像元大小" 栏可以选择与已有数据一致，其他部分保持默认选项，单击 "确定" 按钮后，得到结果，如图 2.3 所示。

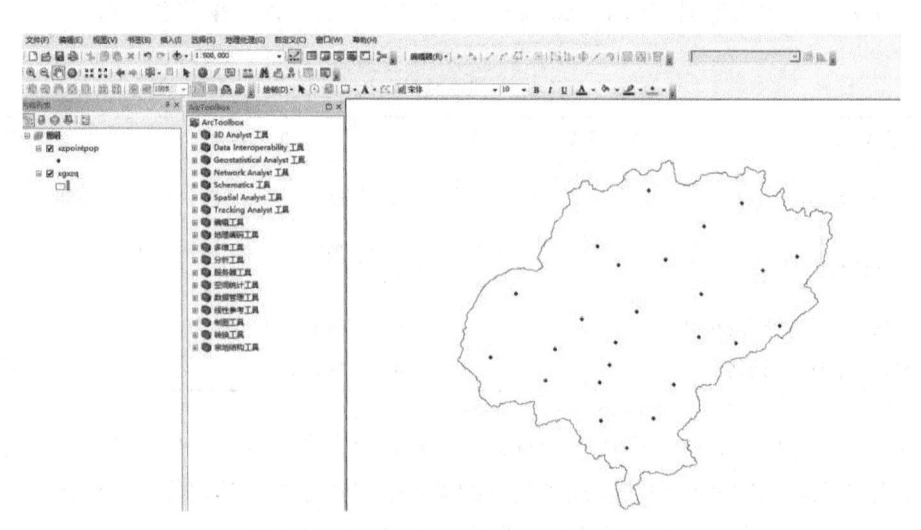

图 2.1 在 ArcMap 中加载人口密度数据

实验二 土地利用变化驱动力分析 15

图 2.2 "克里金法"工具窗口

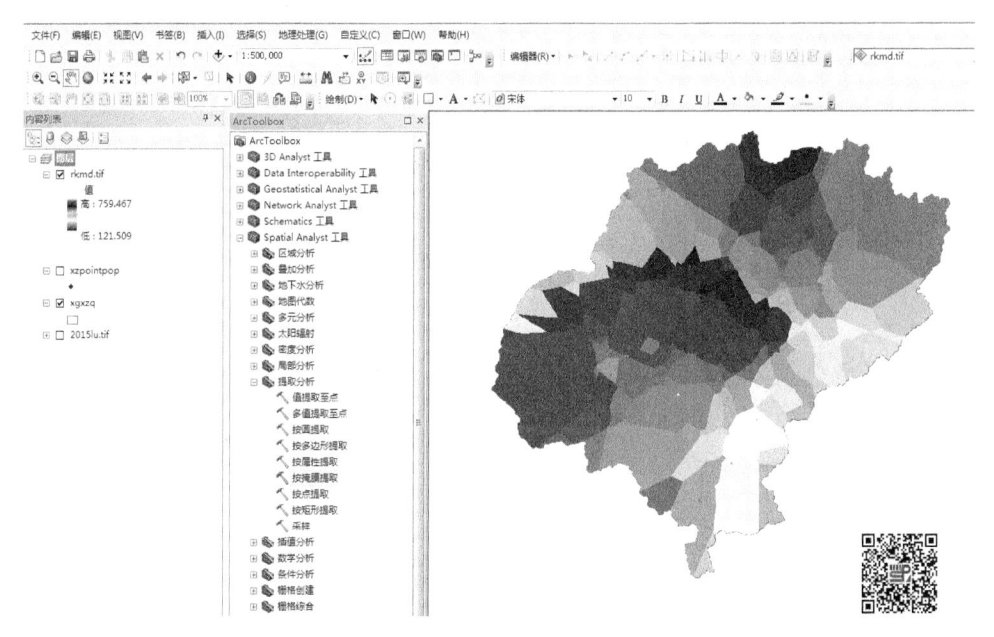

图 2.3 人口密度克里金插值结果

2.2.2 实验数据提取

1. 新增建设用地提取

在 ArcGIS 10.2.2 中加载 2015 年和 2010 年的土地利用数据（图 2.4）。第一，利用"Spatial Analyst 工具"→"提取分析"→"按属性提取"工具提取 2015 年的建设用地（图 2.5），保存为 2015lu-b.tif。第二，利用"Spatial Analyst 工具"→"提取分析"→"按掩膜提取"工具叠加 2010 年的土地利用数据（图 2.6），保存为 2010-b-2015.tif。

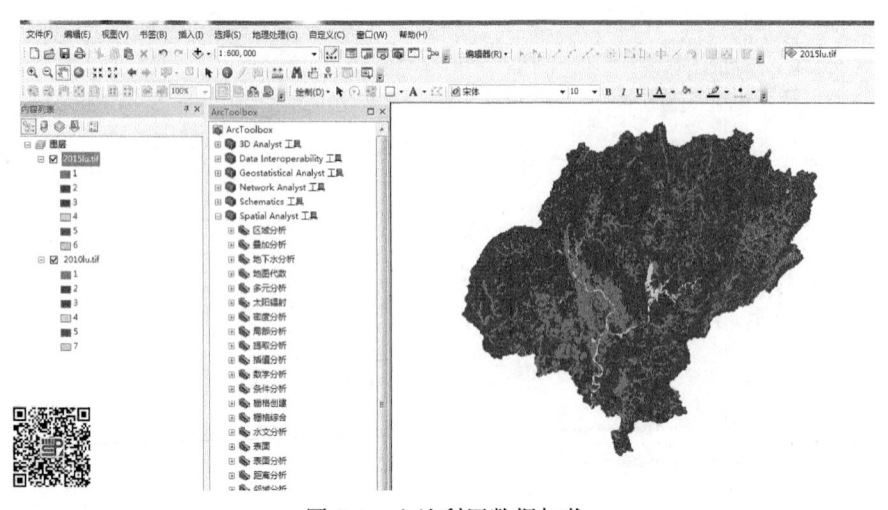

图 2.4　土地利用数据加载

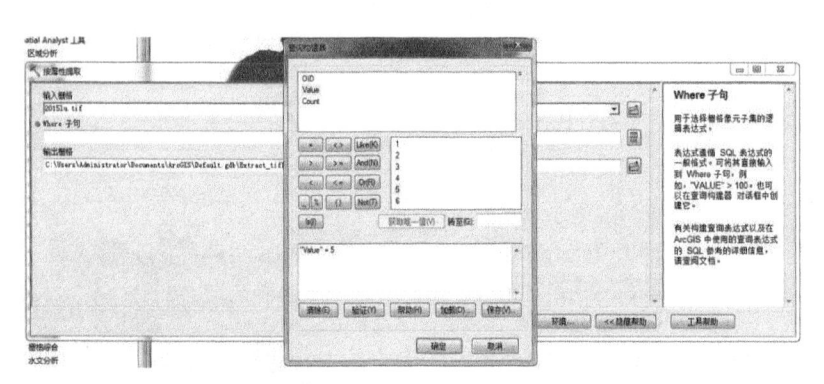

图 2.5　"按属性提取"工具窗口

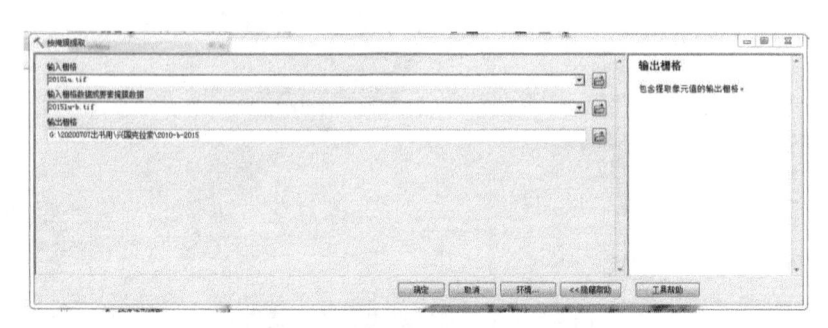

图 2.6　"按掩膜提取"工具窗口

生成的 2010-b-2015.tif 数据中便包含了 2010~2015 年保留的建设用地和其他地类转为的建设用地数据，如图 2.7 所示。

OBJECTID	Value	Count	备注
1	1	400	由耕地转为建设用地
2	2	258	由林地转为建设用地
3	3	24	由草地转为建设用地
4	4	14	由水域转为建设用地
5	5	1767	保留为建设用地

图 2.7　2015 年建设用地类型转换数据

由其他地类（耕地、林地、草地和水域）转为建设用地的共有 696 个栅格，对应 696 条土地利用变化记录。为便于后续数据的处理和分析，需要将栅格数据转为点数据，在 ArcToolbox 工具中选择"转换工具"→"由栅格转出"→"栅格转点"选项，将其他地类转为建设用地的栅格数据转为点数据，增加字段"Y"，并将属性赋值为 1，命名为 Y-1.shp，结果如图 2.8 所示。

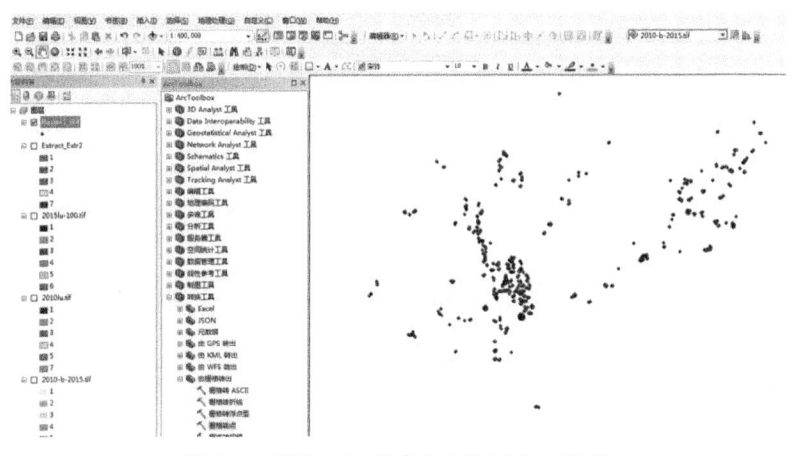

图 2.8　提取的新增建设用地转为点数据

2. 新增非建设用地提取

根据 Logistic 回归模型建立对因变量（Y）的要求，需要从 2010~2015 年未发生转为建设用地的其他地类中运行 Python 选项，以随机抽样脚本的方式随机抽取 696 个栅格，具体步骤如下。

在 ArcGIS 10.2.2 软件中加载 2010 年的土地利用数据 2010lu.tif，在 ArcToolbox 工具中选择"Spatial Analyst 工具"→"提取分析"→"按属性提取"选项，"输入栅格"栏中输入 2010lu.tif，"Where 子句"栏中输入结构化查询语言（structured query language，SQL）语句，如图 2.9 所示。

图 2.9　按属性提取非新增建设用地

将提取出的数据作为掩膜，选择"Spatial Analyst 工具"→"提取分析"→"按掩膜提取"选项，继续提取 2015 年土地利用数据，得到 2010 年地类为非建设用地的土地利用数据在 2015 年的地类分布。由提取到的结果可知，部分非建设用地在 2010~2015 年转为了建设用地，需要将这部分数据剔除。因此，继续选择"Spatial Analyst 工具"→"提取分析"→"按属性提取"选项，提取目标地类，得到最终需要的数据 Extract_Extr2，如图 2.10 所示。

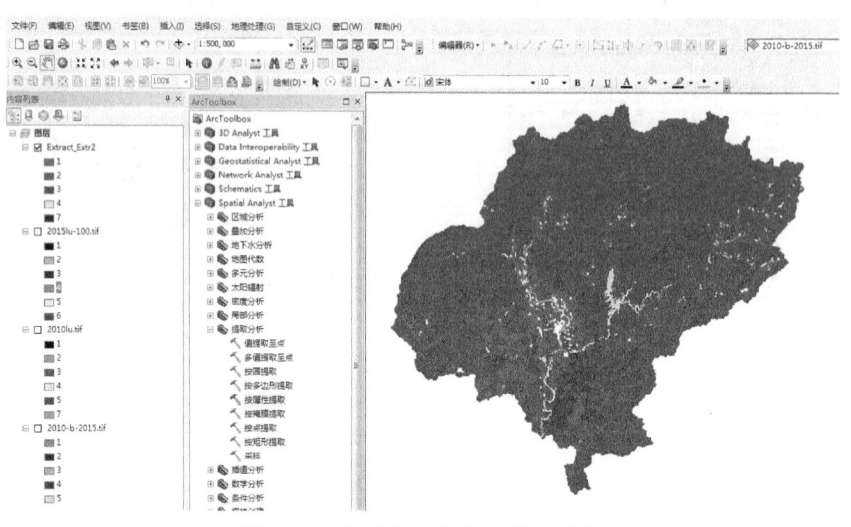

图 2.10　非新增建设用地提取结果

将 Extract_Extr2 转为点数据，运行 Python 选项，采用随机抽样脚本的方式随机抽取 696 个点数据，随机抽样的 Python 脚本如图 2.11 所示。

```python
>>> import arcpy,random
A= random.sample(range(317288), 696)
value=""
for i in range(0,696):
    if(i==695):
        value += 'pointid='+'%d' %(A[i])
    else:
        value += 'pointid='+'%d' %(A[i])+" OR "
arcpy.SelectLayerByAttribute_management
("RasterT_Extract1","ADD_TO_SELECTION",value)
```

图 2.11　随机抽样的 Python 脚本

在 ArcGIS 10.2.2 软件的工具栏中打开 Python 窗口，输入如图 2.11 所示的脚本，按 Enter 键，即可完成样本点的随机抽样。随机抽样结果如图 2.12 所示。

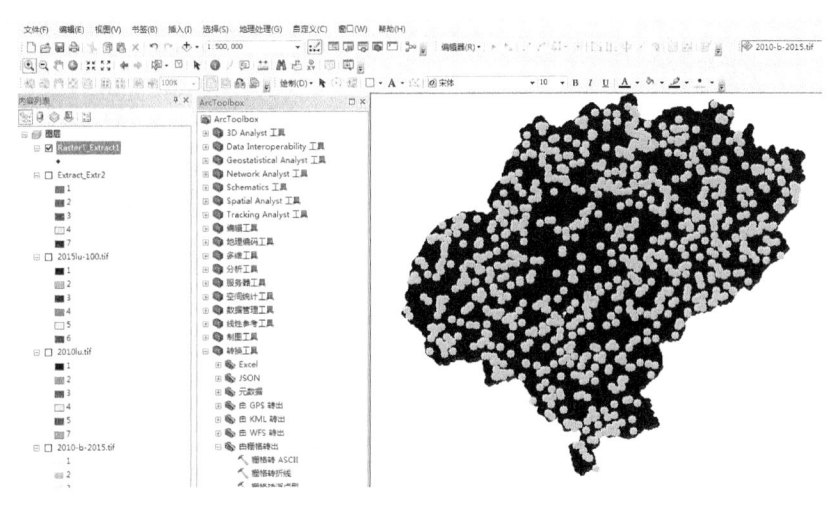

图 2.12　随机抽样的结果

将随机抽样获取的点导出，命名为 Y-0.shp，并增加字段"Y"，属性赋值为 0。

在 ArcToolbox 工具中选择"数据管理工具"→"常规"→"合并"选项，将点图层 Y-0.shp 和 Y-1.shp 合并为一个图层，命名为 Y.shp，如图 2.13 所示。

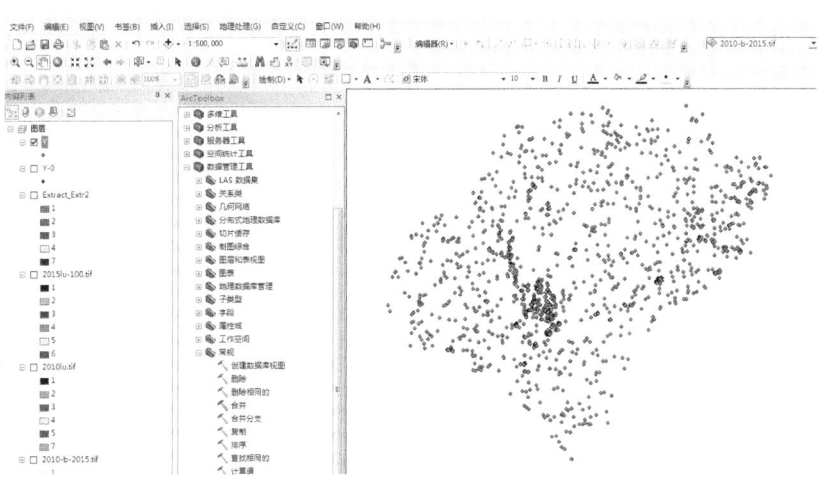

图 2.13　因变量点数据

2.2.3　距离分析

到最近河流的距离、到最近道路的距离以及到城镇中心的距离等变量需要通过 GIS 中的距离分析得到，以下以到最近道路的距离为例介绍距离分析。

在 ArcGIS 10.2.2 软件中加载数据 Y.shp 和 xg_road.shp，选择"分析工具"→"邻域分析"→"近邻分析"选项，分析因变量 Y 到最近道路的距离。"近邻分析"工具窗口如图 2.14 所示，"输入要素"栏选择点数据 Y.shp，"邻近要素"栏选择 xg_road.shp，"搜索半径"栏根据实际需要自行填写，这里填写 200000（单位为 m），单击"确定"按钮后，工具运行。

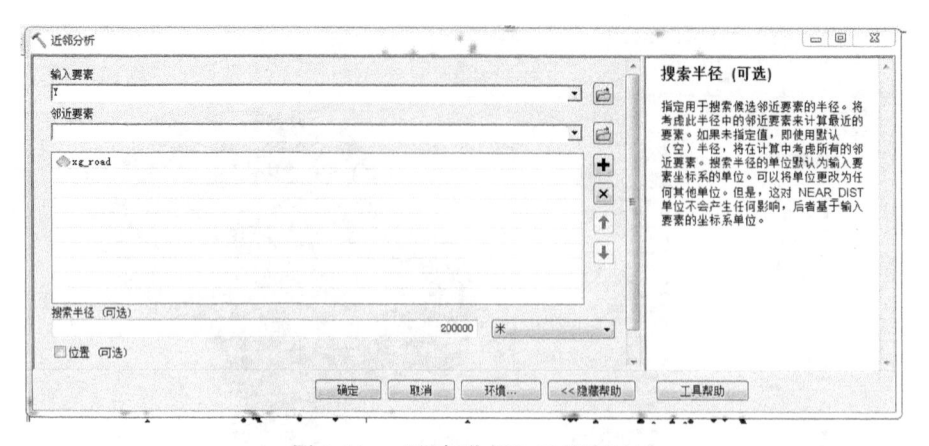

图 2.14 "近邻分析"工具窗口

运行完毕后，打开数据 Y.shp 的属性表，会发现属性表中增加了两列属性，其中 NEAR_DIST 表示因变量 Y 到最近道路的距离（图 2.15）。利用相同的方法，可以得到因变量 Y 到最近河流的距离以及到城镇中心的距离。

FID	Shape	OBJECTID_1	pointid	grid_code	Y	NEAR_FID	NEAR_DIST
840	点	841	2921	2	0	18	18145.941538
1654	点	1655	313751	2	0	5	17270.707933
834	点	835	439	2	0	18	16941.282955
1641	点	1642	309979	2	0	5	16744.690278
846	点	847	6000	2	0	18	16378.784133
848	点	849	6886	2	0	18	16188.29209
843	点	844	5146	2	0	18	15973.790094
845	点	846	5989	1	0	18	15549.944178
1627	点	1628	303101	2	0	15	14926.918057
1644	点	1645	311108	2	0	5	14686.039374
1624	点	1625	301474	2	0	15	13986.512535
878	点	879	17434	2	0	20	13925.905876
1658	点	1659	314058	2	0	5	13896.602193
1667	点	1668	317126	2	0	5	13892.279235
1180	点	1181	133907	2	0	18	13867.454248
1625	点	1626	301690	2	0	15	13821.88718
881	点	882	18804	2	0	20	13730.547956
895	点	896	23373	2	0	20	13601.114362
1648	点	1649	311394	2	0	5	13534.243699
1657	点	1658	314054	1	0	5	13507.418425
888	点	889	21090	2	0	20	13361.616967
1188	点	1189	136014	2	0	3	13358.262886
1635	点	1636	308343	2	0	5	13232.19379
1185	点	1186	135331	2	0	1	13192.669836
1629	点	1630	303728	2	0	5	13016.016725
1194	点	1195	138840	2	0	3	12984.481596
1213	点	1214	145210	1	0	3	12984.267878
887	点	888	21051	2	0	18	12942.026058
886	点	887	20592	2	0	18	12908.840878
1653	点	1654	313705	1	0	5	12757.254897
1195	点	1196	138873	2	0	1	12724.216544

图 2.15 近邻分析的结果

2.2.4 栅格数据转点

由于土地利用变化有其特定的空间属性，为了保证因变量和自变量之间是一一对应的关系，需要将海拔、坡度、土壤有机质含量、土壤含沙量、人口密度、人均地区生产总值以及大于等于 10 ℃ 积温等自变量属性空间连接到数据 Y.tif 上，步骤如下。

首先，将海拔、坡度、土壤有机质含量、土壤含沙量、人口密度、人均地区生产总值以及大于等于 10 ℃ 积温的数据转为矢量点数据；其次，选择"分析工具"→"叠加分析"→"空间连接"选项，将它们的属性分别连接到数据 Y.shp 中。"空间连接"工具窗口如图 2.16 所示，"目标要素"栏选择 Y.shp，"连接要素"栏输入坡度的栅格转点数据，"连接操作"栏选择 JOIN_ONE_TO_ONE，"匹配选项"栏选择 CLOSEST，"搜索半径"栏输入 100（单位为 m），单击"确定"按钮，即可完成空间连接。

图 2.16 "空间连接"工具窗口

最终得到的点数据相应属性对应的变量说明见表 2.2。

表 2.2 变量说明

变量	对应名称	数据类型
是否新增建设用地	Y	0,1
到最近道路的距离	near_road	连续型
到城镇中心的距离	near_cc	连续型
到最近河流的距离	near_water	连续型
海拔	dem	连续型
坡度	slope	连续型
人口密度	rkmd	连续型
人均地区生产总值	rjgdp	连续型
土壤有机质含量	yjz	连续型
土壤含沙量	soilcs	连续型
大于等于 10 ℃ 积温	temper10	连续型

2.2.5 探索性数据分析

用 SPSS 软件打开 Y-S.dbf 数据，对所有变量进行描述性统计分析，在 SPSS 菜单栏中选择"分析"→"描述统计"→"描述"选项，如图 2.17 所示。在"描述性"工具窗口中选择需要描述统计的变量，单击"选项"按钮，选择需要描述性统计的指标，如图 2.18 所示。

图 2.17　SPSS 描述统计工具选择

图 2.18　"描述性"工具窗口

描述性统计结果见表 2.3。

表 2.3 描述性统计结果

变量	N	极小值	极大值	均值	标准差
Y	1392	0.000	1.000	0.500	0.500
near_road	1392	2.047	18145.942	2929.433	3256.387
near_cc	1392	49.9997	52600.808	19314.211	13843.568
near_water	1392	0.000	19758.507	4145.863	4056.198
dem	1392	150.000	957.176	299.187	153.411
rkmd	1392	121.509	469.229	326.798	116.779
slope	1392	0.000	57.968	6.512	7.937
yjz	1392	2.641	5.165	3.812	0.576
rjgdp	1392	0.000	32854.785	1255.717	3088.800
temper10	1392	7513.506	7947.597	7668.899	74.774
soilcs	1392	6.953	18.839	11.656	2.041
有效的 N（列表状态）	1392				

注：N 为样本数量

2.2.6 变量相关性检验

在 SPSS 菜单栏中选择"分析"→"相关"→"双变量"选项，如图 2.19 所示。在"双变量相关"工具窗口选择需要检验的协变量，"相关系数"栏勾选 Pearson 选项，如图 2.20 所示。如果所选协变量直接存在显著的相关性，则需要对变量进行筛减，确保放入 Logistic 回归模型中的协变量之间不存在相关性。

图 2.19 协变量相关性分析工具选择

图 2.20 "双变量相关"工具窗口

2.2.7 Logistic 回归分析

在 SPSS 菜单栏中选择"分析"→"回归"→"二元 Logistic"选项，如图 2.21 所示。在"Logistic 回归"工具窗口相应地输入因变量和协变量，如图 2.22 所示。如果有分类变量，需要单击"分类"按钮，确定对比指示符。单击"选项"按钮，勾选"Hosmer-Lemeshow 拟合度（H）"选项，以确定模型的拟合优度，如图 2.23 所示。对检验拟合值和观测值的吻合程度进行霍斯默–莱梅肖（Hosmer-Lemeshow）检验，检验结果的 P 值大于 0.05 表示拟合效果好，这与其他检验相反。

图 2.21 二元 Logistic 回归分析工具选择

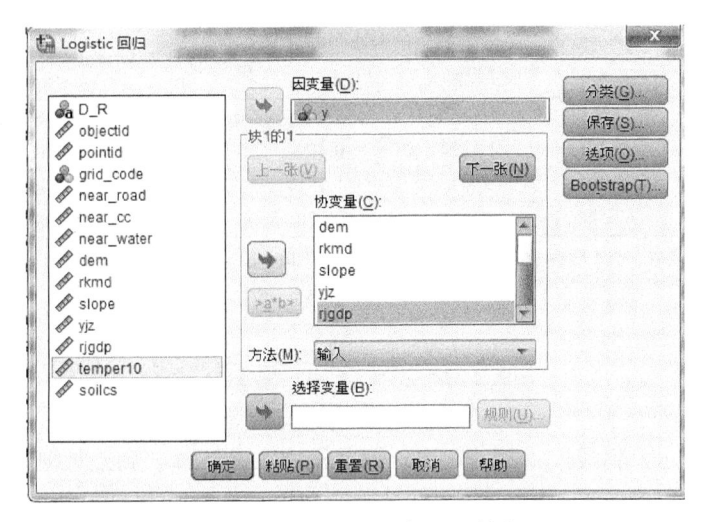

图 2.22 "Logistic 回归"工具窗口

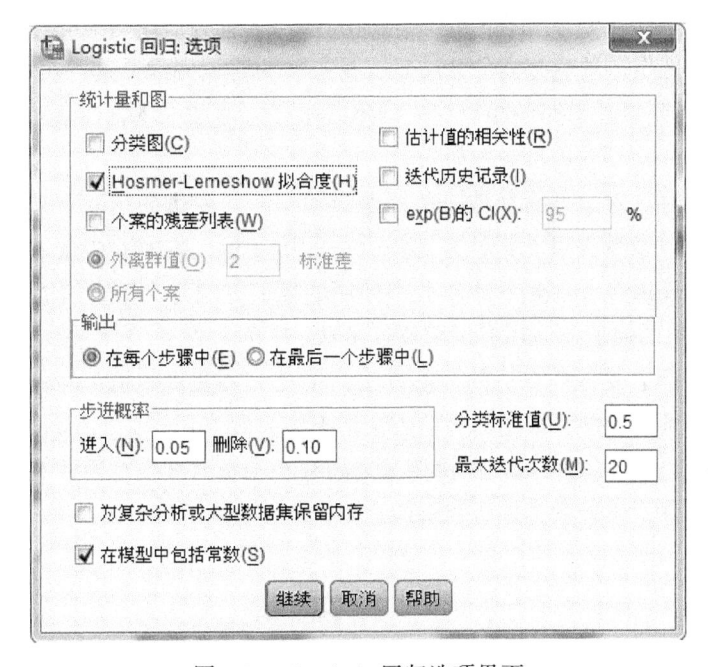

图 2.23 Logistic 回归选项界面

Logistic 回归的结果见表 2.4。

表 2.4　Logistic 回归的结果

变量	B	S.E.	Wals	df	Sig.	exp(B)
lnnear_road	−0.506	0.055	85.051	1	0.000	0.603
lnnear_cc	−0.539	0.147	13.520	1	0.000	0.583
lnnear_water	−0.134	0.051	6.802	1	0.009	0.875
dem	−0.002	0.001	7.484	1	0.006	0.998
rkmd	−0.002	0.001	3.264	1	0.071	0.998
slope	−0.013	0.010	1.637	1	0.201	0.987
yjz	−1.718	0.310	30.794	1	0.000	0.179

续表

变量	B	S.E.	Wals	df	Sig.	exp(B)
rjgdp	0.000	0.000	59.644	1	0.000	1.000
lntemper10	7.336	11.474	0.409	1	0.523	1534.544
soilcs	−0.494	0.077	41.591	1	0.000	0.610
常量	−42.548	103.311	0.170	1	0.680	0.000

注：B 指回归系数；S.E.指标准误；Wals 指沃尔德（Wald）检验统计量；df 指自由度；Sig.指显著性指标

2.3 讨论与总结

实验结果显示，到最近道路的距离、到城镇中心的距离、到最近河流的距离、海拔、土壤有机质含量以及土壤含沙量等变量对建设用地的开发均有显著的负向影响，即距道路越近、距城镇中心越近、距河流越近、海拔越低、土壤有机质含量以及土壤含沙量越低的区域越容易被转为建设用地；而人均地区生产总值对建设用地的开发有显著的正向影响，即人均地区生产总值越高的区域越容易被转为建设用地，这一实验结果符合常理。从 Wals 值来看，到最近道路的距离、人均地区生产总值和土壤含沙量对模拟的解释程度最高。

本实验仍然存在着一些有待改进的问题：第一，协变量的选取不是固定的，可以根据区域实际情况以及数据可获得性来选择合适的协变量，本实验中选取的社会经济变量和自然地理变量仅供参考；第二，本实验中使用的插值方法是克里金插值，实际上，ArcGIS 10.2.2 软件中提供的插值方法还有反距离权重法、样条函数法、自然邻域法、趋势面法等，读者可以根据实际需要选择合适的插值方法；第三，协变量的相关性分析的目的是检验协变量之间的多重共线性，常用的检验方法还有方差膨胀因子（variance inflation factor，VIF）检验；第四，本实验中选择的协变量之间存在多重共线性，导致 Hosmer-Lemeshow 检验的拟合度不好，读者在具体研究中应避免这一问题。

参 考 文 献

Menard S. 1995. Applied Logistic Regression Analysis[M]. Thousand oaks: Sage Publications, Inc.
Xie H L, He Y F, Xie X. 2017. Exploring the factors influencing ecological land change for China's Beijing-Tianjin-Hebei Region using big data[J]. Journal of Cleaner Production, 142: 677-687.

实验三 区域土地利用生态风险分析

3.1 实验概述

3.1.1 背景及目的

土地利用景观格局变化同生态风险之间有着密切的相关性。将景观生态学和传统的生态风险评价相结合，可以描述并评估土地受环境污染、人类活动和自然灾害以及其他干扰源危害的可能性和程度，量化生态风险的空间尺度效应，实现生态风险的空间可视化表达，为强化人类行为与生态环境之间的和谐关系提供强有力的科学依据。基于景观格局的景观生态风险评价直接从景观的空间格局出发来描述和评估生态风险，这种评价方法大多是以 LUCC 为诱因的生态风险评价。随着 3S 技术[1]的发展，将 GIS、GPS、RS 技术与生态模型相结合是景观生态风险评价的热点，并形成了成熟的评价方法（彭建等，2015）。其中，基于 LULC 数据构建景观生态风险评价模型，以网格为风险单元计算生态风险指数，采用地统计学和空间统计学方法识别景观生态风险时空变化的模式，可以得到较为准确的景观生态风险分布图，已成功运用于城市、城市群、湖区和海岸等尺度的景观生态风险评价（于婧等，2022；梁发超等，2021；谢花林，2011）。

本实验希望达到以下目的：①掌握景观生态风险评价模型的构建与计算；②掌握景观生态风险空间格局的分析方法；③掌握克里金插值和地统计分析的方法。

3.1.2 数据说明

本实验所使用的数据存储于 data_exp3 文件夹中，包含的数据信息见表 3.1。

表 3.1 实验数据信息

数据类型	数据来源	数据内容	数据说明
空间数据	网络获取	研究区 LULC 现状数据	栅格数据（100m×100m）
空间数据	网络获取	研究区范围	矢量数据

本实验中的 LULC 现状数据的形式为栅格，格式为 tif。格网单位为 100m×100m，年份为 2010 年和 2015 年。LULC 现状分类包括耕地、林地、草地、水域、建设用地和未利用地 6 个一级类。本实验中使用的研究区范围的空间数据也可以在各地地理信息公共服

---

[1] 3S 技术是遥感（remote sensing，RS）技术、地理信息系统（geography information systems，GIS）和全球定位系统（global positioning systems，GPS）的统称。

务平台上下载。本实验所提供的数据也可以用于土地利用生态风险分析。

3.1.3 整体实验设计

本实验主要在 ArcGIS 10.2.2、Excel 2016、GeoDa 1.14 和 Fragstats 4.2.1 的软件环境下，基于景观格局构建景观生态风险指数，评价区域景观生态风险。将研究区划分为若干风险评价单元，计算风险评价单元的景观生态风险指数，运用空间分析方法分析景观生态风险指数的空间格局，并基于地统计学方法进行区域景观生态风险制图，从而分析景观生态风险的时空格局变化。由于对不同年份景观生态风险分析采用同样的方法和标准，本实验中仅展示研究区 2010 年景观生态风险分析的方法和流程。

整体实验流程如图 3.1 所示。

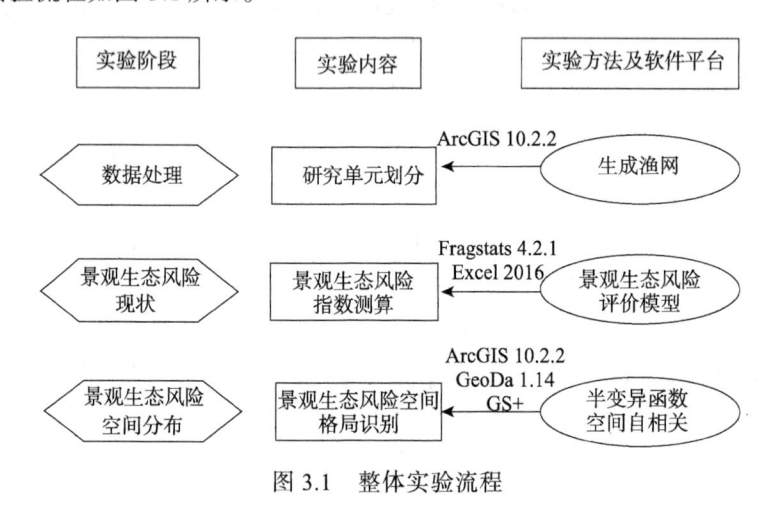

图 3.1 整体实验流程

1. 土地利用景观生态风险指数构建

景观干扰度指数（E_i）可反映不同景观所代表的生态系统受到干扰（主要是人类活动）的程度（李谢辉和李景宜，2008），可通过对景观破碎度指数（C_i）、景观分离度指数（S_i）和景观优势度指数（DO_i）三者赋予权重叠加获得。其中，景观破碎度指数是指整个景观或某一景观类型在给定时间和给定性质上的破碎化程度，即在自然或人为干扰作用下，景观由单一、均质和连续的整体趋向于复杂、异质和不连续的斑块镶嵌体的过程（荆玉平等，2008）；景观分离度指数是指某一景观类型中不同元素或斑块个体分布的分离程度，景观分离度指数越大，景观在地域分布上越分散，景观分布越复杂，景观分离程度也越高；景观优势度指数是用来衡量斑块在景观中重要地位的指标，直接反映了斑块对景观格局形成和变化的影响程度，由斑块的频度（Q_i）、密度（M_i）和比例（L_i）决定（许学工等，2001）。

景观脆弱度指数（F_i）反映了人为因素与自然因素的综合效应。本实验选取六种景观类型所代表的生态系统中，未利用地最脆弱，其次是水域，而建设用地最稳定。分别对六种景观类型赋以脆弱度等级，即未利用地为 6、水域为 5、耕地为 4、草地为 3、林地为 2、建设用地为 1，然后进行归一化处理（许学工等，2001），得到各自的脆弱度指数。景观生态风险指数计算方法见表 3.2。

表 3.2　景观生态风险指数计算方法

序号	指数名称	计算方法
1	景观破碎度指数（C_i）	$C_i = \dfrac{n_i}{A_i}$
2	景观分离度指数（S_i）	$S_i = D_i \times \dfrac{A}{A_i},\ D_i = \dfrac{1}{2}\sqrt{\dfrac{n_i}{A}}$
3	景观优势度指数（DO_i）	$DO_i = \dfrac{Q_i + M_i}{4} + \dfrac{L_i}{2}$
4	景观干扰度指数（E_i）	$E_i = aC_i + bS_i + cDO_i$
5	景观脆弱度指数（F_i）	采用专家咨询法并进行归一化处理得到

表 3.2 中，n_i 为景观类型 i 的斑块数量；A_i 为景观类型 i 的总面积；D_i 为景观类型 i 的距离指数；A 为景观总面积；Q_i =景观类型 i 出现的样方数量/样方总数；M_i=景观类型 i 的斑块数量/斑块总数；L_i=景观类型 i 的面积/样方总面积；a，b，c 为相应各景观格局指数的权重，且 $a+b+c=1$，根据分析权衡，景观破碎度指数最重要，其次为景观分离度指数和景观优势度指数，以上 3 种指数分别赋以 0.5、0.3、0.2 的权重。

利用上述所建立的景观干扰度指数和景观脆弱度指数，构建土地利用景观生态风险指数，用于描述一个样地内综合生态损失，以便通过采样方法将景观的空间格局转换为空间化的生态风险变量。土地利用景观生态风险指数（ERI）的计算公式为

$$\text{ERI} = \sum_{i=1}^{N} \frac{A_{ki}}{A_k}\sqrt{E_i \times F_i} \tag{3.1}$$

式中，N 为景观类型的数量；E_i 为景观类型 i 的干扰度指数；F_i 为景观类型 i 的脆弱度指数；A_{ki} 为第 k 个风险评价单元 i 类景观组分的面积；A_k 为第 k 个风险评价单元的总面积。

2. 基于空间统计学和地统计学方法的土地利用生态风险变化分析

1）空间统计学方法

本实验采用空间统计学的空间自相关分析方法，旨在检测景观生态风险的空间属性，并采用 GeoDa 1.14 软件实现对景观生态风险指数的空间自相关分析。空间自相关分析指标包括全局莫兰（Moran）指数和局部 Moran 指数。全局 Moran 指数反映了空间相邻区域单元中属性值的相似性，可用于研究景观生态风险的相关性（Moran，1950），其公式如下：

$$I = \frac{n\sum_{i=1}^{n}\sum_{j=1}^{n} W_{ij}(x_i - \bar{x})(x_j - \bar{x})}{\sum_{i=1}^{n}\sum_{j=1}^{n} W_{ij} \sum_{j=1}^{n}(x_i - \bar{x})^2} \tag{3.2}$$

式中，x_i 和 x_j 为相邻成对空间单元（或网格单元）中变量 x 的值；$\bar{x}$ 为 n 个位置的平均属性值；W_{ij} 为二元空间权重矩阵 W 的元素，它可以基于邻接准则或距离准则构造，以反映位置与空间目标的相似性。

当需要进一步考虑是否存在观测值的高值或低值的局部空间聚集，哪个区域单元对全局空间自相关的贡献更大，以及在多大程度上空间自相关的全局评估掩盖了反常的局部状况或小范围的局部不稳定时，就必须应用局部空间自相关分析。局部空间自相关指

标 LISA$_i$ 的计算公式如下：

$$\text{LISA}_i = \frac{n(x_i - \bar{x})\sum_{j=1}^{n} W_{ij}(x_j - \bar{x})^2}{\sum_{i=1}^{n}(x_i - \bar{x})^2} \qquad (3.3)$$

式中，x_i、x_j、$\bar{x}$ 和 W_{ij} 的含义同上。LISA$_i$ 为正表示该区域单元周围相似值（高值或低值）的空间聚集，LISA$_i$ 为负表示该区域单元周围非相似值的空间聚集。LISA$_i$ 是全局 Moran 指数的局部形式，用来检验区域单元之间的集聚、离散效应，揭示了局部区域单元与其相邻单元之间的空间自相关程度。

用 Moran 散点图研究样本空间的局域空间异质性，其横坐标为各单元标准化处理后的属性值，纵坐标为其空间连接矩阵所决定相邻单元的属性值的平均值（也经过标准化处理）。Moran 散点图的四个象限分别表达了某一点（区域）和其周围点（区域）四种类型的局域空间联系形式。第一象限表示"高–高"集聚，第二象限表示"高–低"集聚，第三象限表示"低–低"集聚，第四象限表示"低–高"集聚。"高–高"集聚和"低–低"集聚意味着区域存在空间集聚性，出现了高值、低值在空间位置上的相互靠近，代表存在着区域化的规律或者机制制约着该属性值的发展和演变。"高–低"集聚和"低–高"集聚则意味着存在空间异质性，即具有相似属性的区域或个体相互离散，呈现出一定的随机性。对应于散点图的不同象限，可识别出空间分布中存在着哪几种实体。将散点图与显著性水平相结合，可以得到显著性水平图。

2）地统计学方法

地统计学所特有的工具即变异函数，它不但可以描述区域化变量的结构性变化，还可以描述随机性变化。地统计学常用的理论模型有球状模型、高斯模型和指数模型。半方差分析是地统计学的一个重要组成部分（Anselin，2010）。半方差分析主要有两种用途：一是描述和识别格局的空间结构；二是进行空间局部最优化插值，即克里金插值。景观生态风险指数作为一种典型的区域化变量，它在空间上的异质性规律可以用半方差来分析：

$$\gamma(h) = \frac{1}{2N(h)} \sum_{i=1}^{N(h)} [Z(x_i) - Z(x_i + h)]^2 \qquad (3.4)$$

式中，h 为配对抽样的空间分隔距离；$N(h)$ 为抽样间距为 h 时的样点对的总数；$Z(x_i)$ 和 $Z(x_i+h)$ 分别为景观生态风险指数在空间位置 x_i 和 x_i+h 上的观测值（$i=1,2,\cdots,N(h)$）。

3.2 实验步骤

3.2.1 划分风险评价单元

1. 生成格网

在 ArcGIS 10.2.2 软件中打开 2010landusetype.tif 和 2015landusetype.tif 两个栅格数据文件，在 ArcToolbox 工具中，选择 Data Management Tools→Feature Class→Create Fishnet 选项，打开 Create Fishnet 工具窗口，如图 3.2 所示。

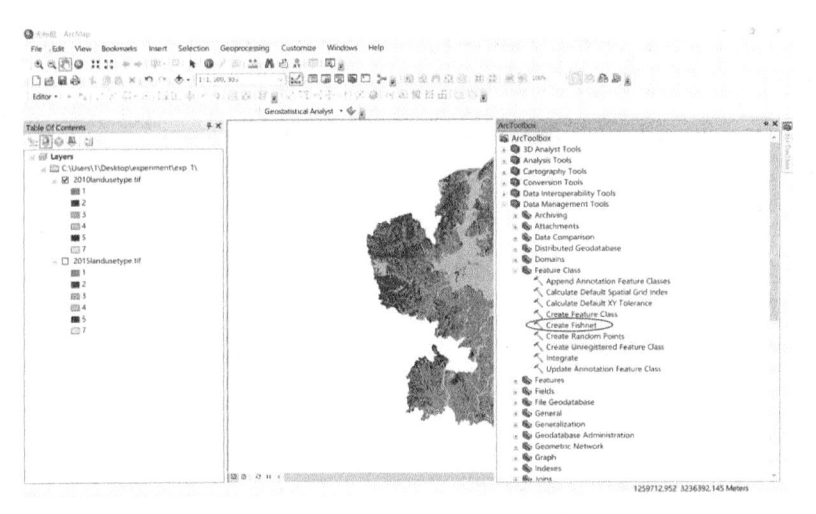

图 3.2　打开 Create Fishnet 工具窗口

如图 3.3 所示，在 Create Fishnet 工具的参数设置中，Output Feature Class 栏输入将要生成渔网要素的存储路径和文件名，将文件名设置为 fishnet.shp；Template Extent 栏的设置与输入图层一致，即 Same as layer ×××.tif，此时渔网的输出范围（Top、Bottom、Left 和 Right）会自动变更为与输入图层一致。定义风险评价单元大小（即渔网范围）的方法有两种：一种是根据格网边长（Cell Size Width/Height）；另一种是根据格网数量（Number of Rows/Columns）。为便于分析，本实验选择指定格网边长的方式设置风险评价单元大小，在 Cell Size Width 和 Cell Size Height 栏分别输入 5000，即风险评价单元的大小为 5km×5km，实际研究中应根据栅格分辨率和研究区的大小合理设置风险评价单元的尺度。Geometry Type 栏选择输出格网数据类型 POLYGON（或者 POLYLINE），并勾选 Create Label Points 选项。

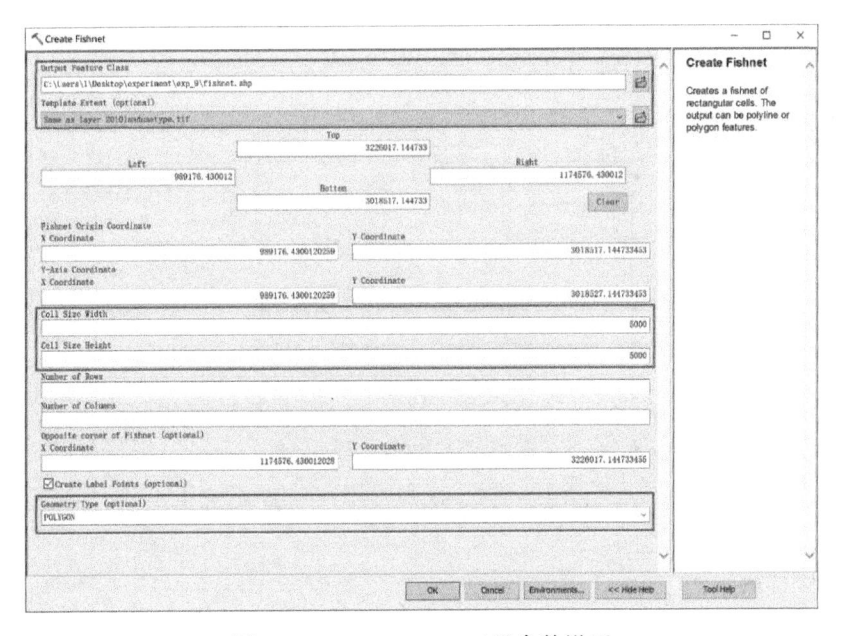

图 3.3　Create Fishnet 工具参数设置

根据上述步骤生成的 5km×5km 的格网如图 3.4（a）所示。为了选出与研究区相同边界的风险评价单元，需要利用 Selection（选择）工具添加图层研究区.shp。如图 3.5 所示，选择 Selection→Select By Location 选项，打开 Select By Location（按位置选择）工具，Target layer(s)（目标图层）勾选 fishnet 和 fishnet_lable 选项，Source layer（源图层）选择研究区，并将 Spatial selection method for target layer feature(选取规则)设置为 intersect the source layer feature（与源图层要素相交），共 376 个面要素和 376 个点要素，在选中要素后分别右击 fishnet.shp 和 fishnet_label.shp 选项，单击 Export Data（导出数据）按钮，并将面文件和点文件分别命名为 ERIunit_5km.shp 和 ERIunit_5km_point.shp，完成研究区 5km×5km 的风险评价单元划分。

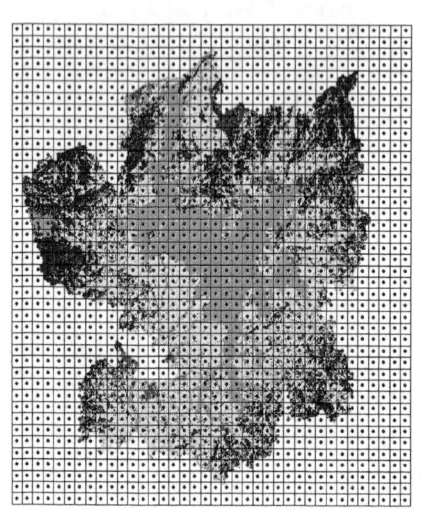

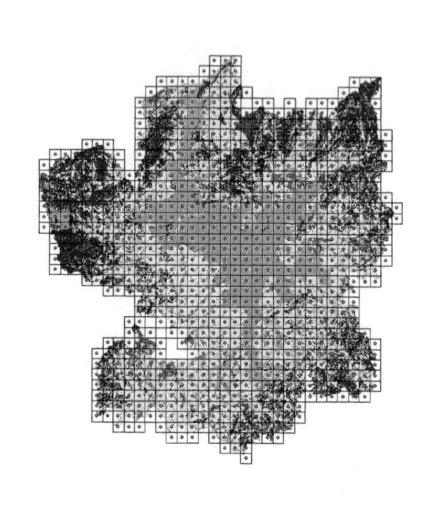

（a）生成的格网　　　　　　　　　　　（b）风险评价单元

图 3.4　生成的格网和风险评价单元

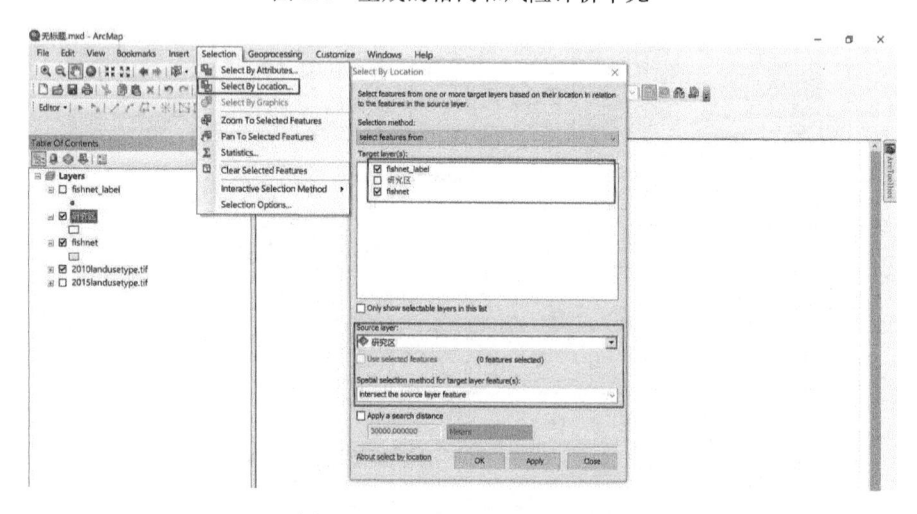

图 3.5　Select By Location 工具

2. 栅格数据分割

为了计算每个风险评价单元的景观生态风险指数，需要选择分割栅格工具并对栅格数据按照每个研究小区的范围进行分割。选择 ArcToolbox→Data Management Tools→Raster→Raster Processing→Split Raster 选项，打开 Split Raster（栅格分割）工具。

Split Raster 工具的具体设置如图 3.6 所示。以 2010 年的栅格数据为例，Input Raster（输入栅格）栏选择 2010landusetype.tif 选项，并设置分割后的栅格文件存储位置 Output Folder，Split Method（分割方法）栏选择 POLYGON_FEATURES 选项，Output Base Name（分割后的风险评价单元文件基准名）可默认为 2010landusetype（此时分割后文件名为 2010landusetype+输入格网的 FID 字段），Output Format（输出格式）默认为 TIFF，Resampling Technique（重采样方法）默认为 NEAREST，Split Polygon Feature Class（分割要素）选择上一步生成的格网 ERIunit_5km。设置完成后，单击 OK 按钮。

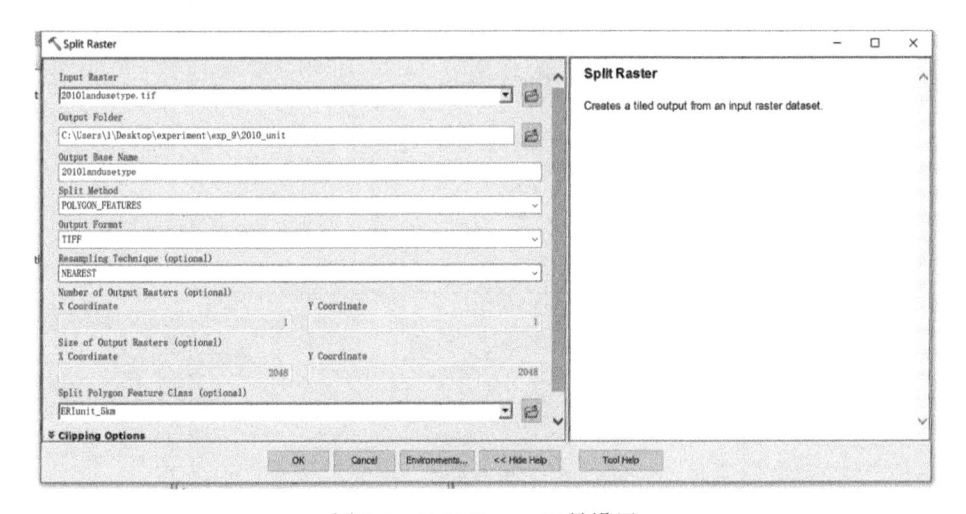

图 3.6 Split Raster 工具设置

如图 3.7 所示，分割后的栅格数据以特定的文件名存储在指定的文件夹中，共生成 376 个风险评价单元的栅格数据。

图 3.7 栅格数据分割结果

3.2.2 生态风险指数计算

本实验计算 376 个风险评价单元的景观生态风险指数。根据整体实验设计，景观生态风险指数的计算需要得到每个研究单元景观类型尺度上的斑块面积（CA）和斑块数量（NP），本实验将在 Fragstats 4.2.1、Excel 2016 等软件环境下批量计算 376 个风险评价单元的景观生态风险指数。

1. 创建数据目录

打开 Fragstats 4.2.1 软件，单击菜单栏上 New 按钮，新建一个工程文件。前面介绍了运用 Add layer 加载数据的方法，但对于需计算的 376 个栅格数据，则要通过 Import batch（批量加载）方式载入 Fragstats 4.2.1 软件，如图 3.8 所示。首先加载任意一个数据，单击 Export batch 按钮，此时会生成一个 fbt 文件。

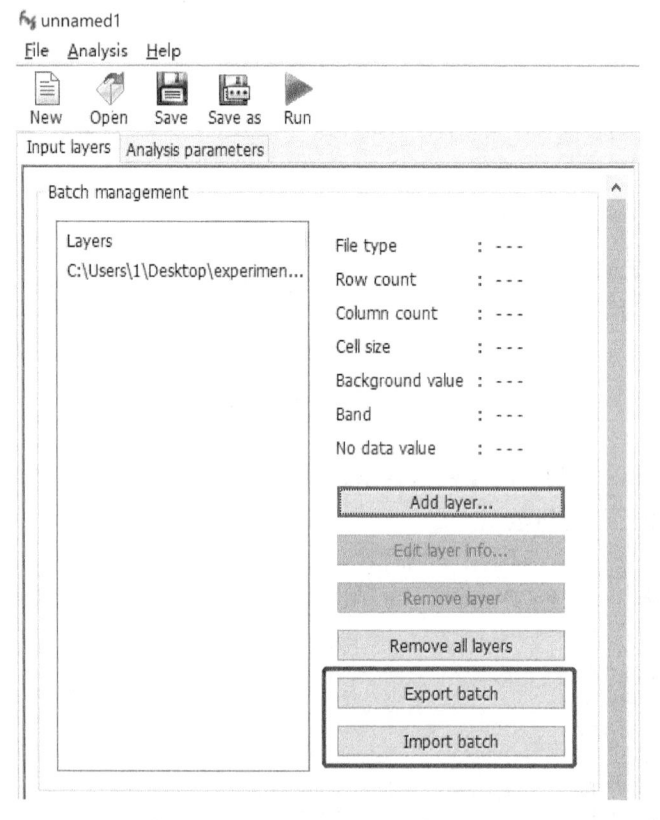

图 3.8　Fragstats 4.2.1 批量加载功能

打开导出的 fbt 文件发现，fbt 文件里面是用逗号分隔的文件目录和一些参数信息。如图 3.9 所示，fbt 文件中共 8 列信息，依次代表完整文件路径、像元大小、默认背景值、行数、列数、波段数、NoData 值以及数据类型。除了路径不同，其他参数无变化，因此只需正确填写文件目录名即可。修改 fbt 文件的后缀为 csv，使用 Excel 2016 软件打开。从 LULC 数据中分割出来的研究单元的文件名是连续的，因此只要将文件名向下填充即可，其他参数则保持一致。编辑完成后，将文件的后缀改回 fbt，如图 3.10 所示。

图 3.9　fbt 文件内容

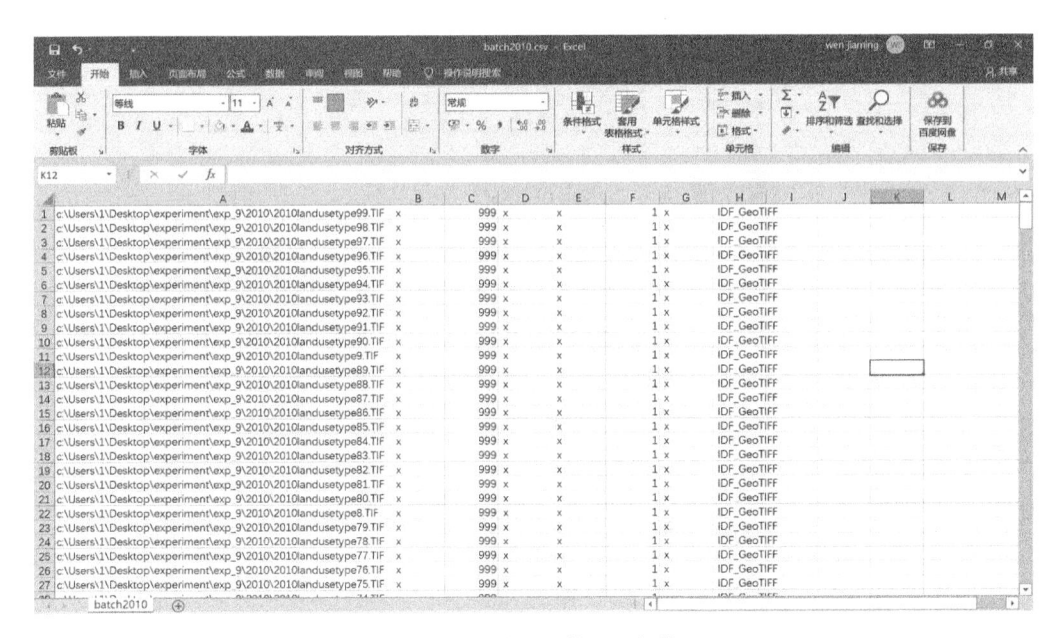

图 3.10　处理后的 fbt 文件

如果文件名不规律，就用到 Total Commander 软件。这是一款非常实用的工具软件，能够批量修改文件名，批量选择、批量复制文件路径。

2. 计算景观格局指数

回到 Fragstats 4.2.1 软件，首先，单击 Import batch 按钮，输入编辑好的 fbt 文件，即可将所有研究单元的栅格文件输入 Fragstats 4.2.1 软件中，如图 3.11 所示。其次，设置本实验需要计算的景观格局指数：景观类型尺度上的斑块面积（CA）和斑块数量（NP），单击 Run 按钮，开始运行计算，在弹出窗口中选择 Proceed 选项，即可实现景观格局指数的批量计算。

选择 Results→Save run as 选项，添加文件名并保存结果，修改文件后缀为 csv，并在 Excel 2016 软件中打开，如图 3.12 所示。

如图 3.13 和图 3.14 所示，通过插入数据透视表，并对数据表中字段进行设置，可以直接得出类型斑块个数与总斑块数量的比值（N_i/N）。使用同样的方法，也可以得到不同类型面积与研究单元总面积的比值（A_i/A），计算结果如图 3.15 所示。

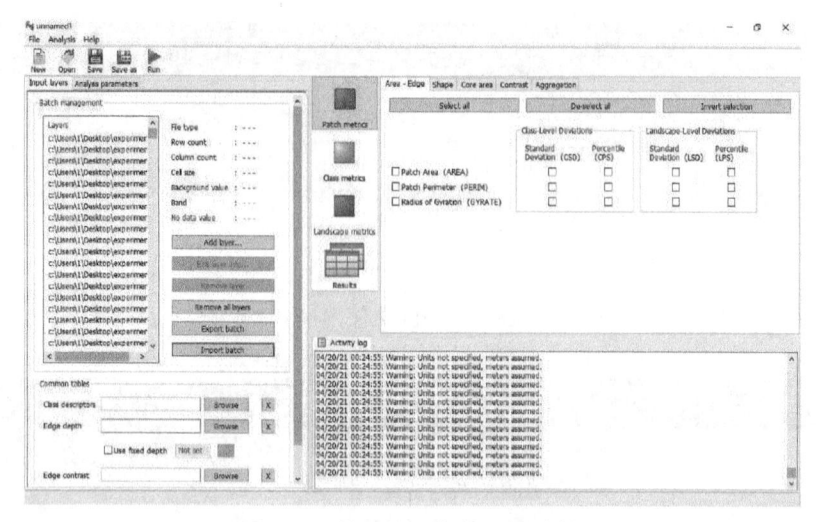

图 3.11　景观格局指数批量计算

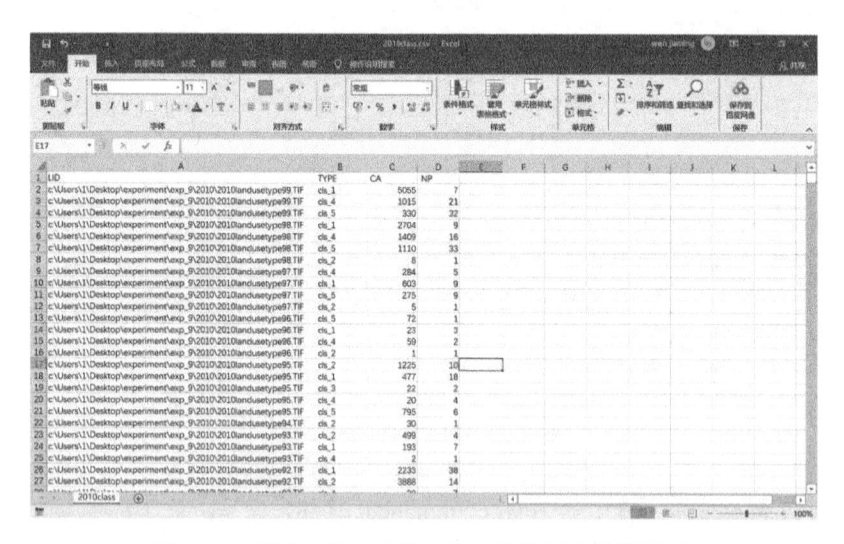

图 3.12　风险评价单元景观格局指数评价计算结果

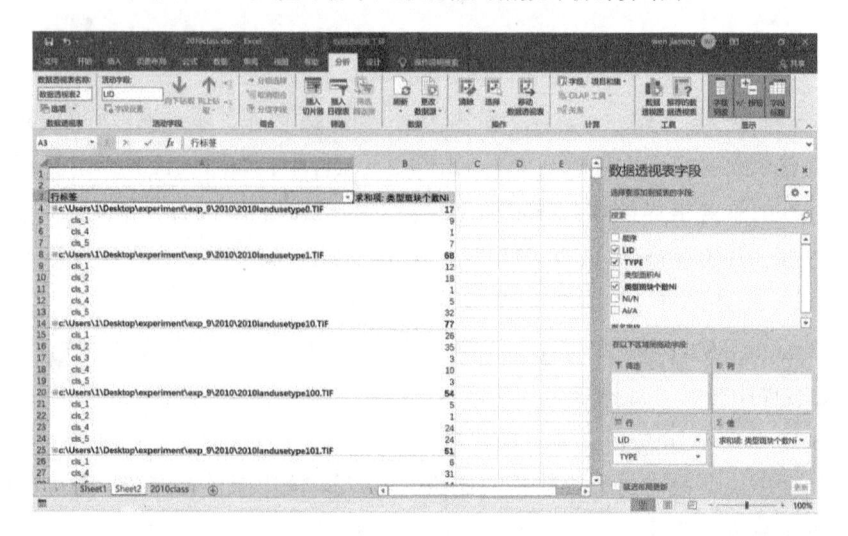

图 3.13　数据透视表

实验三　区域土地利用生态风险分析

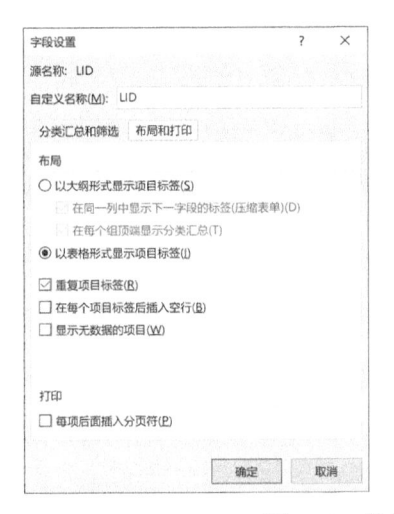

图 3.14　数据透视表设置

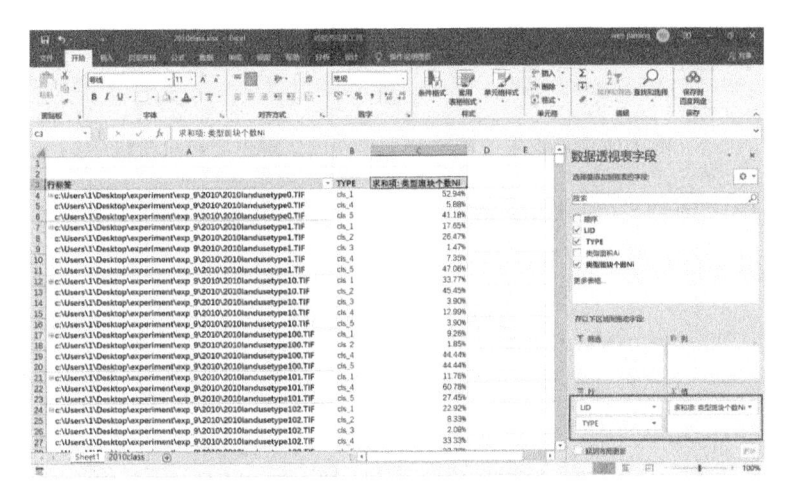

图 3.15　计算结果

至此，依据 3.1.3 节中景观生态风险指数的计算方法，即可求出每个景观生态风险评价单元中每种斑块类型的景观生态风险指数，如图 3.16 所示。

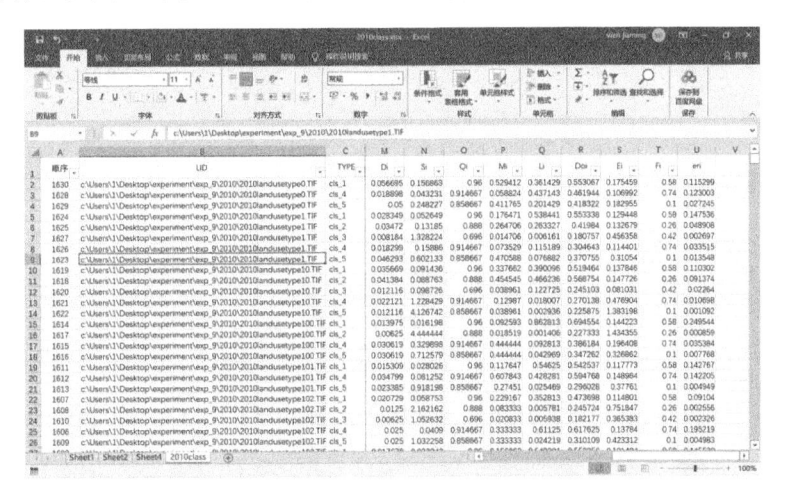

图 3.16　景观生态风险评价单元斑块类型的景观生态风险指数

将上述结果复制到另一张表中，并继续运用数据透视表工具，得到每个景观生态风险评价单元的景观生态风险指数，如图 3.17 所示，并将数据保存为 xls 格式。

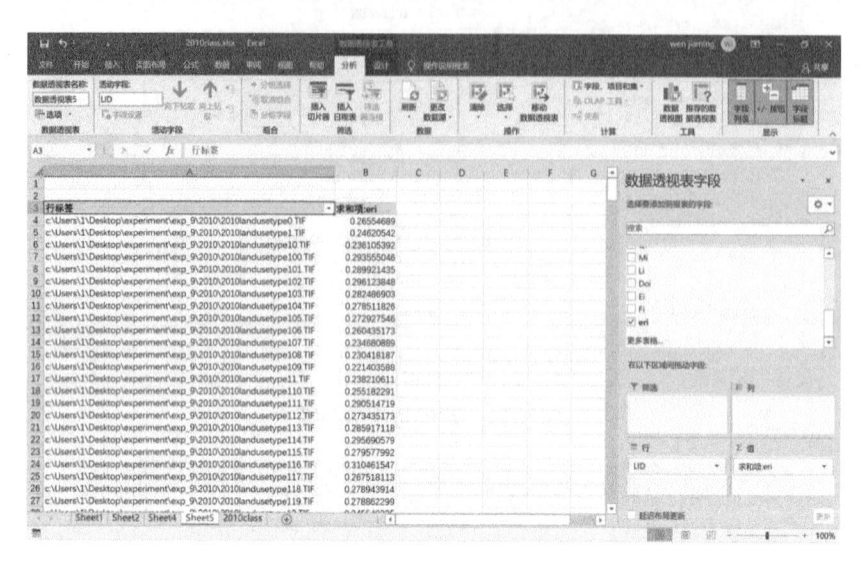

图 3.17　景观生态风险评价单元的景观生态风险指数

3.2.3　生态风险指数空间自相关分析

1. 属性链接

对生态风险指数在 ArcGIS 10.2.2 软件中进行空间统计分析。将 Excel 2016 软件中景观生态风险评价单元的景观生态风险指数计算结果挂接到前面生成的 ERIunit_5km.shp 文件每一个对应的研究单元中。

如图 3.18 所示，首先使用 Excel 2016 软件中的 Round（ ）函数取景观生态风险指数的 6 位小数。使用 Excel 2016 软件中的分列功能，分离研究单元编号（ID），并保存数据为 2010 景观生态风险指数.xls，与 ArcGIS 10.2.2 软件中的研究单元编号（FID）一一对应。

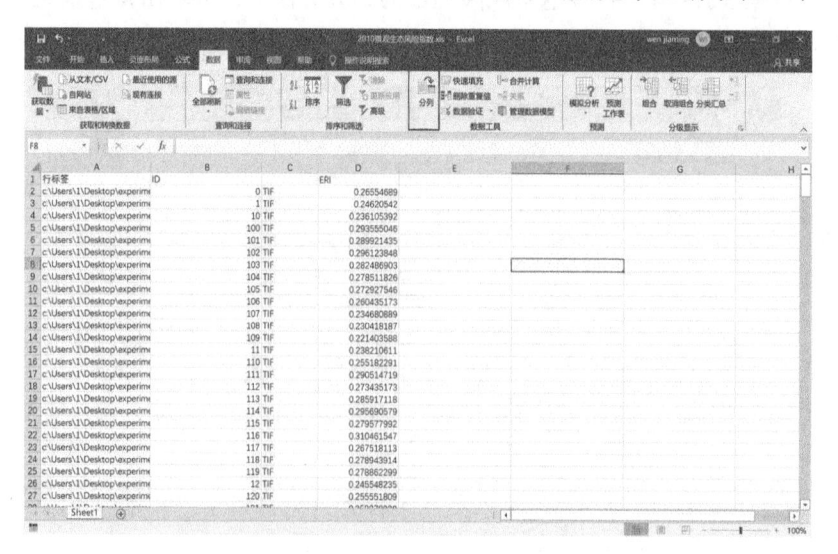

图 3.18　提取研究单元编号

如图 3.19 所示，在研究单元格网数据中右击 ERIunit_5km 选项，选择 Joins and Relates→Join 选项。

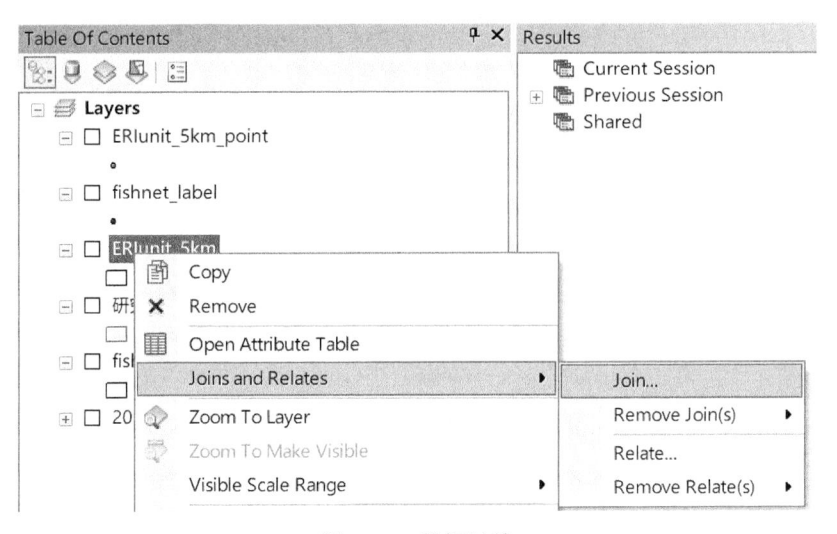

图 3.19　数据链接

如图 3.20 所示，将 ERIunit_5km.shp 图层的 FID 字段与 2010 景观生态风险指数.xls 的 FID 字段进行连接，就可以将数据表中计算的景观生态风险指数与研究单元格网数据相连接。

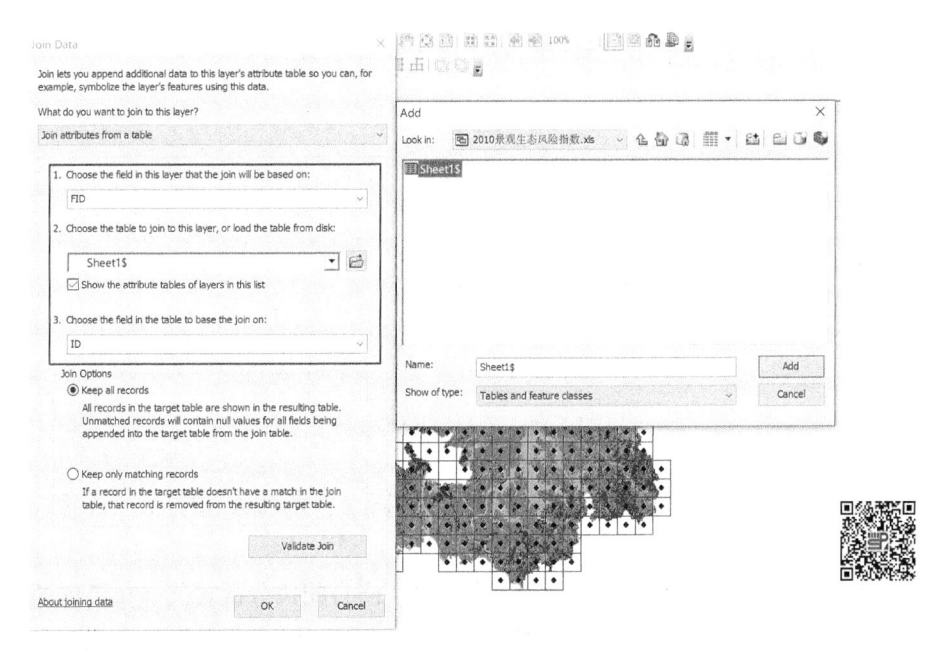

图 3.20　将景观生态风险指数计算结果连接到研究单元格网

打开研究单元的属性表，这时可以发现景观生态风险指数已经挂接到研究单元.shp 文件中。将该文件重新导出，并另存为研究单元+风险指数.shp，如图 3.21 所示。

图 3.21 导出数据

2. 全局空间自相关分析

本部分内容需要运用 GeoDa 1.14 软件，其界面如图 3.22 所示。

图 3.22 GeoDa 1.14 软件界面

在工具栏中单击文件夹图标按钮，选择载入研究单元+风险指数.shp 选项，如图 3.23 所示。

在运用 GeoDa 1.14 软件进行景观生态风险空间自相关分析之前，需要创建空间权重矩阵。选择"工具"→"空间权重管理"→"创建"选项。本实验直接选用基于 Queen 邻接的空间权重矩阵，也可以根据自身需求创建相应的空间权重矩阵，如图 3.24 所示。

创建空间权重矩阵需要唯一 ID 代表每个研究单元。单击"添加 ID 变量"按钮，选择 ID 生成唯一 POLY_ID，"选择 ID 变量"栏选择 POLY_ID 选项。单击"创建"按钮，并将文件名保存为研究单元+风险指数.gal。

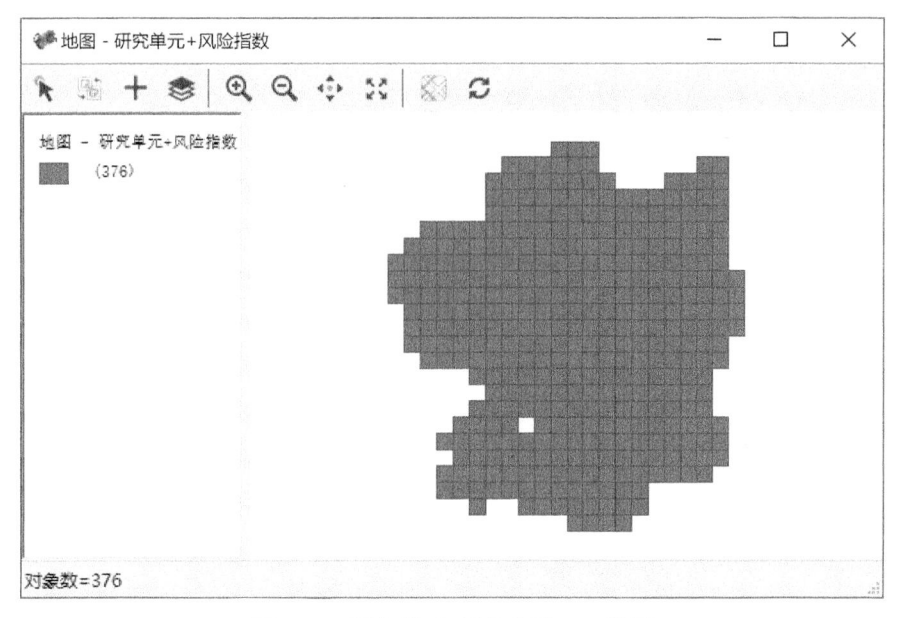

图 3.23　研究单元+风险指数.shp 数据

图 3.24　生成空间权重矩阵

选择"空间分析"→"单变量 Moran's I"选项，如图 3.25 所示。

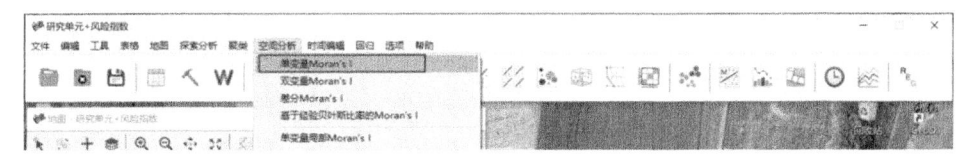

图 3.25　选择单变量 Moran's I 选项

"变量设置"对话框中选择 ERI 选项，如图 3.26 所示。

图 3.26 "变量设置"对话框

单变量全局空间自相关生成结果如图 3.27 所示。该结果说明评价单元景观生态风险指数与周边评价单元的景观生态风险指数呈正向空间自相关关系，景观生态风险指数分布呈"高–高"集聚和"低–低"集聚的状态，表明在一般情况下景观生态风险指数较高的地区其周边的景观生态风险指数同样较高。

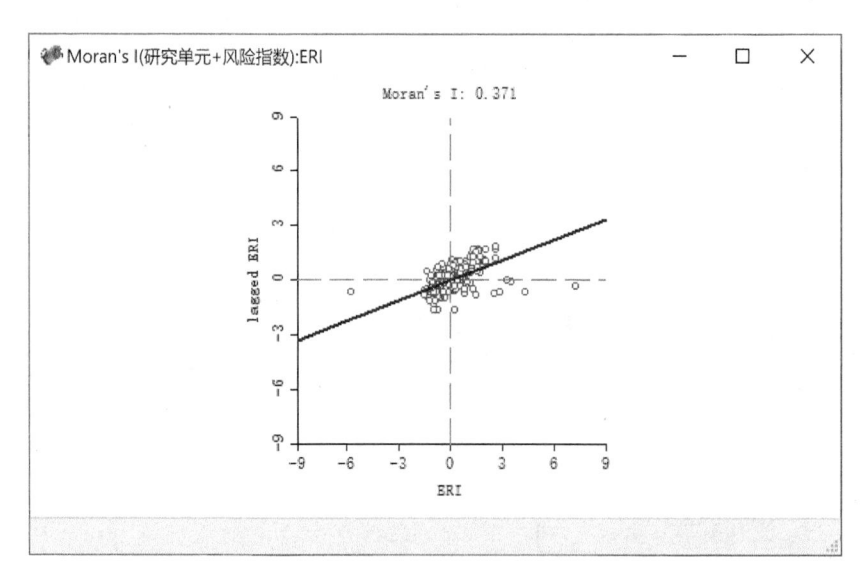

图 3.27 单变量全局空间自相关生成结果

3. 局部空间自相关分析

本部分采用 GeoDa 1.14 软件中的局部空间自相关分析功能进一步分析景观生态风险的局部特征。如图 3.28 所示，选择"空间分析"→"单变量局部 Moran's I"选项，选取前面创建的空间权重矩阵，"变量设置"对话框中选择 ERI 选项，并勾选"聚类地图"选项，如图 3.29 所示。

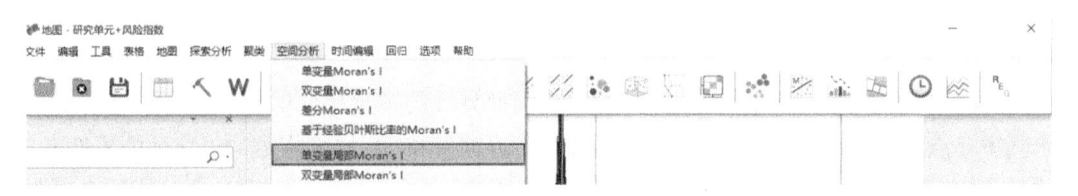

图 3.28　局部空间自相关分析

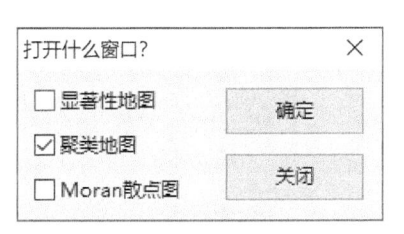

图 3.29　生成聚类地图

局部空间自相关分析结果如图 3.30 所示。研究区中部景观生态风险指数呈"高-高"集聚现象，西北部和东北部景观生态风险指数呈"低-低"集聚现象，这说明局部空间自相关分析能够解释全局空间自相关分析时可能忽略的空间关系。

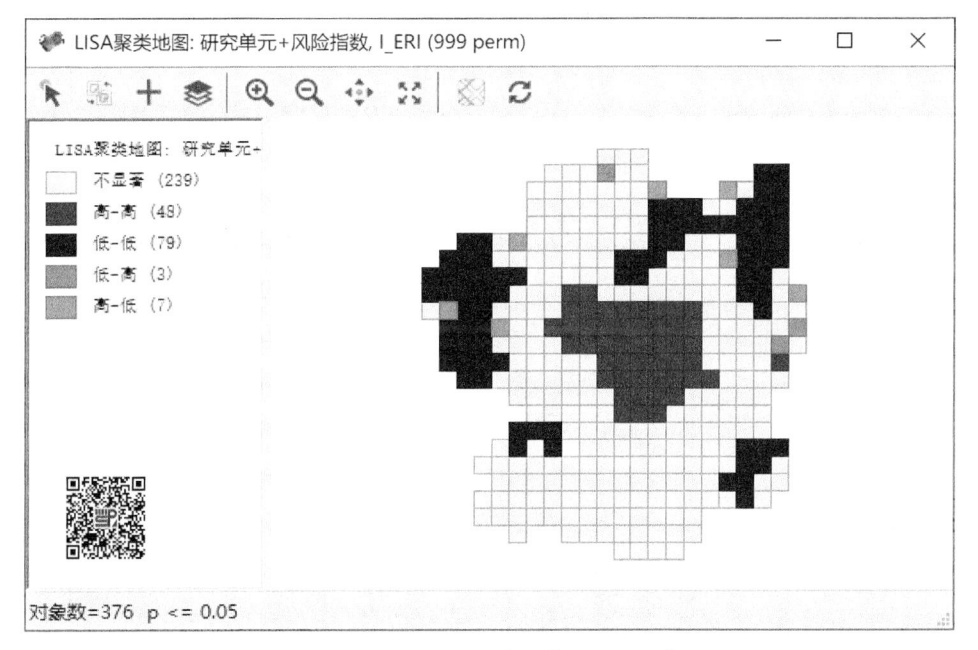

图 3.30　景观生态风险指数 LISA 聚类图

3.2.4　生态风险指数空间格局分析

本实验根据 376 个评价单元的景观生态风险指数，获取研究区景观格局指数的连续分布状况，主要在 GS+和 ArcGIS 10.2.2 等软件环境下对研究区景观生态风险空间分布进行分析，并进行制图模拟。

1. 数据整理

计算 376 个评价单元的中心点坐标。将前面计算的评价单元的景观生态风险指数赋予其中心点，作为该点的景观生态风险指数。打开研究单元+风险指数.shp 文件的属性表，选择 Table options→Add Field 选项，如图 3.31 所示。

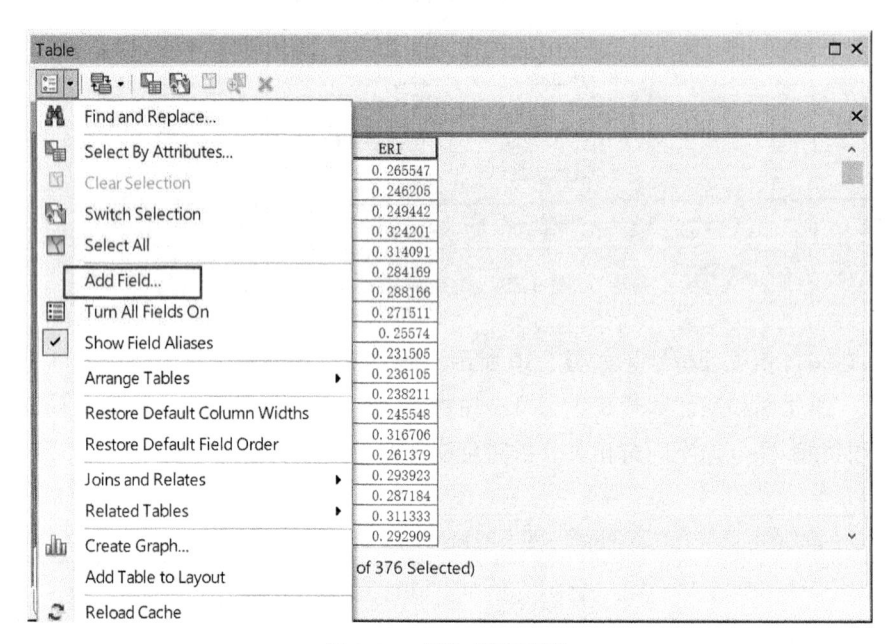

图 3.31　添加图层字段

利用 Add Field 工具，给图层添加 X 坐标、Y 坐标两个字段，其设置如图 3.32 所示。

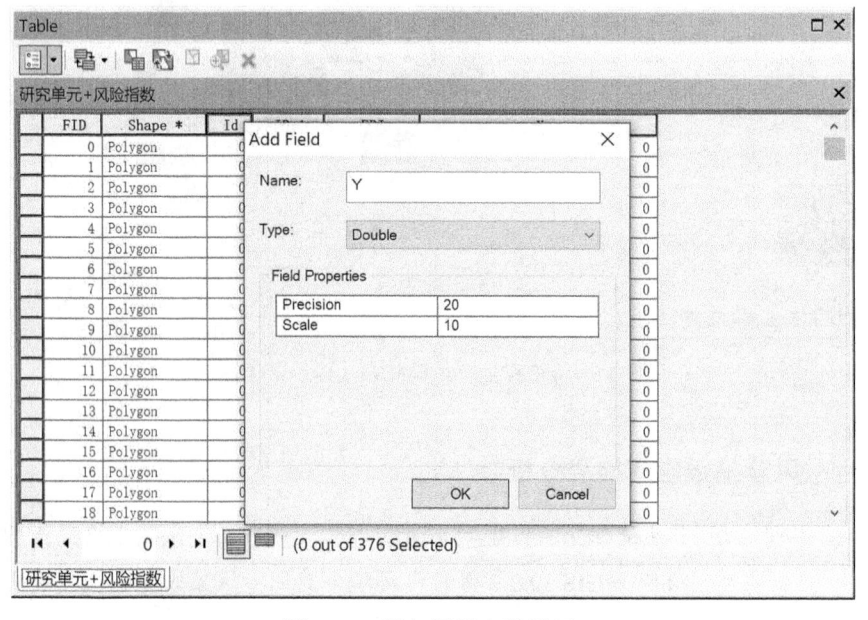

图 3.32　添加图层字段设置

右击新增的 X 坐标字段按钮,选择 Calculate Geometry 选项,在 Property 栏中选择 X Coordinate of Centroid 选项,计算研究单元中心点的 X 坐标,并采用同样的方法计算其 Y 坐标,如图 3.33 和图 3.34 所示。

图 3.33　Calculate Geometry 工具

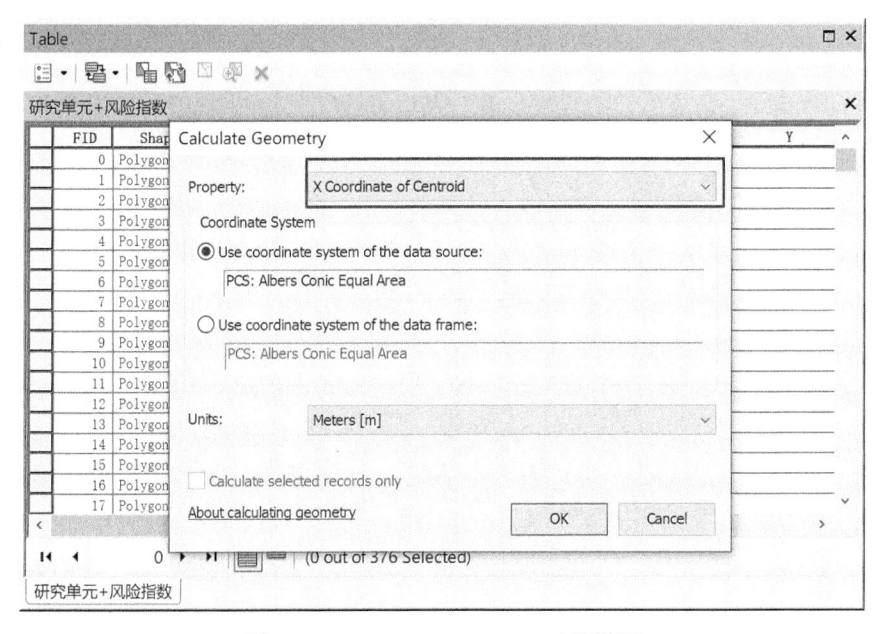

图 3.34　Calculate Geometry 工具设置

2. 数据重建

在添加 X、Y 坐标字段后,找到文件所在位置,以及研究单元+风险指数.dbf 文件,在 Excel 2016 软件中打开,如图 3.35 和图 3.36 所示。

图 3.35 研究单元+风险指数.dbf 文件

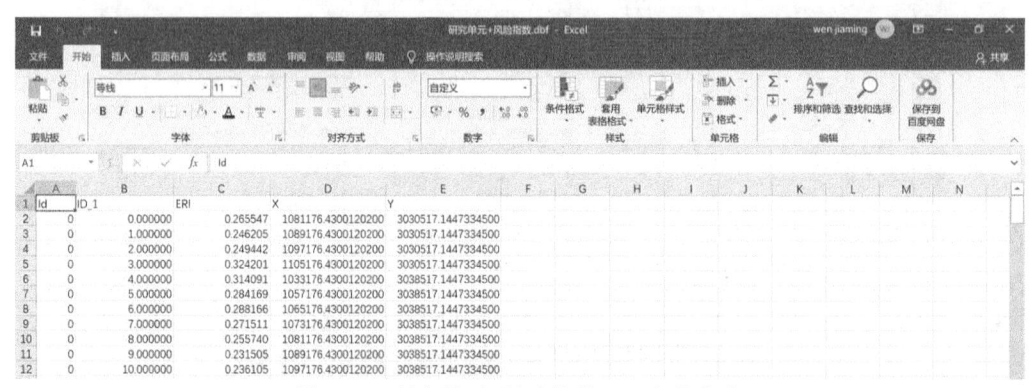

图 3.36 研究单元+风险指数.dbf 文件内容

打开 GS+软件，在菜单栏中选择 Data→Worksheet 选项，出现的界面如图 3.37 所示。

图 3.37 GS+软件界面

将图 3.36 中的 X、Y 和 ERI 值复制并粘贴到 Data Worksheet 窗口中。导入数据后，在 Data Worksheet 窗口单击 Rebuild 按钮，对数据进行重建，如图 3.38 所示。

图 3.38　GS+软件数据导入界面

3. 半变异函数分析

首先，选择 Autocorrelation→Variogram→Primary Variate 选项，或直接单击菜单栏中的 Variogram 按钮，如图 3.39 所示。

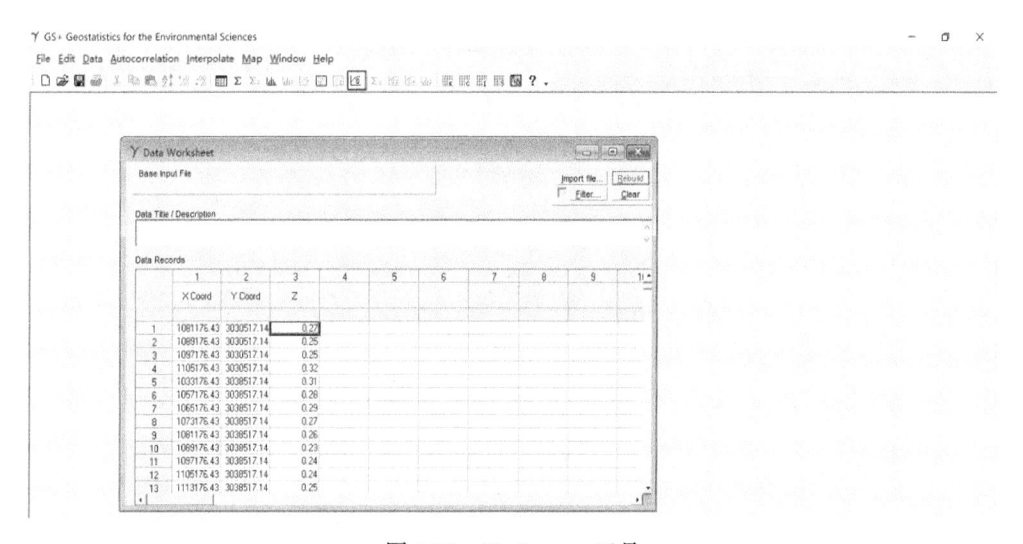

图 3.39　Variogram 工具

然后，单击 Calculate 按钮，如图 3.40 所示。

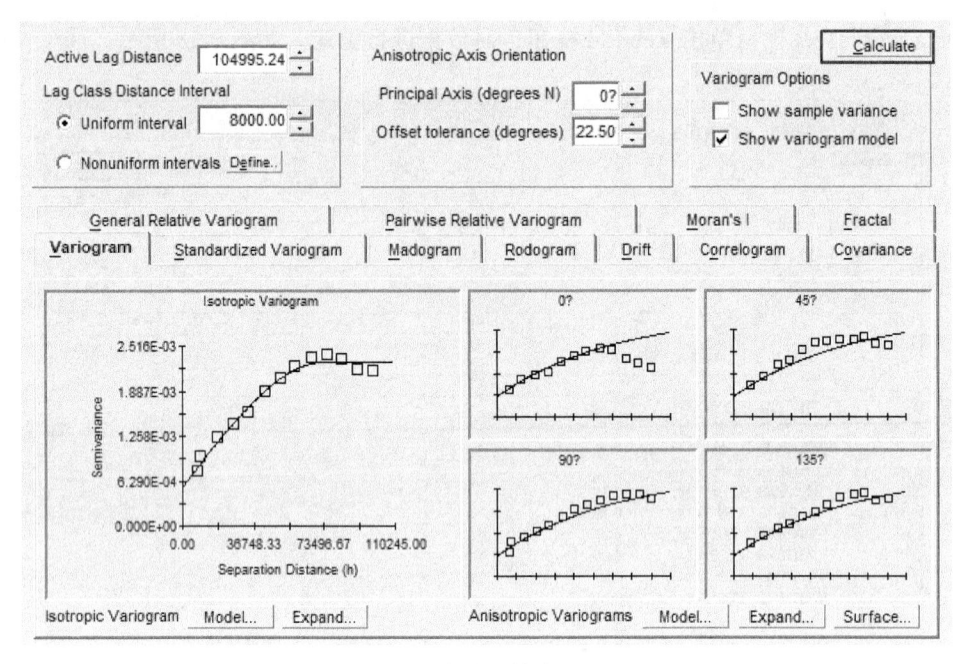

图 3.40　变异函数分析界面

GS+软件提供的拟合函数有线性模型、球状模型、指数模型和高斯模型。单击 Model 按钮，进行模型选择。GS+软件提供自动择优功能，单击 Autofit 按钮，选择最优拟合函数。在 Variogram Model Type 栏中可以选择其他模型的拟合结果，发现软件自动拟合的球状模型（Spherical model）精度最好，如图 3.41 所示。

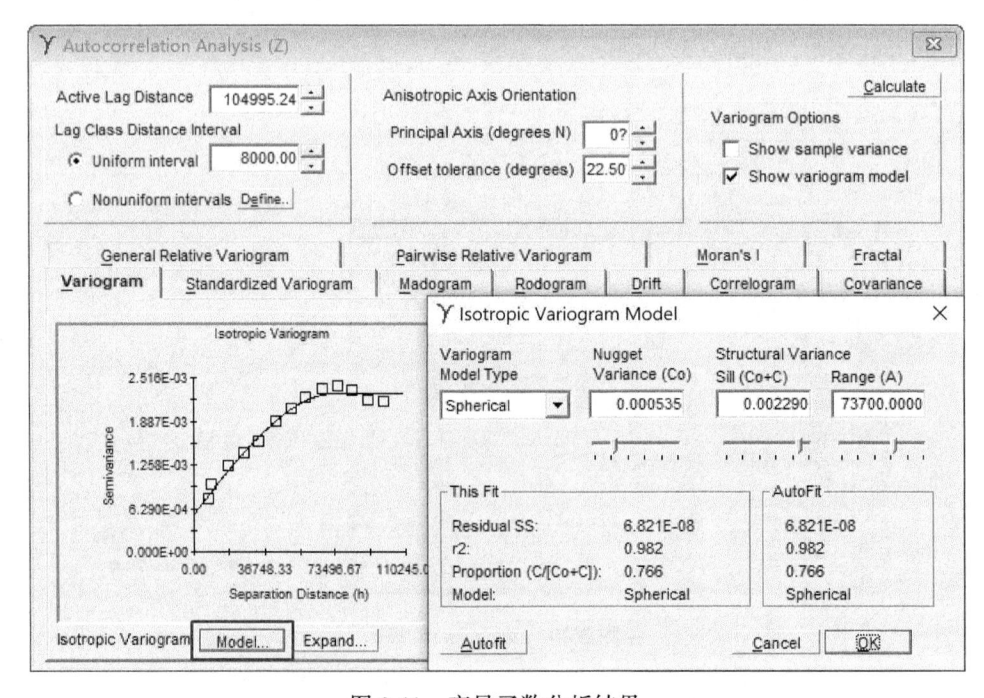

图 3.41　变异函数分析结果

记下 GS+自动拟合的最优模型的各类参数，包括 Variogram Model Type、Nugget

Variance、Structural Variance Sill、Range 等参数，并在 ArcGIS 10.2.2 软件中实现景观格局指数的空间插值。

4. 空间插值

打开 ArcGIS 10.2.2 软件，与 Spatial Analyst 工具集相同，需要在软件中加载拓展模块。在菜单栏中选择 Customize→Extensions 选项，在弹出的对话框中勾选 Geostatistical Analyst 选项，就可以使用 Geostatistical Analyst 工具集下的工具。

选择 ArcToolbox→Data Management Tools→Features→Feature To Point 选项，将研究单元+风险指数.shp 面文件转换为点文件，此时生成的点文件将保留面文件的属性。后面将运用该点文件进行生态风险指数空间格局分析。

在 ArcGIS 10.2.2 软件中加载该点文件，并在 Geostatistical Analyst 工具集中选择 Geostatistical Wizard（地统计分析模块）选项，如图 3.42 所示。

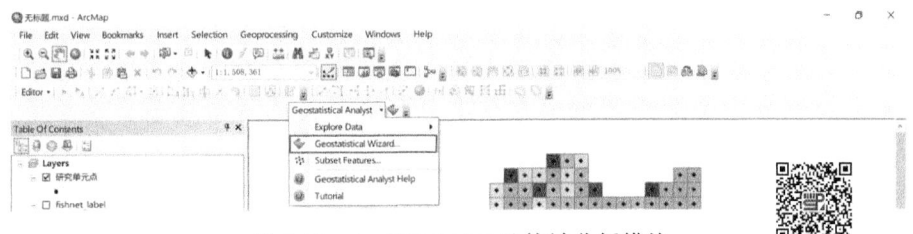

图 3.42　ArcGIS 10.2.2 地统计分析模块

在地统计分析模块中，选择 Geostatistical methods→Kriging/CoKriging（克里金/协克里金）选项，在 Source Dataset 栏中选择前面转出的研究单元+风险指数.shp 点文件，在 Data Field 栏中选择 ERI 选项，单击 Next 按钮，如图 3.43 所示。

图 3.43　克里金插值

在 Kriging Type 栏中选择 Ordinary（普通克里金）选项，Output Surface Type 栏中选择 Prediction 选项，并单击 Next 按钮，如图 3.44 所示。

图 3.44　普通克里金方法

在弹出的界面中进行克里金插值的半变异函数分析的设置。在 Variable 栏选择 Semivariogram（半变异函数）选项，在 Calculate Nugget 栏选择 False 选项，并输入前面 GS+软件拟合的半变异函数的 Nugget，在 Type 栏选择 Spherical 选项，Major Range、Partial Sill 也分别按照前面的值进行修改，如图 3.45 所示。

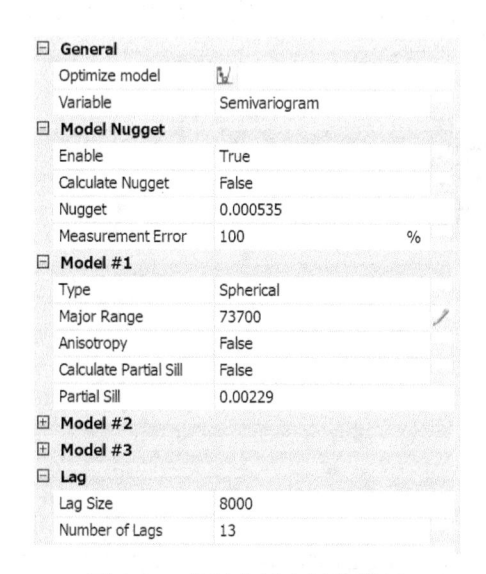

图 3.45　普通克里金插值设置

单击 Next 按钮，可以看到普通克里金插值的预测精度、交叉验证结果和预测结果等参数，如图 3.46 所示。单击 Finish 按钮，插值结果如图 3.47 所示。

```
Regression function           0.601422687370545 * x + 0.10542810...
Prediction Errors
Samples                       376 of 376
Mean                          -0.0002597797
Root-Mean-Square              0.03725238
Mean Standardized             -0.001876644
Root-Mean-Square Standardized 1.160623
Average Standard Error        0.03073809
Export Result Table
```

图 3.46　普通克里金插值预测精度

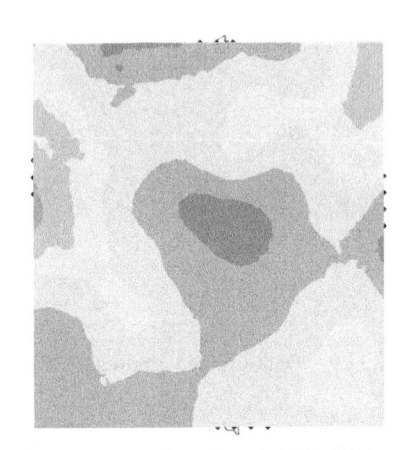

图 3.47　普通克里金插值结果

此时插值结果并未完全覆盖研究区。为此，在 ArcGIS 10.2.2 软件菜单栏中选择 View→Data Frame Properties 选项，如图 3.48 所示。在 Clip Options（裁剪选项）栏中选择 Clip to shape→Specify Shape→Outline of Features 选项，在 Layer 栏中选择"研究区"选项，单击 OK 按钮，如图 3.49 所示，并在 Data Frame Properties 界面中单击"确定"按钮。

图 3.48　Data Frame Properties 界面

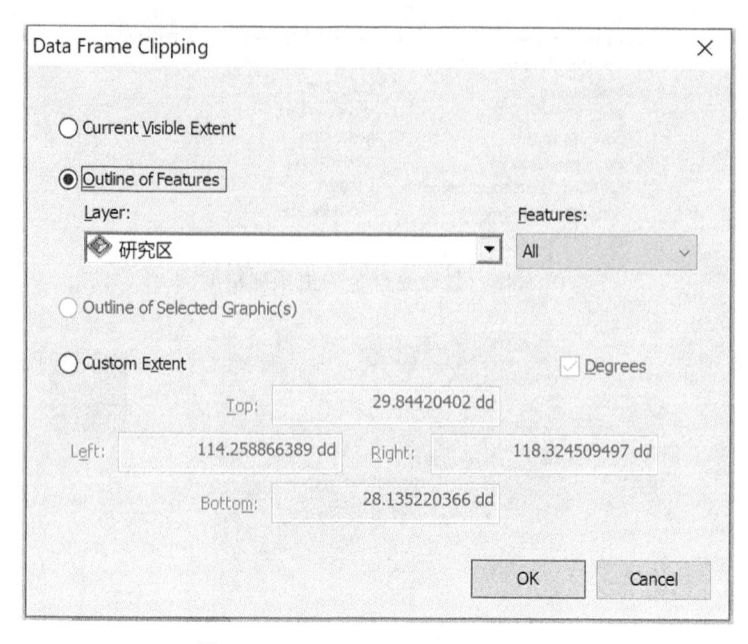

图 3.49　Data Frame Clipping 界面

此时，插值结果的范围与研究区范围一致，如图 3.50 所示。右击该结果图层，选择 Data→Export to Raster 选项，将插值结果导出为栅格数据。

图 3.50　地统计插值结果

为了更好地展现研究区景观生态风险的空间格局分布状况，单击导出后的栅格数据，在 Symbology 标签中选择 Classified 选项，将栅格数据按景观生态风险的高低分类显示，如图 3.51 所示。

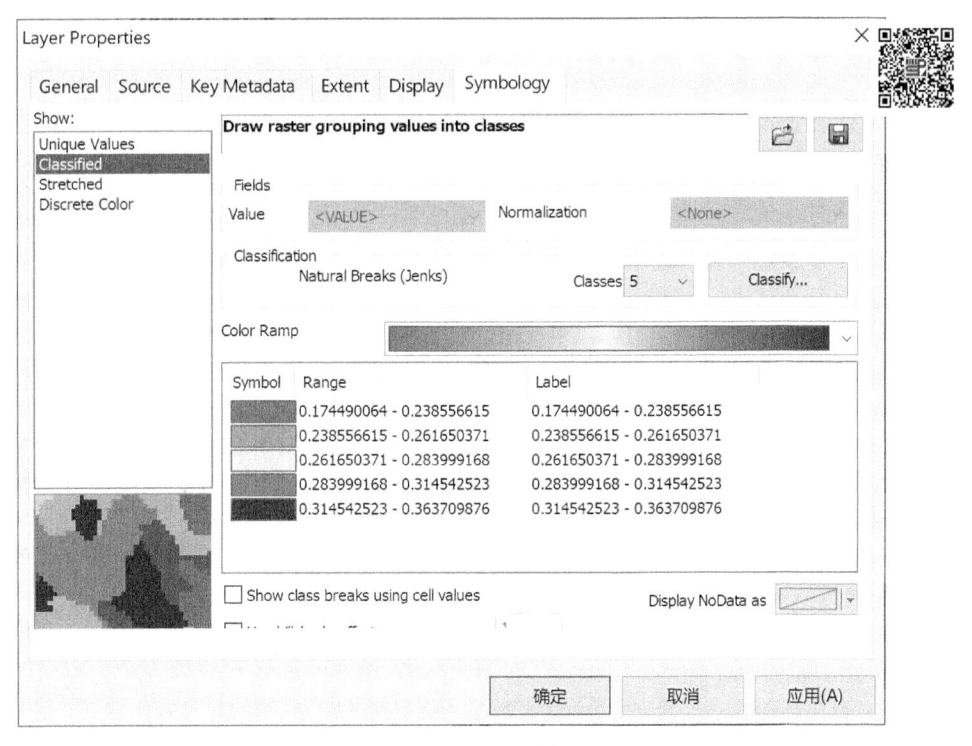

图 3.51　Symbology 设置

最终得到的研究区 2010 年景观生态风险空间格局如图 3.52 所示。采取相同的分析方法和步骤，也可以分析研究区不同年份的景观生态风险，并分析其变化趋势。

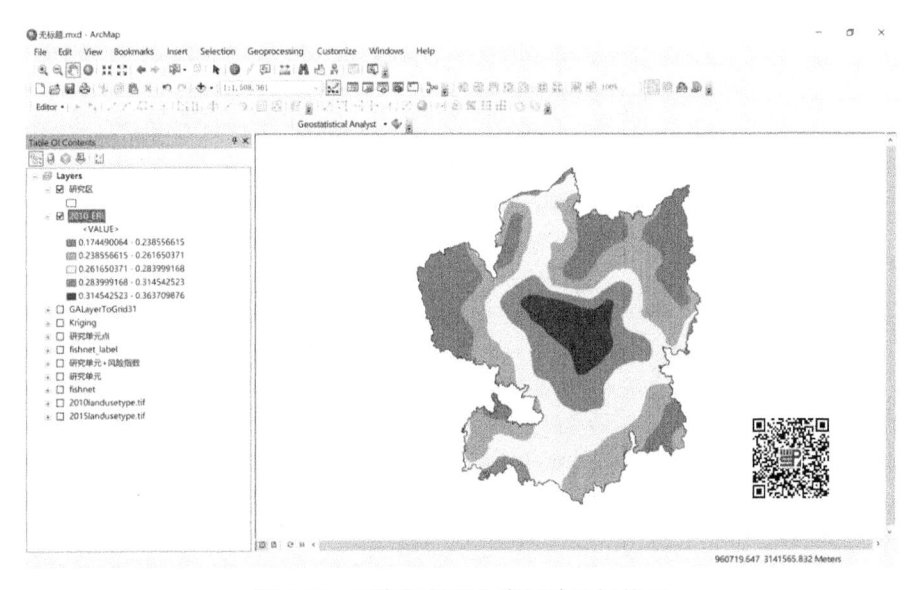

图 3.52　研究区景观生态风险空间格局

3.3　讨论与总结

本实验主要在 ArcGIS 10.2.2、Fragstats 4.2.1、GS+和 GeoDa 1.14 等软件的支持下，

分析了 2010 年研究区景观生态风险的空间格局。本实验也存在一些局限。首先，在划分风险评价单元时，应根据栅格分辨率和研究区的范围合理设置风险评价单元的尺度，依据相关文献和景观生态学原理，常按照斑块平均面积的 2～5 倍划分风险评价单元。其次，本实验使用矢量面数据，在实际研究中进行空间自相关分析时，既可以创建 Queen、Rook 等基于邻接关系的空间权重矩阵，也可以创建基于距离关系的空间权重矩阵。最后，在运用地统计学方法对区域景观生态风险指数进行预测时，也可以选择不同的空间插值方法，综合比较其精度。

参 考 文 献

荆玉平, 张树文, 李颖. 2008. 基于景观结构的城乡交错带生态风险分析[J]. 生态学杂志, 27(2): 229-234.

李谢辉, 李景宜. 2008. 基于 GIS 的区域景观生态风险分析——以渭河下游河流沿线区域为例[J]. 干旱区研究, 25(6): 899-902.

梁发超, 胡其玉, 起晓星. 2021. 基于生命共同体的景观生态风险评价与管控策略——以成渝城市群为例[J]. 经济地理, 41(8): 152-159.

彭建, 党威雄, 刘焱序, 等. 2015. 景观生态风险评价研究进展与展望[J]. 地理学报, 70(4): 664-677.

谢花林. 2011. 基于景观结构的土地利用生态风险空间特征分析——以江西兴国县为例[J]. 中国环境科学, 31(4): 688-695.

许学工, 林辉平, 付在毅, 等. 2001. 黄河三角洲湿地区域生态风险评价[J]. 北京大学学报(自然科学版), 37(1): 111-120.

于婧, 汤昇, 陈艳红, 等. 2022. 山水资源型城市景观生态风险评价及生态安全格局构建——以张家界市为例[J]. 生态学报, 42(4): 1290-1299.

Anselin L. 2010. Thirty years of spatial econometrics[J]. Papers in Regional Science, 89(1): 3-23.

Moran P. 1950. Notes on continuous stochastic phenomena[J]. Biometrika, 37(2): 17-23.

实验四 森林优先保护区识别

4.1 实验概述

4.1.1 背景及目的

森林作为地球上可再生自然资源及陆地生态系统的主体，在人类生存和发展的历史中起着不可替代的作用。近年来，不断增长的经济总量和人口对森林造成的压力越来越大。人们对森林破坏的关注已成为国际环境问题研究的重要方面，设立保护区是保护森林的重要举措。以某地区为研究区，本实验以生境质量和经济成本构建森林优先保护区识别模型，结合叠加分析和聚类分析，研究森林优先保护区识别框架。本实验希望达到以下目的：①理解使用模型计算生境质量的过程；②了解不同威胁源对生态系统的影响；③掌握并运用生境质量模型研究实际问题。

4.1.2 数据说明

本实验所使用的数据信息见表 4.1。其中，空间数据统一采用 WGS_1984_UTM_Zone_50N 坐标系。

表 4.1 实验数据信息

数据类型	数据来源	数据名称	数据说明
空间数据	LULC 数据	LULC.tif	栅格数据，value 对应土地利用类型，精度为 30m
空间数据	从 LUCC 中提取	威胁源.tif	栅格数据，精度为 30m
空间数据	DEM 数据	DEM.tif	栅格数据，精度为 30m
参数文件	文献获取	生境类型对威胁的敏感性.csv	表格数据（csv 格式）
参数文件	文献获取	威胁因子.csv	表格数据（csv 格式）

注：DEM 是指数字高程模型（digital elevation model）

LULC 数据获取的途径很多，可以从专门的数据公司购买，也可以用专业的遥感处理软件进行分类或者目视解译。可以免费下载 LULC 数据的网站如下：中国科学院资源环境科学与数据中心（https://www.resdc.cn）；世界首套 10m 空间分辨率的全球土地覆盖产品。

威胁源数据是指对生态系统有威胁的人工用地，如耕地、建设用地。可从 LUCC 中提取，为栅格数据，威胁源的数据值为 1，其他值为 0。需要注意，因为威胁源不止一个，所以导入威胁源时，导入的是一个文件夹。

DEM 数据是对地球表面地形地貌的一种离散的数学表达，是研究分析地形、流域、地物识别的重要原始资料。可以免费下载 DEM 数据的网站如下：中国科学院资源环境科学与数据中心（https://www.resdc.cn）；地理空间数据云（http://www.gscloud.cn/home）。

威胁因子数据是一个 csv 格式的表格数据，命名为 threats.csv。表格要满足《InVEST 中文用户手册》的要求，这里以 InVEST 3.9 软件中相关模型自带样本数据作为模板（表 4.2）：①第一行的表头名一定要与模板一致；②第一列是各种威胁因子的名称，可以自定义（类名用英文）；③最大影响距离和权重参考一些文献或专家咨询等，根据实际情况决定。

表 4.2　威胁因子数据表格

威胁因子 （THREAT）	最大影响距离 （MAX_DIST）	权重 （WEIGHT）	衰减函数 （DECAY）	数据名称 （CUR_PATH）
crops	8	0.7	linear	crops_c.tif
railroad	5	0.6	exponential	railroad_c.tif
urban	10	1	exponential	urban_c.tif
timber	6	0.5	exponential	timber_c.tif
roads1	3	1	linear	roads1_c.tif
roads2	1	0.7	linear	roads2_c.tif
roads3	0.5	0.5	exponential	roads3_c.tif

生境类型对威胁的敏感性数据是一个 csv 格式的表格数据，命名为 sensitivity.csv。表格要满足《InVEST 中文用户手册》的要求，用示例数据（表 4.3）简单说明表格中每一列需要填入的内容。LULC 这一列填入各地类编码，如果 LULC 数据有二级地类，则填二级地类代码，例如，耕地是一级地类，编码为 1，其二级地类又分旱地 11 和水田 12，那么 LULC 这一列 11 和 12 都要填入。NAME 这一列填入相应的编码所代表的地类名称。HABITAT 这一列填入各地物生境适宜度，范围是 0~1，数值根据文献综合确定。前三个表头名（LULC、NAME、HABITAT）按照示例数据，名称必须一模一样，后面的表头名是各威胁因子地类名，地类根据 LULC 数据来命名，有几个威胁源就新建几个列命名，数值根据文献综合确定。必须注意，LULC 数据的所有地类都要填入表格，不能因适宜度都是 0 而不填；表格一定要制作完整，否则在模型运行时会报错。

表 4.3　生境类型对威胁的敏感性

LULC	NAME	HABITAT	crops	railroad	urban	timber	roads1	roads2	roads3
1	Residential	1	0.4	0.45	0.6	0.2	0.4	0.3	0.2
2	Commercial	0	0	0	0	0	0	0	0
3	Industrial	0	0	0	0	0	0	0	0
4	Urban	0	0	0	0	0	0	0	0
6	Rural structures	0	0	0	0	0	0	0	0
7	Railroad	0	0	0	0	0	0	0	0

此外，要注意 threats.csv 和 sensitivity.csv 中各个数据之间的对应关系：①threats.csv 中的 THREAT 列与威胁源数据名称（×××_c.tif）以及 sensitivity.csv 中第一行的威胁因子对应；②sensitivity.csv 中的 LULC 列与 LULC 数据中的地物编码要对应，顺序可以不对应，种类总量对应即可。

4.1.3 整体实验设计

本实验欲划分森林保护区，同时降低保护成本（在经济开发难度大的地方保护成本会更低）。基于生境因素和成本因素这两个方面，构建生境质量-成本网络双评价指标体系，进行森林保护区的优先性评价。主要在 ArcGIS 10.7 软件中进行针对栅格数据的空间分析，如坡度分析、距离分析、重分类、叠加分析等，在 InVEST 3.9 软件中计算区域生境质量，得出每个栅格的生境质量和经济开发成本。

为整体把握和描述 2018 年某地区的生境质量，从地理学角度分析某地区生境质量的空间分布特征。由于人工用地会降低地区的生境质量，可以先确定这些威胁源及其影响程度和距离。不同土地利用类型（即不同生境）对相应威胁源具有不同的敏感性。通过参阅文献和利用常识，确定威胁源的类型、生境类型、威胁源的程度和距离、不同生境对威胁源的敏感性。

整体实验流程如图 4.1 所示。

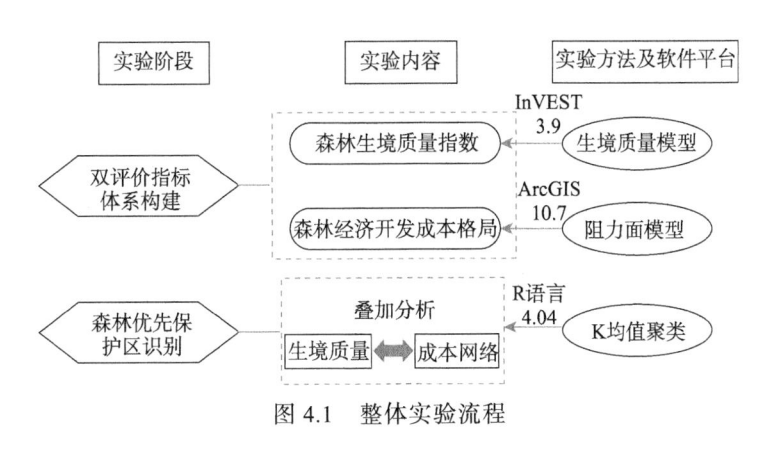

图 4.1 整体实验流程

4.2 实验步骤

4.2.1 双评价指标体系构建

双评价指标体系的构建包括分级构建指标体系及分指标计算。基于生境质量-成本网络双评价框架（张路等，2015；王子尧等，2022），遵循科学性、区域性、完整性、独立性等原则，本实验提出一套针对研究区森林优先保护区识别的指标体系（表 4.4）。

表 4.4 森林优先保护区双评价指标体系

目标层	准则层	指标层
森林优先保护区	生态系统服务能力	生境质量
	经济开发成本格局	交通成本
		基建成本
		林业收入损失

4.2.2 生态系统服务能力

生境质量是体现研究区生态系统服务能力的重要指标，在计算该指标之前，要进行如下数据预处理。

1. NoData 处理

在 ArcGIS 10.7 软件中每个栅格数据都默认有一个最小外接矩形，在外接矩形中栅格数据之外的空值都为 NoData。在提取威胁因子数据之前，不要在威胁因子地图上留下任何为"NoData"的空值。如果某个区域没有威胁，则设置威胁等级为 0。处理 NoData 的具体操作如下：选择 Spatial Analyst 工具→Map Algebra（地图代数）→Raster Calculator（栅格计算器）选项，输入 Con(IsNull("lulc_current_pyh.tif"),0,"lulc_current_pyh.tif")（必须在函数列表中选择相应的函数，不能直接复制或者键入公式），如图 4.2 所示。

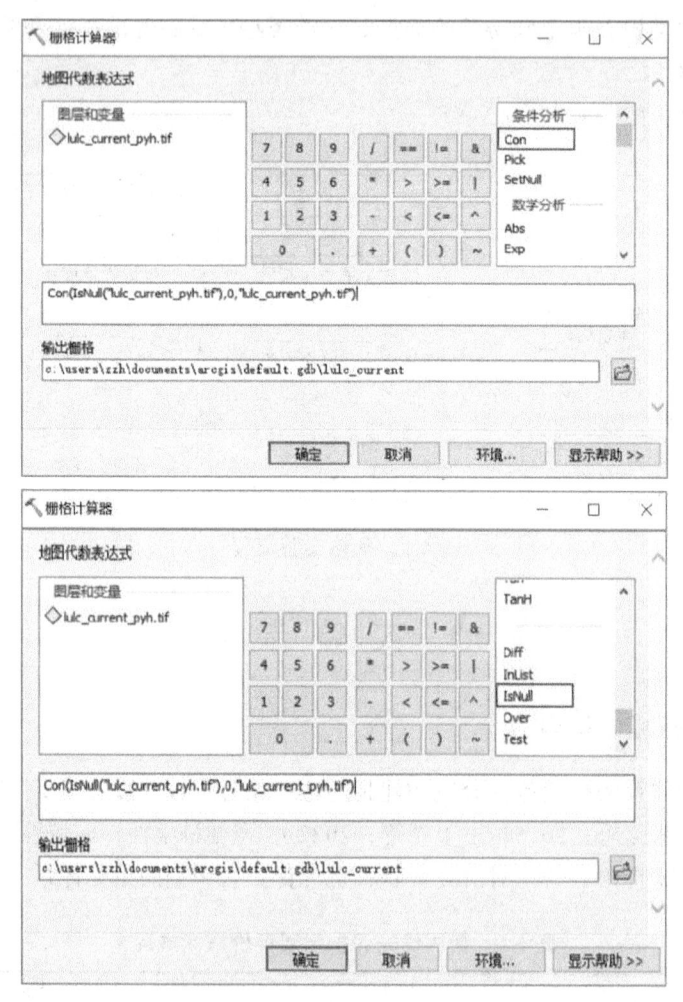

图 4.2　NoData 处理过程

2. 栅格转矢量

将栅格数据转为矢量数据后，对属性表进行操作较为容易，工具路径如下：选择 Conversion Tools（转换工具）→From Raster（由栅格转出）→Raster to Polygon（栅格转面）选项，输入 LULC 数据，"字段"栏默认为 Value 选项，输出结果保存路径，取消勾选"简化面"选项，结果如图 4.3 所示（gridcode 字段由 value 字段转换而来）。

图 4.3　栅格转矢量过程

3. 创建 value 并赋值

右击属性表，选择"添加字段"选项（图 4.4），"名称"栏输入 value，"类型"栏选择"短整型"选项。在属性表中，选择"按属性选择"选项，输入 gridcode=1，单击"确定"按钮，相应要素被选中并高亮显示，鼠标移至 value 字段表头，右击"字段计算器"按钮，输入 value=1，单击"确定"按钮。上面是对 gridcode=1 的要素进行赋值，gridcode≠1 的要素赋值为 0。在属性表中，选择"切换选择"选项，就反选出了 value 剩余为空值的要素，重复字段计算器操作，输入 value=0，单击"确定"按钮，剩余的空值都被赋值为 0，至此赋值完成。

图 4.4　创建 value 并赋值过程

4. 矢量转栅格

根据 InVEST 3.9 软件的数据格式要求，再把矢量数据转为栅格数据，工具路径如下：选择 Conversion tools（转换工具）→To Raster（转为栅格）→Polygon to Raster（面转栅格）选项，输入矢量数据，"值字段"栏选择 Value 选项，输出栅格位置，输出栅格数据按照"×××_c.tif"的格式命名，像元大小与原始数据相同。输出结果如图 4.5 所示，0 为其他地类，1 为威胁因子。

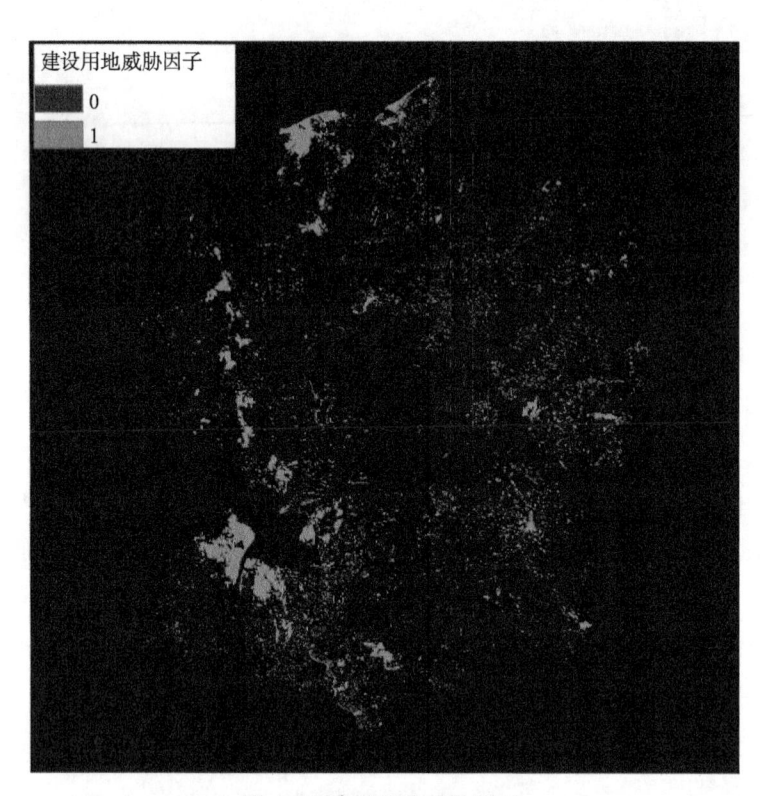

图 4.5 建设用地威胁因子

至此，威胁因子栅格数据提取完成，其他威胁源数据按照上述方法重复操作即可。

5. InVEST 生境质量模型

打开 InVEST 3.9 软件，选择 Habitat Quality（生境质量）选项，首先设定模型的工作位置（Workspace），如图 4.6（a）所示。

由生境质量模型的数据需求可以发现，部分数据是可选的，部分数据是必选的。运行生境质量模型所必需的数据有四个，分别是土地利用现状（Current Land Cover (Raster)）、威胁因子（Threats Data）、生境类型对威胁的敏感性（Sensitivity of Land Cover Types to Each Threat, File (CSV)）以及半饱和参数（Half-Saturation Constant）。分别输入数据 lulc_current.tif、threats.csv、sensitivity.csv。图 4.6（b）显示数据已经准备完成，单击 Run 按钮，运行生境质量模型。

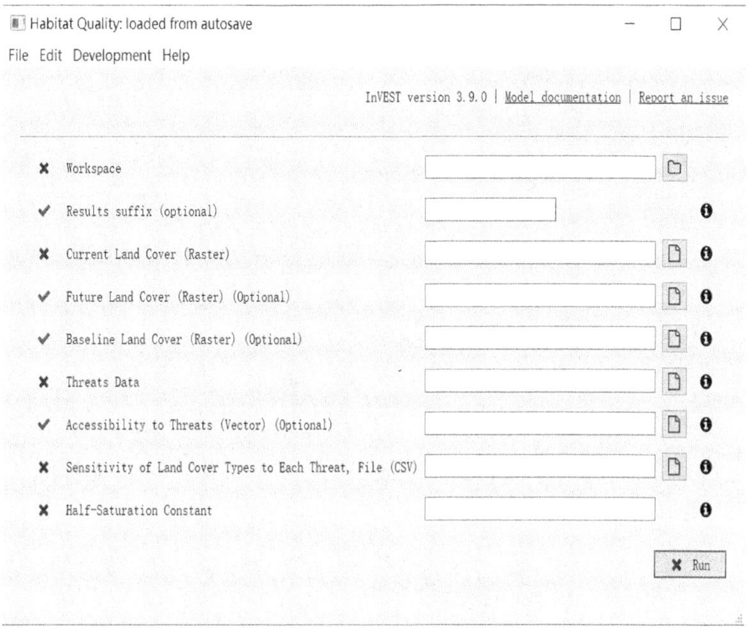

（a）数据输入前

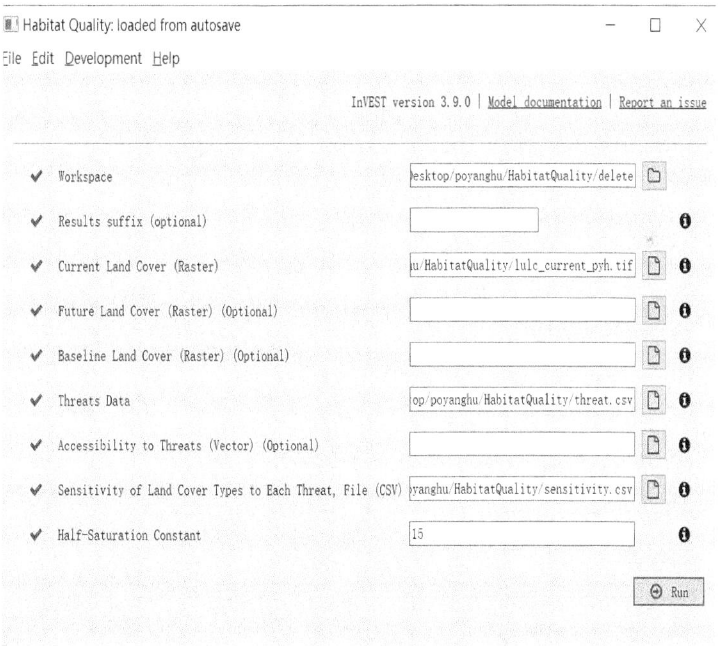

（b）数据输入后

图 4.6　InVEST 生境质量模型界面

图 4.7（a）显示模型正在运行，图 4.7（b）显示模型运行结束。模型运行结束后，生成的结果在之前设定的工作位置中，包括两个数据：一个是 quality_c；另一个是 deg_sum_c。quality_c 文件表示这个区域的生境质量指数，在 ArcGIS 10.7 软件中打开的结果如图 4.8 所示。

(a)正在运行

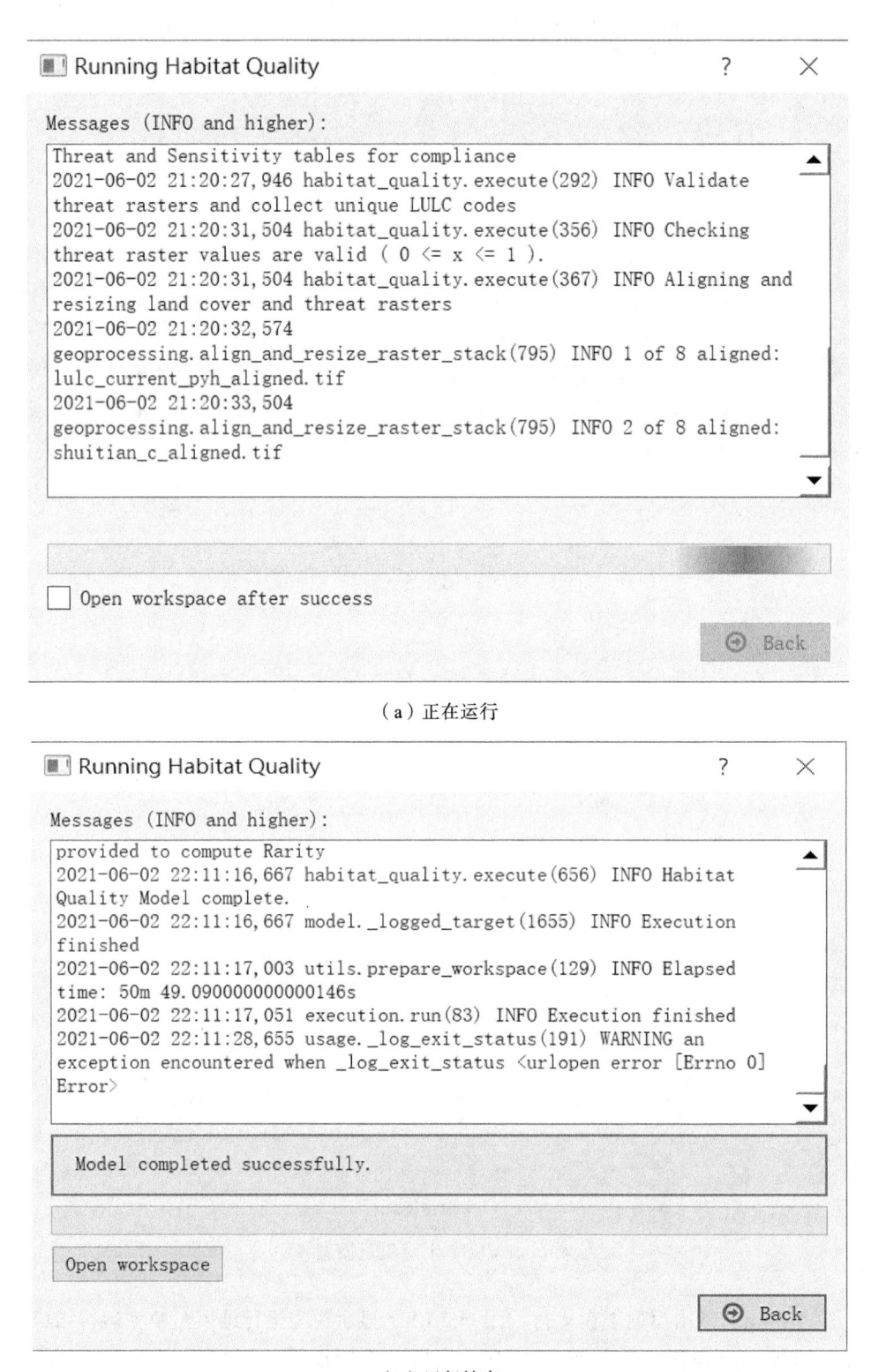

(b)运行结束

图 4.7 InVEST 生境质量模型运行过程和结束的界面

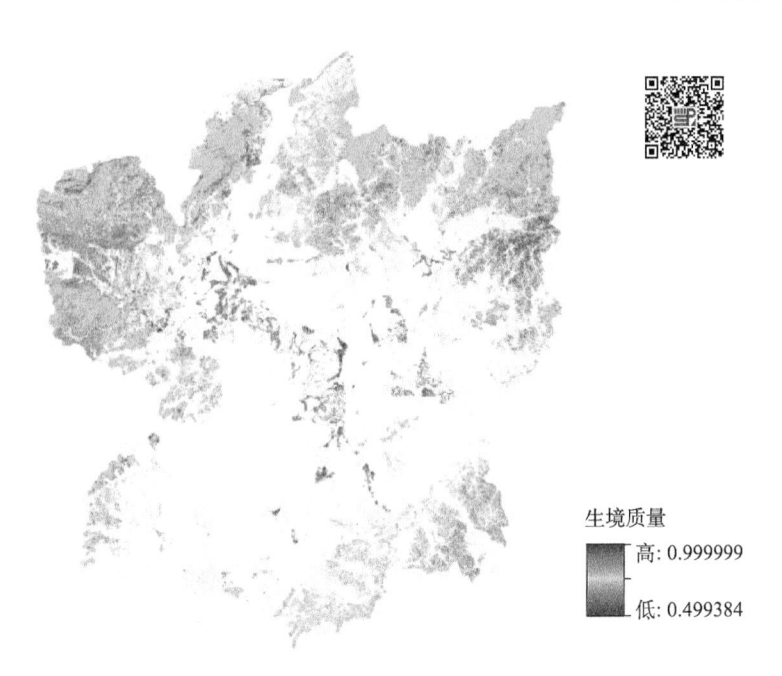

图 4.8　在 ArcGIS 10.7 软件中打开生境质量模型的结果

4.2.3　经济开发成本格局

根据森林优先保护区识别框架，本实验从交通成本、基建成本、林业收入损失等方面构建经济开发成本格局。

1. 交通成本

海拔可以有效反映交通成本的分布规律。距城市距离能够反映保护区可达性成本，是交通成本的重要组成部分之一。因此，本实验主要选取海拔和距城市距离作为交通成本因子以反映交通成本空间格局。

（1）海拔。

直接用 DEM 数据即可。

（2）距城市距离。

从 LULC 中提取建设用地的图层。将土地利用栅格数据转换成矢量数据，工具路径如下：选择 Conversion tools（转换工具）→From Raster（从栅格转出）→Raster to Polygon（栅格转面）选项。从土地利用矢量数据中提取建设用地，打开属性表，使用 Select by Attributes（按属性选择）工具可以筛选出所需要素，选择建设用地对应的值为 80。右击"土地利用.shp"图层，导出选择的数据。从建设用地中提取面积较大且较聚集的斑块，作为城市区域。编辑图层，选择面积较大的、较聚集的斑块作为城市地区，将其余斑块删除，保存编辑操作。本实验选取的城市区域如图 4.9 所示圆圈标识。采用欧氏距离工具测量每个像元与最近城市的直线距离，工具路径如下：选择 Spatial Analyst 工具→Distance（距离）→Euclidean Distance（欧氏距离）选项（图 4.10）。输入转为栅格数据的城市，输入的栅格大小与其他数据保持统一。距城市距离的栅格图如图 4.11 所示。

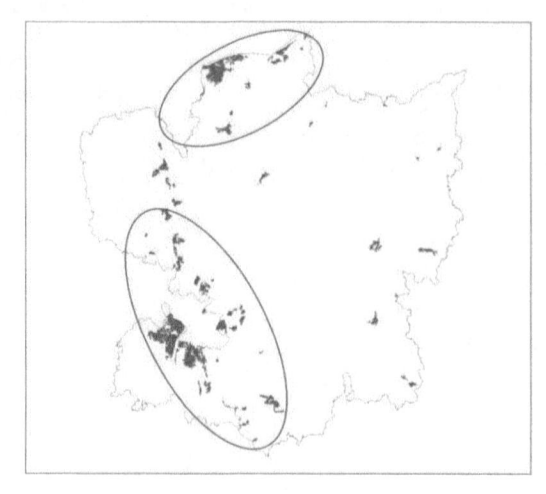

图 4.9　城市区域

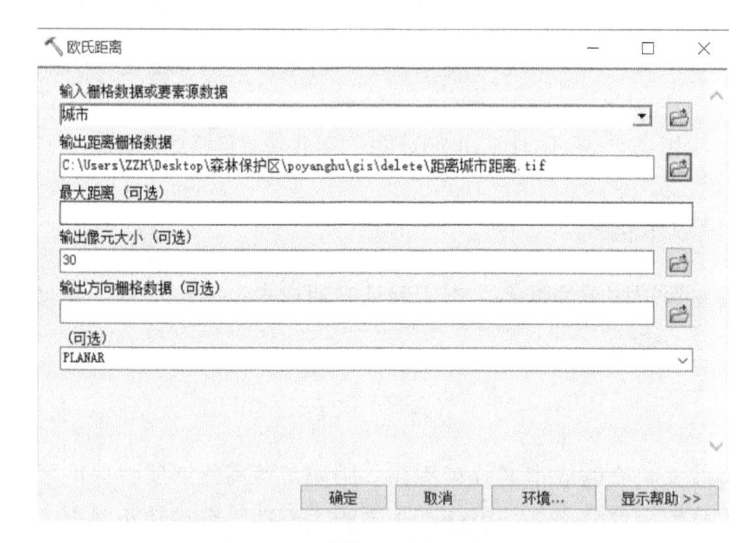

图 4.10　计算距城市距离过程

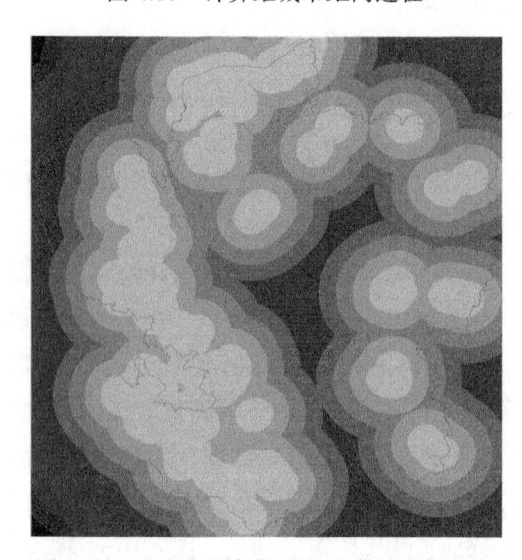

图 4.11　用欧氏距离得到距城市距离栅格图

2. 基建成本

基建成本主要包括建立生物多样性保护设施的费用，一般受区域的地形、坡度等要素影响。本实验选取坡度作为基建成本差异的主要反映，工具路径如下：选择 3D Analyst（三维分析）→Raster Surface（栅格表面）→Slop（坡度）选项（图 4.12）。

图 4.12　计算坡度数据的过程

3. 林业收入损失

当生物多样性保护的区域划定以后，势必会减少采伐等林业活动，导致林业产值降低。本实验主要根据森林生态系统的类别差异反映其成本空间差异，不同林地种类的收入损失按表 4.5 重新赋值，工具路径如下：选择 Spatial Analyst 工具→Reclass（重分类）→Reclassify（重分类）选项（图 4.13）。

表 4.5　各林地种类的收入损失（单位：元）

树种	收入损失	树种	收入损失
常绿阔叶林	1300	常绿混交林	500
落叶阔叶林	900	常绿灌木林	200
常绿针叶林	700	落叶灌木林	200

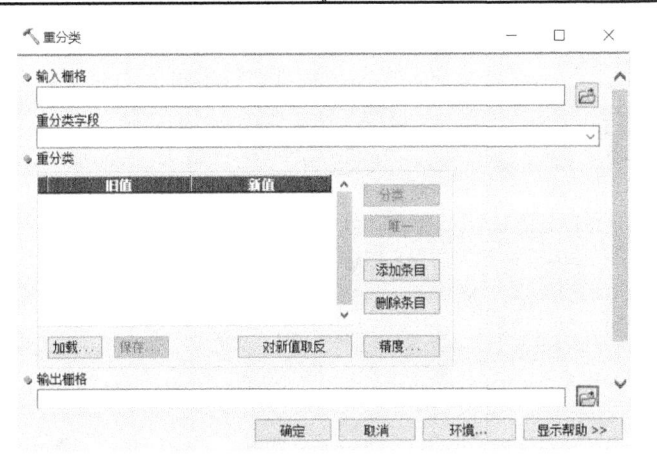

图 4.13　用重分类赋值

4. 形成阻力面

海拔、坡度、距城市距离和林业收入损失都是有量纲的参数。为了方便比较，将它们进行标准化，工具路径如下：选择 Spatial Analyst 工具→Overlay（叠加分析）→Fuzzy Membership（模糊隶属度）选项。如图 4.14 所示，选择输入的栅格数据集，设置输出位置后，"分类值类型"栏选择"线性函数"选项。将标准化后的海拔、坡度、距城市距离和林业收入损失按表 4.6 赋予权重，过程如图 4.15 所示。区域森林经济开发成本格局如图 4.16 所示。

图 4.14　标准化过程

表 4.6　成本因子权重

成本因子	权重	成本因子	权重
海拔	0.2752	距城市距离	0.1657
坡度	0.2596	林业收入损失	0.2995

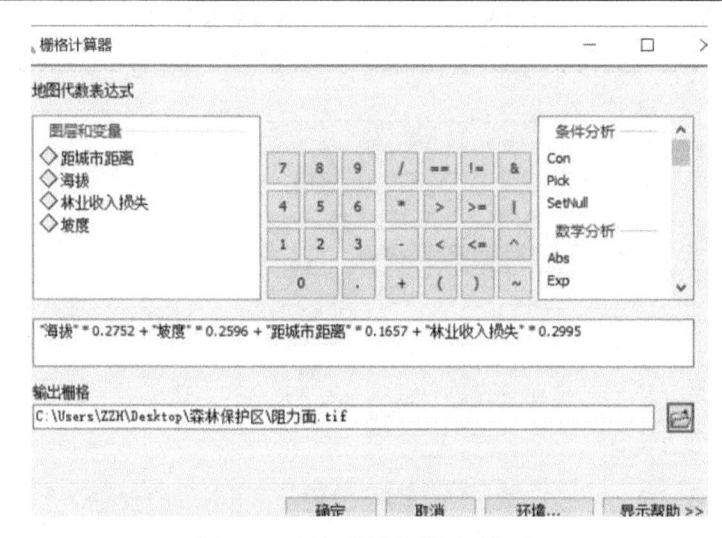

图 4.15　用栅格计算器赋予权重

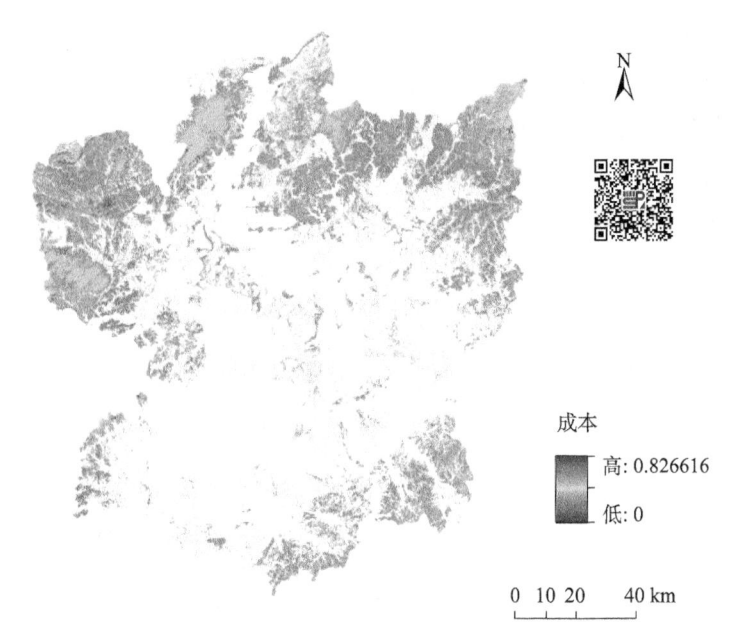

图 4.16　经济开发成本格局

4.2.4　叠加分析

将研究区的生境质量地图和经济开发成本格局进行叠加，工具路径如下：选择 Analysis Tools（分析工具）→Overlay（叠加分析）→Spatial Join（空间连接）选项（图 4.17）。需要注意，在这之前先把栅格数据转为矢量数据。

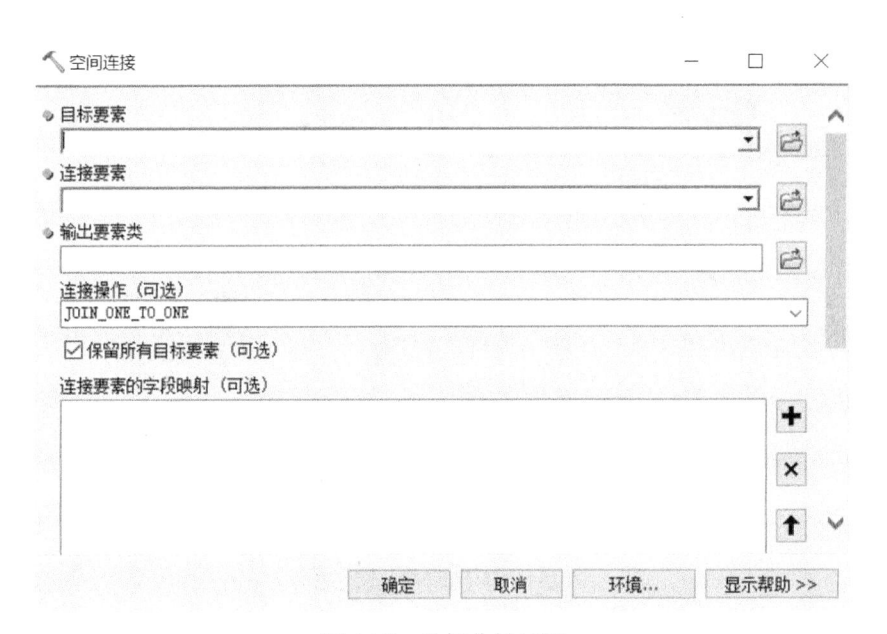

图 4.17　叠加分析过程

4.2.5　聚类分析

K 均值聚类利用欧氏距离原理将 n 个数据对象通过迭代运算聚成设定的 k 个类别，相同类别之内的数据差异性小而不同类别之间的差异性大，以达到对数据对象进行归类的目的（陶国庆等，2016；宋成文等，2021）。本书将森林分为 4 个等级，不同等级保护优先性不同，优先级别最高的地区为优先保护区，即将生境质量好而保护成本低的地区作为最终保护优先区。

将生境质量地图和经济开发成本格局叠加后，把属性表中的数据复制到 Excel 2016 软件中，打开 R 语言，K 均值聚类分析的代码如下：

```
library(ggplot2)
library(factoextra)
library(readxl)
setwd("示例数据的工作路径")
D <- read_excel("工作路径.xlsx")
km_result <- kmeans(E,centers = 4,nstart = 25)
fviz_cluster(km_result,data= E)
print(km_result)
dd <- cbind(D, cluster = km_result$cluster)
head(dd)
write.table(dd,file = "class.csv")
```

在工作文件夹中输出的结果为 class.csv 文件。将数据连接到数据表中就可以在空间中表征，如图 4.18 所示。

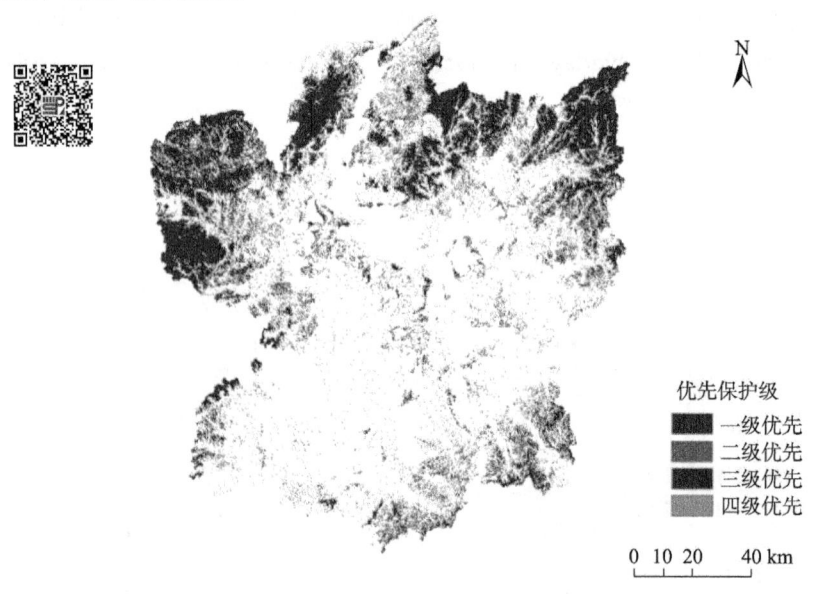

图 4.18　森林优先保护区

4.3　讨论与总结

本实验构建了森林保护优先区识别框架，首先，运用 InVEST 生境质量模型对某地区 2018 年的生境质量进行了评估。其次，相应地选取了海拔、坡度、距城市距离以及林业收入损失等因子反映区域经济开发的交通成本、基建成本和机会成本，将这些因子空间化并赋予权重，构建区域经济开发成本格局。最后，将区域生境质量地图和经济开发成本格局进行叠加并聚类，最终获取了区域的森林优先保护区。

将成本因子考虑到森林保护中是大量发展中国家和地区的实际需求，具有显著的实践意义。本实验提出的森林优先保护区识别框架可供相关部门参考。另外，在具体的生境质量评估和成本格局分析工作中，决策者也可以结合评估对象的实际情况相应地调整参数，使评估结果更加准确。

参 考 文 献

宋成文, 王文礼, 刘冬梅, 等. 2021. 不同人类干扰背景下横断山南段保护优先区规划研究[J]. 生态学报, 41(24): 9655-9668.

陶国庆, 欧晓昆, 郭银明, 等. 2016. 基于保护价值与保护成本分析的滇西北植被优先保护区识别[J]. 生态学报, 36(18): 5777-5789.

王子尧, 黄楚梨, 李倞, 等. 2022. 耦合 InVEST-HFI-PLUS 模型的生态分区规划与动态评估——以博尔塔拉蒙古自治州为例[J]. 生态学报, 42(14): 5789-5798.

张路, 欧阳志云, 徐卫华. 2015. 系统保护规划的理论、方法及关键问题[J]. 生态学报, 35(4): 1284-1295.

实验五
区域关键性生态空间识别

5.1 实验概述

5.1.1 背景及目的

关键性生态空间是保障区域水资源安全、生物多样性保护安全、地质灾害防护安全、水土保持安全以及维护区域景观格局完整性和连续性的基础性用地空间。当前，对区域关键性生态空间的辨识主要集中在生物多样性保护红线辨识、水安全防护空间辨识、水土流失防护空间辨识等方面。本实验依据我国中部某县域（简称 A 区域）的生态安全现状，从水源涵养功能重要性、土壤保持功能重要性、生物多样性保护功能重要性、地质灾害敏感性和洪涝灾害敏感性五个方面辨识区域关键性生态空间。相关辨识过程主要运用 ArcGIS 12.0 软件中的数据处理、分析、计算等功能。本实验希望达到以下目的：①理解关键性生态空间辨识的原理和方法；②掌握 ArcGIS 12.0 软件所具有的空间数据处理、分析、计算等功能，并学会运用上述功能解决实际问题；③学会使用 ArcGIS 12.0 软件的模型构建器创建工具。

5.1.2 数据说明

本实验所使用的数据存储于 data_exp5 文件夹中，主要包括 DEM 数据、气象数据、土壤类型数据、净初级生产力（net primary productivity，NPP）数据、土地利用类型数据等。其中，DEM 数据、NPP 数据、土地利用类型数据来源于中国科学院地理科学与资源研究所；气象数据来自国家气象科学数据中心，内容包括气温、降雨量等数据，本实验使用年均气温和年值/日值降雨量数据；土壤类型数据来源于中国科学院南京土壤研究所。所有的空间数据都重采样到 100m×100m 栅格上，并统一地理坐标系和投影坐标系。空间数据的地理坐标系为 GCS_Krasovsky_1940；基准面为 D_Krasovsky_1940；投影坐标系为 Krasovsky_1940_Albers。

5.1.3 整体实验设计

本实验主要利用 ArcGIS 12.0 软件的空间分析平台进行关键性生态空间辨识。具体的技术路线如下：①构建区域生物多样性保护、土壤保持、水源涵养三类生态重要性指数，以及地质灾害和洪涝灾害两类生态敏感性指数；②在 ArcGIS 12.0 软件上对各指数进行计算并分级赋值,以完成单因子生态重要性/敏感性的辨识;③对各单因子生态重要性/敏感性指数进行叠加处理,完成综合关键性生态空间的识别。

1. 水源涵养功能重要性评价

水源涵养是生态系统(如森林、草地)通过其特有的结构与水相互影响和作用,对大气降雨进行截留、渗透、蓄积,并通过蒸发、散发实现对水流、水循环的调节和控制,主要表现为缓和地表径流、补充地下水水位、减缓河流流量的季节波动、调滞洪枯、保证水源水质等方面。通常以生态系统水源涵养服务能力指数作为评价指标,具体计算公式为

$$\text{WR} = \text{NPP}_{\text{mean}} \times F_{\text{sic}} \times F_{\text{per}} \times (1 - F_{\text{slo}}) \quad (5.1)$$

式中,WR 为生态系统水源涵养服务能力指数;NPP_{mean} 为 A 区域多年 NPP 平均值;F_{sic} 为土壤渗透因子;F_{per} 为 A 区域降雨量参数,由多年(10~30 年)年均降雨量数据插值获得,得到的结果归一化到 0~1;F_{slo} 为根据最大最小值法归一化到 0~1 的 A 区域坡度栅格图,可由 DEM 计算得到。

2. 土壤保持功能重要性评价

土壤保持是生态系统(如森林、草地)通过其结构与过程,减少由水蚀所导致的土壤侵蚀的作用,是生态系统提供的重要调节服务功能之一。土壤保持功能主要与气候、土壤、地形和植被等有关。以生态系统土壤保持服务能力指数作为评价指标,计算公式为

$$\text{Sqr} = R \times K \times L \times S \times (1-C) \quad (5.2)$$

式中,Sqr 为生态系统土壤保持服务能力指数;R 为降雨侵蚀力因子;K 为土壤可蚀性因子;L 为坡长因子;S 为坡度因子;C 为植被覆盖因子。

降雨侵蚀力因子 R 的计算公式为

$$R = \sum_{k=1}^{24} \overline{R_k} \quad (5.3)$$

$$\overline{R_k} = \frac{1}{n} \sum_{i=1}^{n} \sum_{j=0}^{n'} (\alpha \times P_{i,j,k}^{\beta}) \quad (5.4)$$

式中,$\overline{R_k}$ 为第 k 个半月的降雨侵蚀力(MJ·mm/(hm²·h·a));k 为所用降雨资料的半月数,$k=1,2,\cdots,24$;i 为所用降雨资料的年份,$i=1,2,\cdots,n$,n 为所用降雨资料的年份数;j 为第 i 年第 k 个半月侵蚀性降雨日的天数,$j=0,1,\cdots,n'$,n' 为第 i 年第 k 个半月侵蚀性降雨日的总天数;$P_{i,j,k}$ 为第 i 年第 k 个半月第 j 个侵蚀性日降雨量(mm);α 为反映冷暖季雨型特征的模型参数,暖季 α 为 0.3937,冷季 α 为 0.3101;β 为 1.7265。

土壤可蚀性因子 K 的计算公式为

$$K = 0.1317 \times (-0.01383 + 0.51575 K_{\text{EPIC}}) \quad (5.5)$$

$$K_{\text{EPIC}} = \{0.2 + 0.3\exp[-0.0256 m_s (1 - m_{\text{silt}}/100)]\}$$
$$\times [m_{\text{silt}} / (m_c + m_{\text{silt}})]^{0.3} \times \{1 - 0.25\text{orgC} / [\text{orgC} + \exp(3.72 - 2.95\text{orgC})]\}$$
$$\times \{1 - 0.7(1 - m_s/100) / \{(1 - m_s/100) + \exp[-5.51 + 22.9(1 - m_s/100)]\}\}$$

式中，K_{EPIC} 为采用侵蚀-土地生产力影响评估（erosion-productivity impact calculator, EPIC）模型计算得到的土壤可蚀性（t·hm²·h/(hm²·MJ·mm)）；m_c 为黏粒（粒径<0.002mm）的含量（%）；m_{silt} 为粉粒（粒径为 0.002~0.05mm）的含量（%）；m_s 为砂粒（粒径为 0.05~2mm）的含量（%）；orgC 为有机碳的含量（%）。

坡长因子 L 和坡度因子 S 的计算公式为

$$L = \left(\frac{\lambda}{22.13}\right)^m \tag{5.6}$$

$$m = \beta / (1 + \beta)$$

$$\beta = (\sin\theta / 0.089) / [3.0 \times (\sin\theta)^{0.8} + 0.56]$$

$$S = \begin{cases} 10.8 \times \sin\theta + 0.03, & \theta < 5.14 \\ 16.8 \times \sin\theta - 0.5, & 5.14 \leq \theta < 10.20 \\ 21.91 \times \sin\theta - 0.96, & 10.20 \leq \theta < 28.81 \\ 9.5988, & \theta \geq 28.81 \end{cases}$$

式中，m 为坡长指数；θ 为坡度（°）；λ 为坡长（m）。

3. 生物多样性保护功能重要性评价

生物多样性保护功能是生态系统发挥着维持基因、物种、生态系统多样性的功能，为生态系统提供的最主要功能之一。生物多样性保护功能重要性评价常采用物种评价方法和生境多样性评价方法（彭羽等，2015）。第一种方法是通过收集区域动植物多样性和环境资源数据，建立物种分布数据库，应用物种分布模型量化物种对环境的依赖关系，结合关键物种的实际分布范围最终划定确保物种长期存活的保护红线。第二种方法主要应用于部分物种分布数据资料及分布精度缺失的情况下。因部分物种分布数据不全，本实验采用生境多样性评价方法进行评价。其具体计算公式为

$$\text{Sbio} = \text{NPP}_{\text{mean}} \times F_{\text{per}} \times F_{\text{tem}} \times F_{\text{alt}} \tag{5.7}$$

式中，Sbio 为生态系统生物多样性保护服务能力指数；NPP_{mean} 为 A 区域多年 NPP 平均值；F_{per} 为插值并归一化到 0~1 的 A 区域多年（10~30 年）年均降雨量数据；F_{tem} 为 A 区域气温参数，由多年（10~30 年）年均气温数据插值获得，得到的结果归一化到 0~1；F_{alt} 为海拔，由 A 区域海拔归一化获得。

4. 地质灾害敏感性评价

A 区域的地质灾害主要是滑坡、泥石流、崩塌、地面塌陷等重力型地质灾害，其与势能有关，而势能与海拔、植被覆盖、坡度、地形起伏度、人类活动干扰强度等关系密切。因此，本实验借鉴前人研究成果中致灾因子对地质灾害的影响程度以及各因子对地质灾害的敏感性（周锐等，2015；苏泳娴等，2013；俞孔坚等，2009），采用地质灾害敏

感性指数进行区域地质灾害敏感性评价，具体评价公式为

$$GS = \sqrt{\prod_{i=1}^{5} G_i} \tag{5.8}$$

式中，GS 为 A 区域空间单元地质灾害敏感性指数；G_i 为第 i 个评价因子的敏感性等级值，具体评价因子包括植被覆盖、海拔、坡度、地形起伏度、人类活动干扰强度，见表 5.1。

表 5.1 地质灾害敏感性评价指标体系及赋值

评价因子	不敏感	轻度敏感	中度敏感	高度敏感	极敏感
海拔/m	<50	50~100	100~200	200~500	>500
植被覆盖	>0.8	0.6~0.8	0.4~0.6	0.2~0.4	0~0.2
坡度/(°)	<5	5~10	10~15	15~25	>25
地形起伏度/m	<20	20~50	50~100	100~300	>300
人类活动干扰强度	林地、高覆盖草地、湖泊、滩涂、滩地	水库坑塘、沼泽地、其他未利用地	耕地、中低覆盖草地、裸土地	农村居民点、其他建设用地	城镇、工矿建设用地
分级赋值	1	3	5	7	9

5. 洪涝灾害敏感性评价

首先，根据地形图和地形高程数据，判别具有调蓄洪水功能的区域，包括各级河流、湖泊、水库、坑塘和低洼地；其次，根据水文过程模拟，确定径流汇水点作为控制水流的战略点，并根据分流部位和等级，形成多层级的等级体系；再次，根据洪水风险频率确定安全水平，本实验根据可获得的准确降雨数据，确定 10 年一遇、20 年一遇、50 年一遇和 100 年一遇作为不同敏感性的安全水平；最后，结合 DEM，模拟洪水过程，得到不同洪水风险频率下的淹没范围，确定不同洪水风险频率下的区域，以及防洪的关键区域和空间位置。

6. 关键性生态空间辨识方法

由单因子分析评价得出的生态系统服务功能重要性和生态敏感性只能反映某一单因子的作用过程，要综合辨识区域关键性生态空间，则需要根据各项因子的重要性分级赋值，计算每一个空间栅格单元上的综合生态用地指数，得到区域生态保护红线的空间分布等级图。本实验采用析取算法，通过计算区域综合生态用地指数，辨识关键性生态空间范围，其具体计算公式为

$$EL = \max(WR, Sqr, Sbio, GS, Hlzh) \tag{5.9}$$

式中，EL 为综合生态用地指数；WR 为 A 区域空间单元的生态系统水源涵养服务能力指数；Sqr 为 A 区域空间单元的生态系统土壤保持服务能力指数；Sbio 为 A 区域空间单元的生态系统生物多样性保护服务能力指数；GS 为 A 区域空间单元的地质灾害敏感性指数；Hlzh 为 A 区域空间单元的洪涝灾害敏感性指数。

5.2 实验步骤

5.2.1 栅格数据的归一化处理

从各单项因子的评价公式可以看出,有很多地理要素数据需要归一化处理。下面以海拔数据的归一化处理为例进行说明。

在 ArcMap 中加载海拔数据 xgalt.tif(图 5.1),在 ArcToolbox 工具集中选择"Spatial Analyst 工具"→"叠加分析"→"模糊分类"选项,在"模糊分类"工具窗口的"输入栅格"栏中输入 xgalt.tif,"输出栅格"栏中输入输出数据需要保存的路径和名称,"分类值类型"栏中选择"线性函数"选项(图 5.2),单击"确定"按钮,得到归一化处理后的海拔数据 falt.tif(图 5.3)。

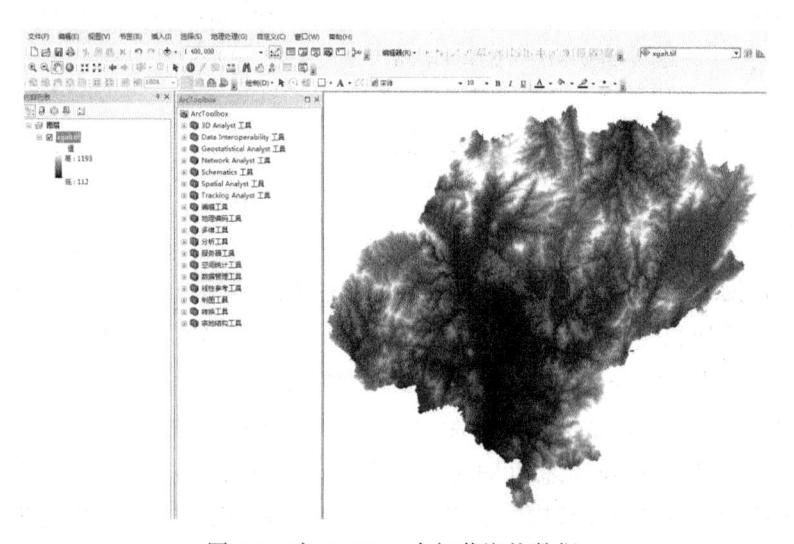

图 5.1 在 ArcMap 中加载海拔数据

图 5.2 "模糊分类"工具窗口

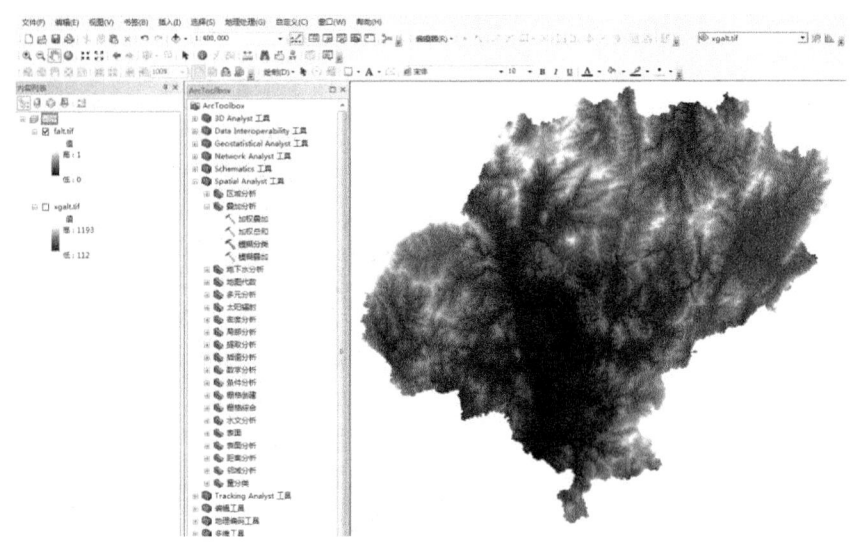

图 5.3　海拔数据归一化结果

用相同的方法，对降雨、气温、坡度等数据进行归一化，具体步骤不再详述。

5.2.2　水源涵养功能重要性评价

在 ArcMap 中加载评价水源涵养功能重要性的各个数据，在 ArcToolbox 工具集中选择"Spatial Analyst 工具"→"地图代数"→"栅格计算器"选项，在"栅格计算器"工具窗口中输入水源涵养功能重要性的计算公式（图 5.4），"输出栅格"栏中输入输出数据需要保存的路径和名称，单击"确定"按钮，得到水源涵养功能重要性评价的结果，如图 5.5 所示。

图 5.4　"栅格计算器"工具窗口

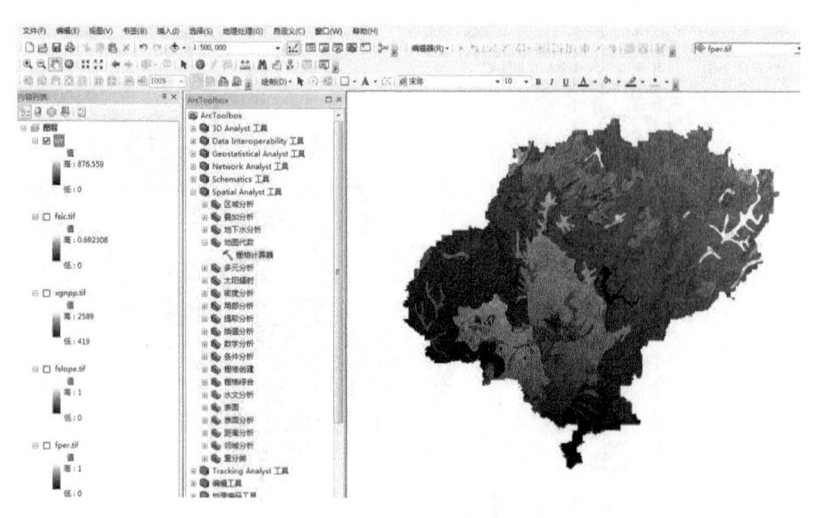

图 5.5　水源涵养功能重要性评价结果

5.2.3　土壤保持功能重要性评价

1. 降雨侵蚀力因子计算

第一，收集年值/日值降雨量数据，基于气象站点号，根据降雨侵蚀力因子计算公式，在 Excel 2016 软件中计算得到每个气象站点的降雨侵蚀力因子值（文件为气象站点数据.xlsx）。

第二，将气象站点数据.xlsx 转为 ArcGIS 12.0 软件可以分析的矢量数据，具体操作步骤如下。在 ArcMap 中加载气象站点数据.xlsx（图 5.6），在内容列表中右击该数据，选择"显示 XY 数据"选项。在"显示 XY 数据"工具窗口（图 5.7）的"X 字段"栏中选择表格中的 X 字段（表示气象站点所处的经度），"Y 字段"栏中选择表格中的 Y 字段（表示气象站点所处的纬度），单击"确定"按钮，得到矢量点数据"Sheet1$个事件"，该数据为临时数据。选择"数据"→"导出数据"选项。在"导出数据"工具窗口（图 5.8）中输入数据保存路径，单击"确定"按钮，即可完成。

图 5.6　加载气象站点数据

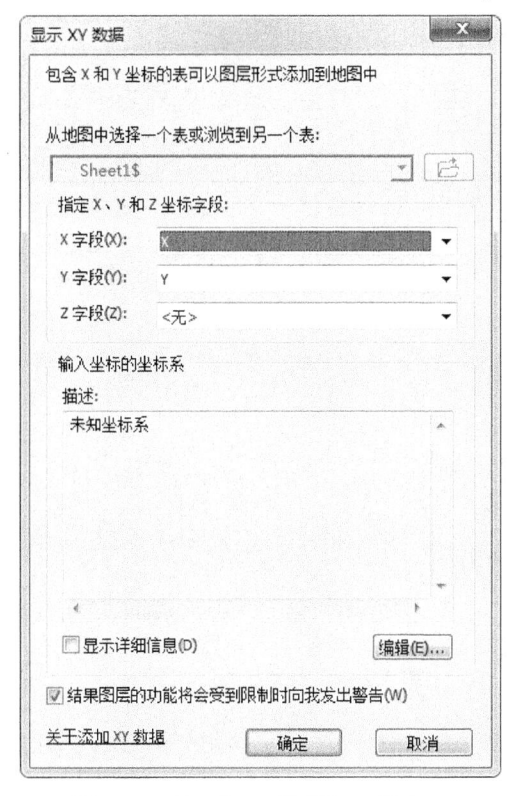

图 5.7 "显示 XY 数据"工具窗口

图 5.8 "导出数据"工具窗口

第三，转换完成的降雨侵蚀力数据为未知坐标系数据，因此需要将该数据投影到相应的坐标系，步骤如下。在 ArcMap 中加载转换完成的 jyqsl.shp，在 ArcToolbox 工具集中选择"数据管理工具"→"投影和变换"→"要素"→"定义投影"选项，在"定义投影"工具窗口（图 5.9）的"输入数据集或要素类"栏中输入 jyqsl，"坐标系"栏中输入 GCS_Krasovsky_1940，单击"确定"按钮，完成该数据地理坐标系的确定。继续在 ArcToolbox 工具集中选择"数据管理工具"→"投影和变换"→"要素"→"投影"选项，在"投影"工具窗口（图 5.10）的"输入数据集或要素类"栏中输入 jyqsl，"输出坐标系"栏中输入 Krasovsky_1940_Albers，并输入结果保存路径，单击"确定"按钮，完成降雨侵蚀力数据的投影。

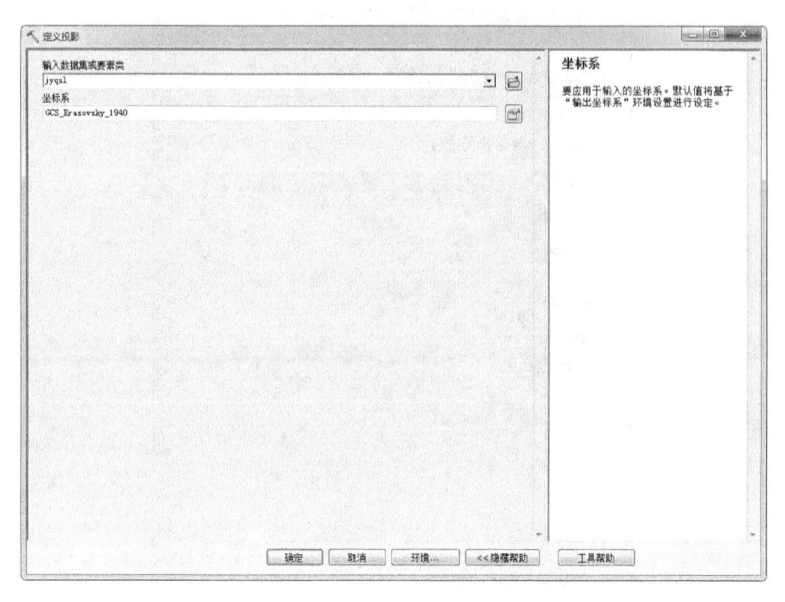

图 5.9 "定义投影"工具窗口

图 5.10 "投影"工具窗口

第四，对投影完成的降雨侵蚀力数据进行空间插值，具体步骤如下。在 ArcToolbox 工具集中选择"Spatial Analyst 工具"→"插值分析"→"样条函数法"选项，在"样条函数法"工具窗口（图 5.11）的"输入点要素"栏中输入投影完成的降雨侵蚀力数据 jyqsl_Project，"Z 值字段"栏中选择 R 选项，"输出像元大小"栏中选择本实验已有的其他空间数据，以保证输出像元大小与其他数据一致，"权重"和"点数"栏保持默认值，并输入结果保存路径，单击"确定"按钮，完成降雨侵蚀力因子的空间插值，结果见图 5.12。

图 5.11 "样条函数法"工具窗口

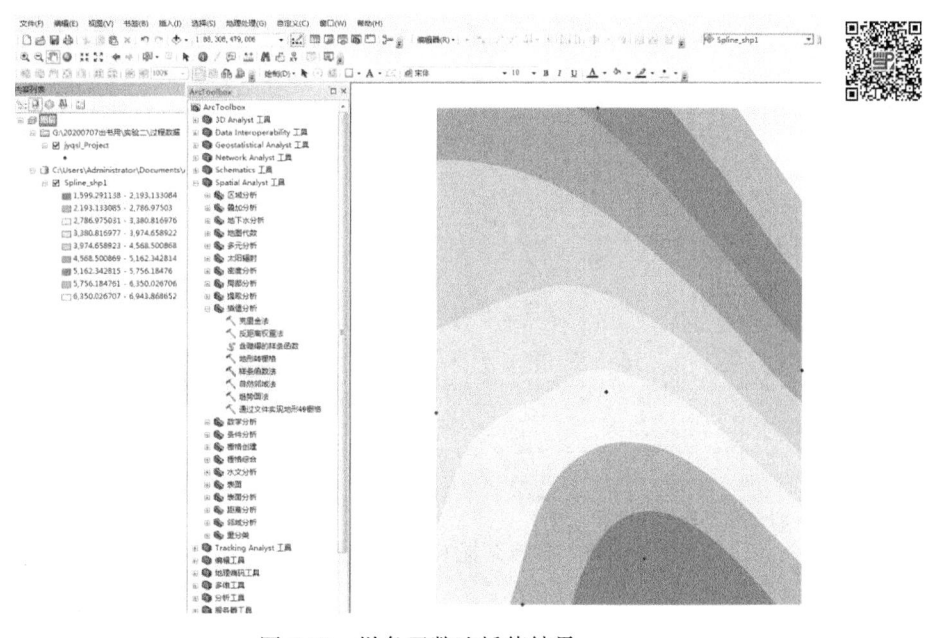

图 5.12 样条函数法插值结果

第五，根据 A 区域范围裁剪出本实验所需要的降雨侵蚀力因子数据，具体步骤如下。在保留插值结果数据的基础上，继续在 ArcMap 中加载 2015lu.tif（也可以是本实验提供的其他数据），在 ArcToolbox 工具集中选择"Spatial Analyst 工具"→"提取分析"→"按掩膜提取"选项，在"按掩膜提取"工具窗口（图 5.13）的"输入栅格"栏中输入 Spline_shp1，"输入栅格数据或要素掩膜数据"栏中输入 2015lu.tif，并输入结果保存路径，单击"确定"按钮，完成按掩膜提取，结果见图 5.14。

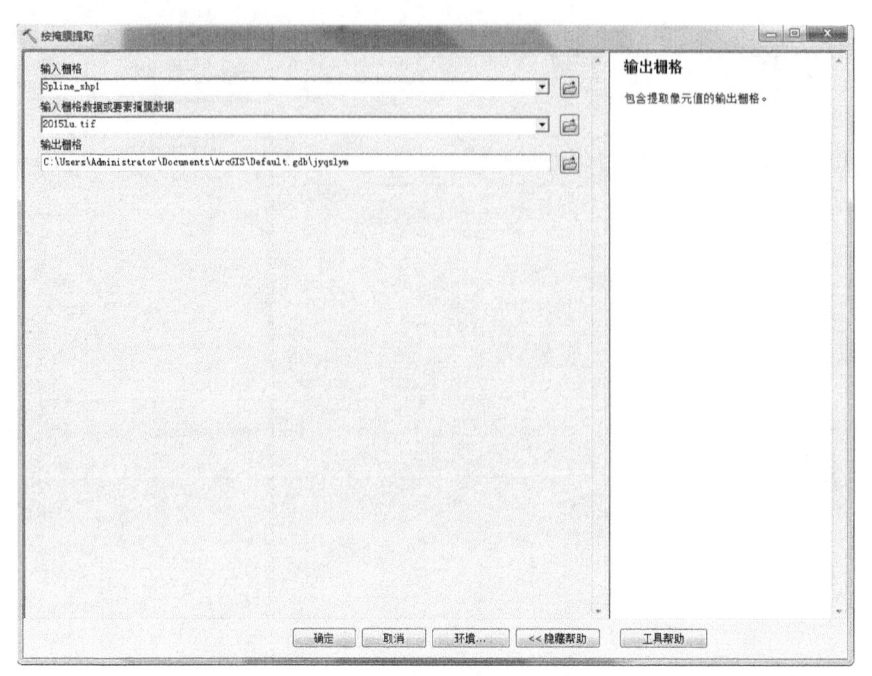

图 5.13 "按掩膜提取"工具窗口

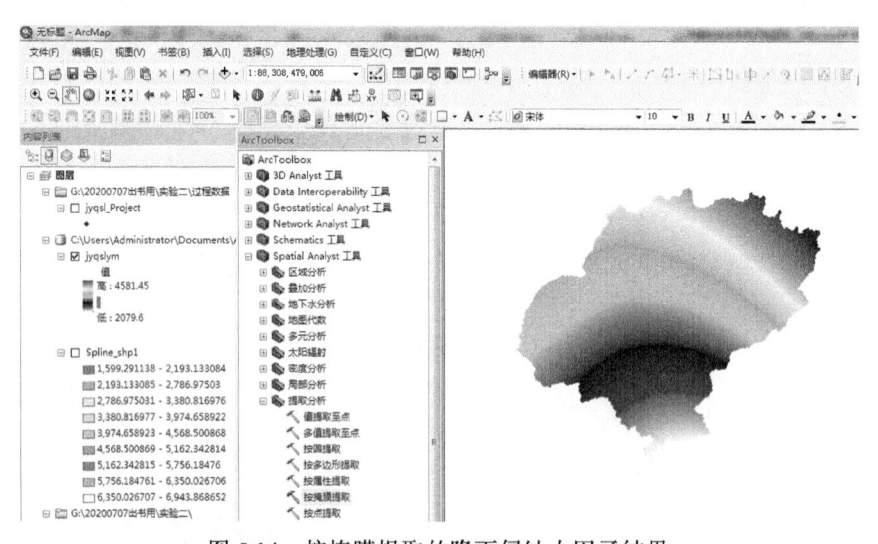

图 5.14 按掩膜提取的降雨侵蚀力因子结果

2. 土壤可蚀性因子计算

根据土壤可蚀性 K_{EPIC} 计算公式，在 ArcMap 中加载土壤黏粒含量空间分布数据 xg_clay.tif、土壤粉粒含量空间分布数据 xg_silt.tif、土壤砂粒含量空间分布数据 xg_sand.tif 和土壤有机碳含量空间分布数据 xg_org.tif。在 ArcToolbox 工具集中选择"Spatial Analyst 工具"→"地图代数"→"栅格计算器"选项，在"栅格计算器"工具窗口（图 5.15）中输入土壤可蚀性 K_{EPIC} 的计算公式，"输出栅格"栏中输入输出数据保存的路径和名称，单击"确定"按钮，得到土壤可蚀性 K_{EPIC} 计算结果，如图 5.16 所示。

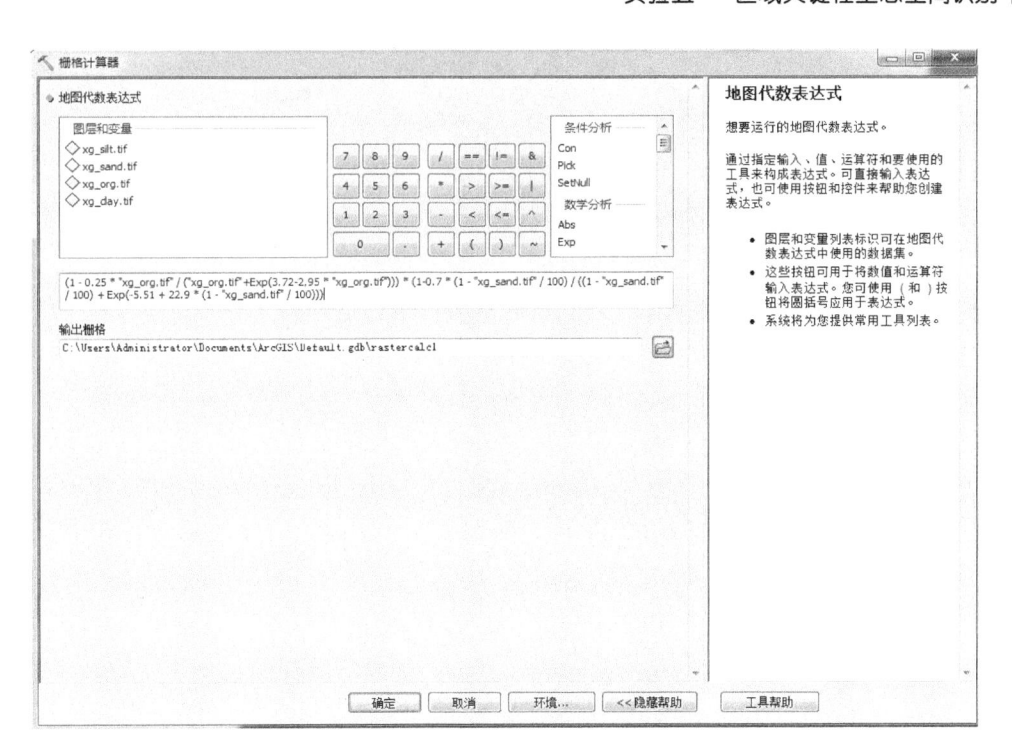

图 5.15 "栅格计算器"工具窗口

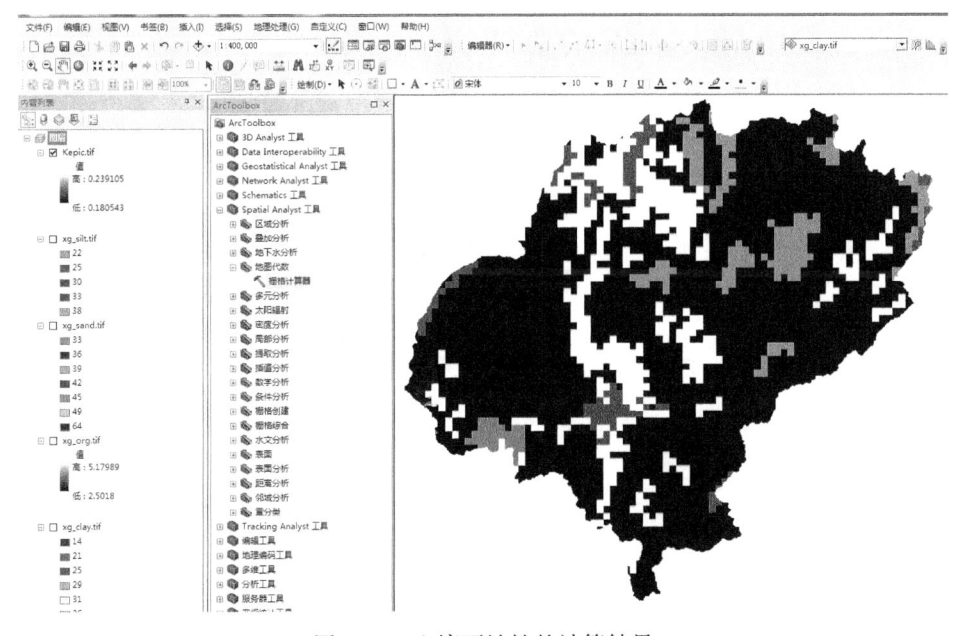

图 5.16 土壤可蚀性的计算结果

由于土壤可蚀性 K_{EPIC} 的计算公式较为复杂，一次栅格计算极容易由疏忽导致语法错误，最终导致计算不成功，因此建议读者分步计算。

根据土壤可蚀性因子 K 的计算公式，继续用栅格计算器计算土壤可蚀性因子 K（图 5.17），得到的结果如图 5.18 所示。

图 5.17　土壤可蚀性因子 K 的计算

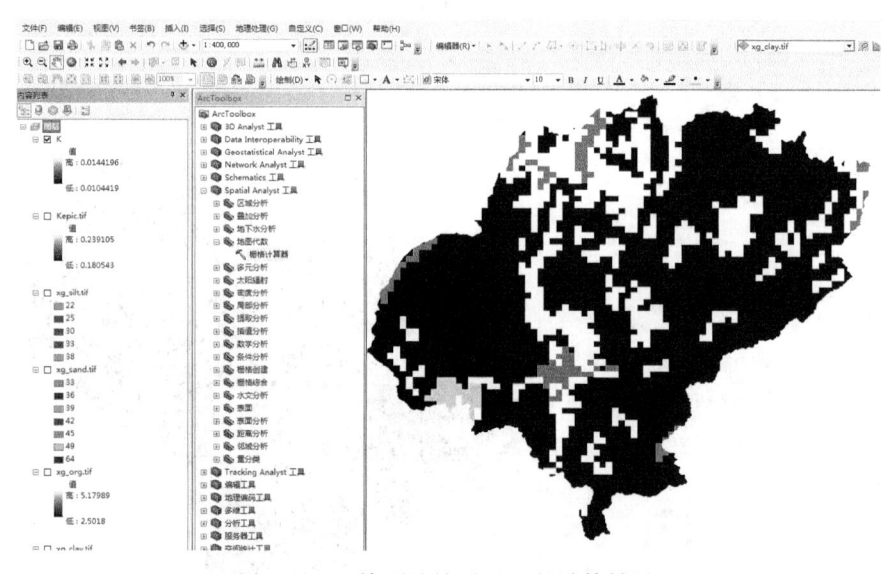

图 5.18　土壤可蚀性因子 K 的计算结果

3. 坡长因子的计算

在坡长因子计算公式中主要涉及三个参数 λ、β 和 m。以下在 ArcGIS 12.0 软件中分别演示三个参数的计算过程。

首先，在 ArcMap 中加载坡度数据 xgslope.tif 和海拔数据 xgalt.tif，在 ArcToolbox 工具集中选择"Spatial Analyst 工具"→"地图代数"→"栅格计算器"选项，在"栅格计算器"工具窗口（图 5.19）中输入 λ 的计算公式，"输出栅格"栏中输入输出数据保存的路径和名称，单击"确定"按钮，得到 λ 的计算结果，如图 5.20 所示。

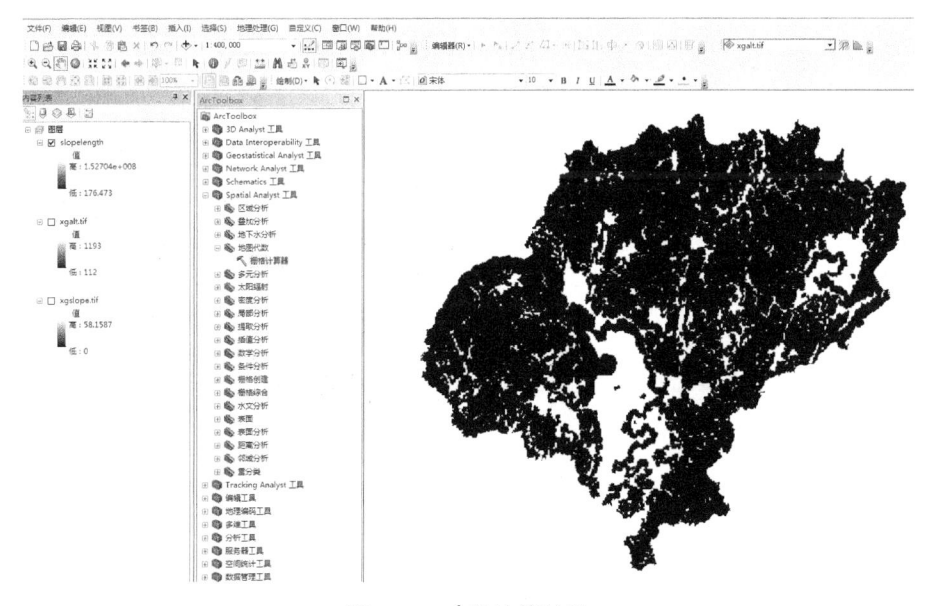

图 5.19　λ 的计算过程

图 5.20　λ 的计算结果

其次，在 ArcGIS 12.0 软件中计算 β，在"栅格计算器"工具窗口（图 5.21）中输入 β 的计算公式，"输出栅格"栏中输入输出数据保存的路径和名称，单击"确定"按钮，得到 β 的计算结果，如图 5.22 所示。

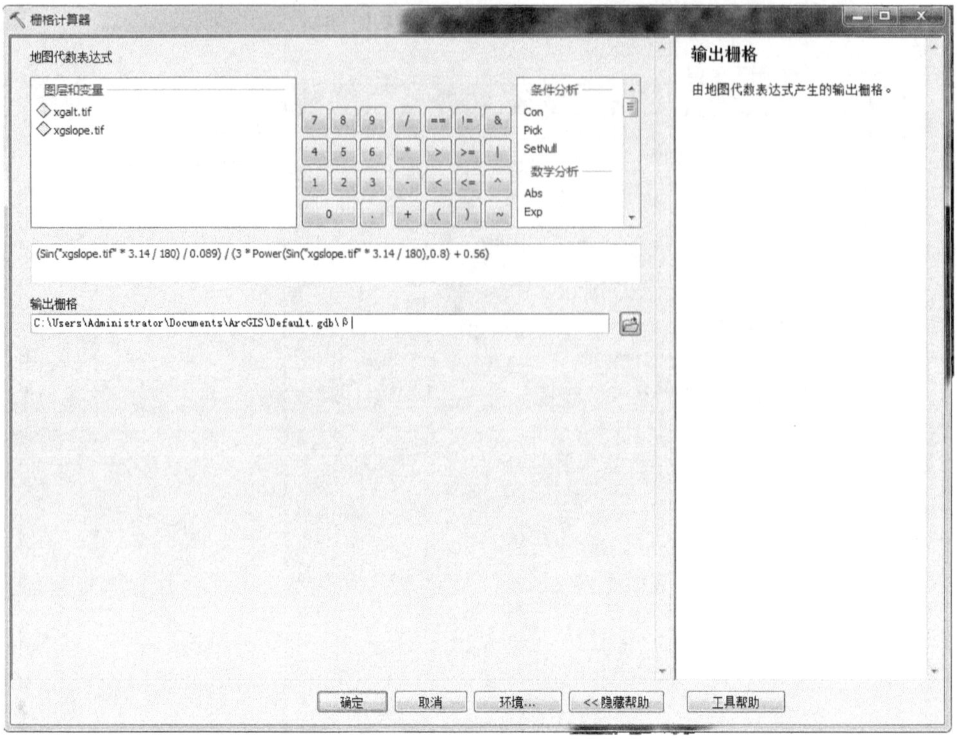

图 5.21　β 的计算过程

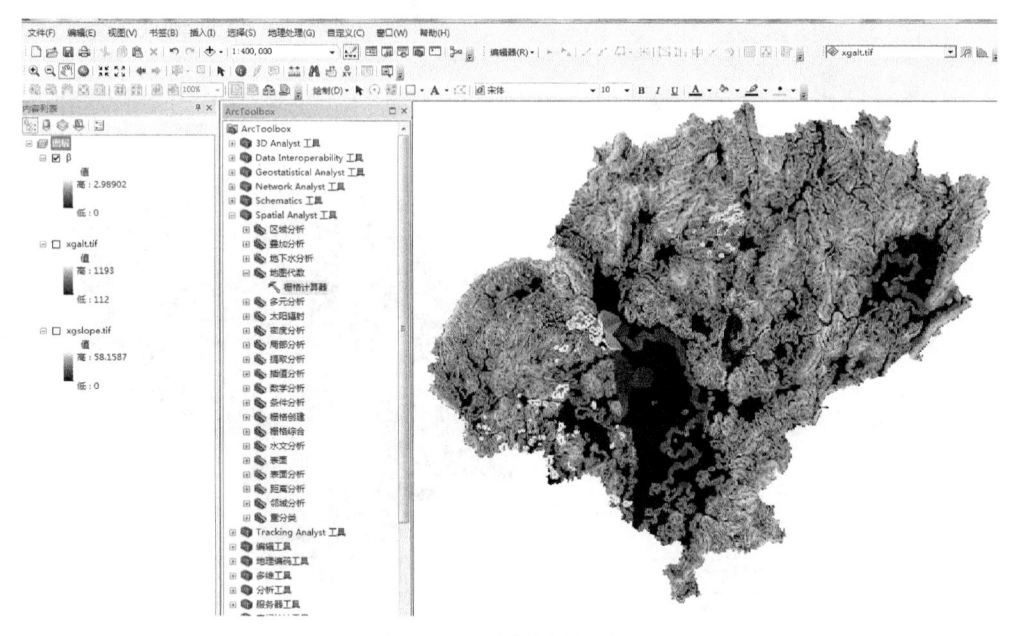

图 5.22　β 的计算结果

再次，在 ArcGIS 12.0 软件中计算 m，在"栅格计算器"工具窗口（图 5.23）中输入 m 的计算公式，"输出栅格"栏中输入输出数据保存的路径和名称，单击"确定"按钮，得到 m 的计算结果，如图 5.24 所示。

图 5.23　m 的计算过程

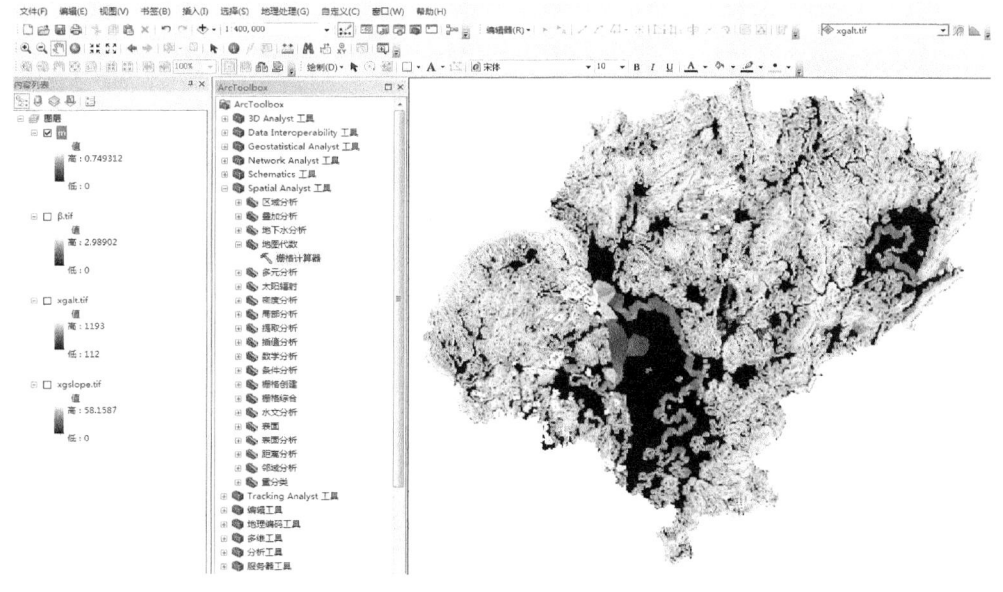

图 5.24　m 的计算结果

最后，根据公式计算坡长因子，在"栅格计算器"工具窗口（图 5.25）中输入坡长因子 L 的计算公式，"输出栅格"栏中输入输出数据保存的路径和名称，单击"确定"按钮，得到坡长因子 L 的计算结果，如图 5.26 所示。

图 5.25　坡长因子 L 的计算过程

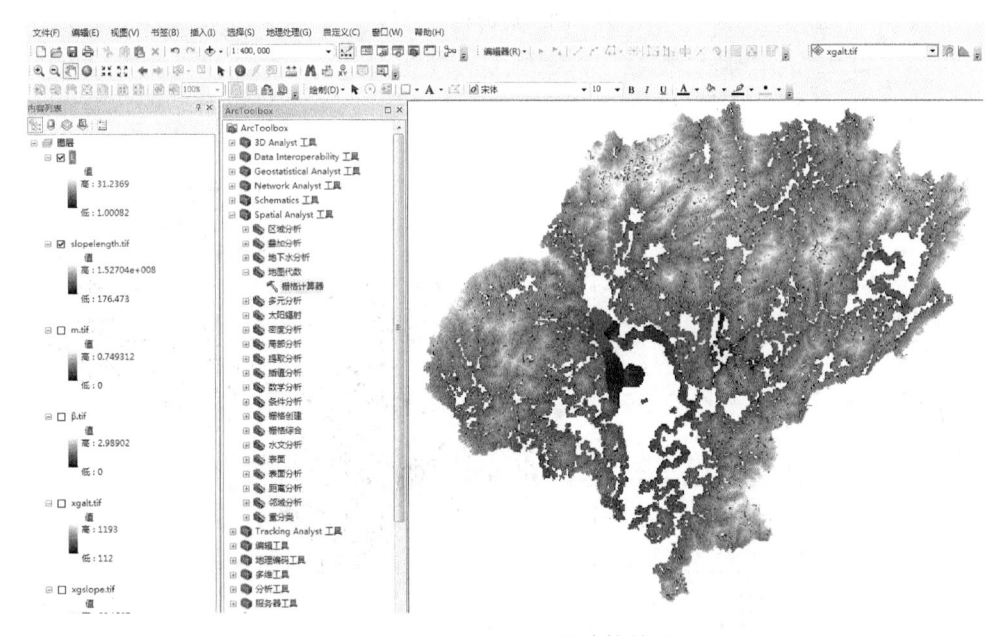

图 5.26　坡长因子 L 的计算结果

4. 坡度因子的计算

根据坡度因子的计算公式可知，坡度因子 S 是条件函数，因此在"栅格计算器"工具窗口（图 5.27）中输入对应的条件函数，计算结果如图 5.28 所示。

图 5.27　坡度因子 S 的计算过程

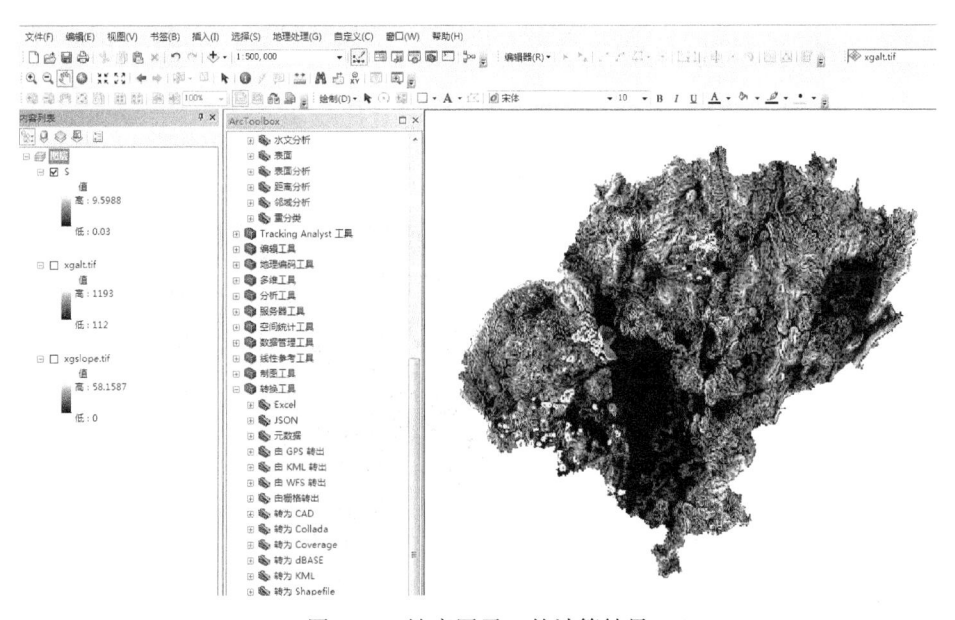

图 5.28　坡度因子 S 的计算结果

5. 土壤保持功能重要性计算

根据土壤保持功能重要性的计算公式，在 ArcMap 中加载植被覆盖因子 C.tif，以及由前面几步计算得到的降雨侵蚀力因子 R、土壤可蚀性因子 K、坡度因子 S 和坡长因子 L。在 ArcToolbox 工具集中选择"Spatial Analyst 工具"→"地图代数"→"栅格计算器"选项，在"栅格计算器"工具窗口（图 5.29）中输入土壤保持功能重要性的计算公式，并在"输出栅格"栏中输入输出数据保存的路径和名称，单击"确定"按钮，完成计算，得到的结果见图 5.30。

图 5.29　土壤保持功能重要性的计算过程

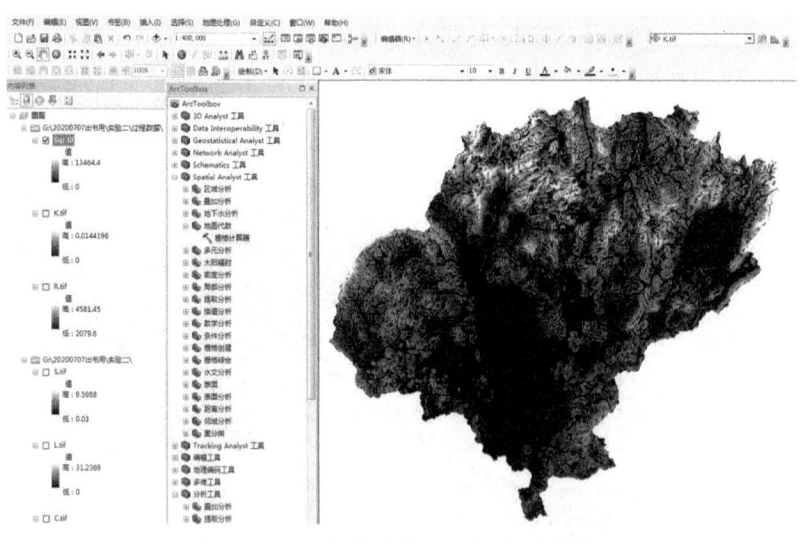

图 5.30　土壤保持功能重要性的计算结果

5.2.4　生物多样性保护功能重要性评价

根据生物多样性保护功能重要性的计算公式，在 ArcMap 中加载 NPP 数据 npp.tif，以及归一化的年均降雨量数据 Fpre.tif、年均气温数据 Ftem.tif 和海拔数据 Falt.tif。在 ArcToolbox 工具集中选择"Spatial Analyst 工具"→"地图代数"→"栅格计算器"选项，在"栅格计算器"工具窗口（图 5.31）中输入生物多样性保护功能重要性的计算公式，并输入输出数据需要保存的路径和名称，单击"确定"按钮，完成计算，得到的结果见图 5.32。

图 5.31　生态多样性保护功能重要性的计算过程

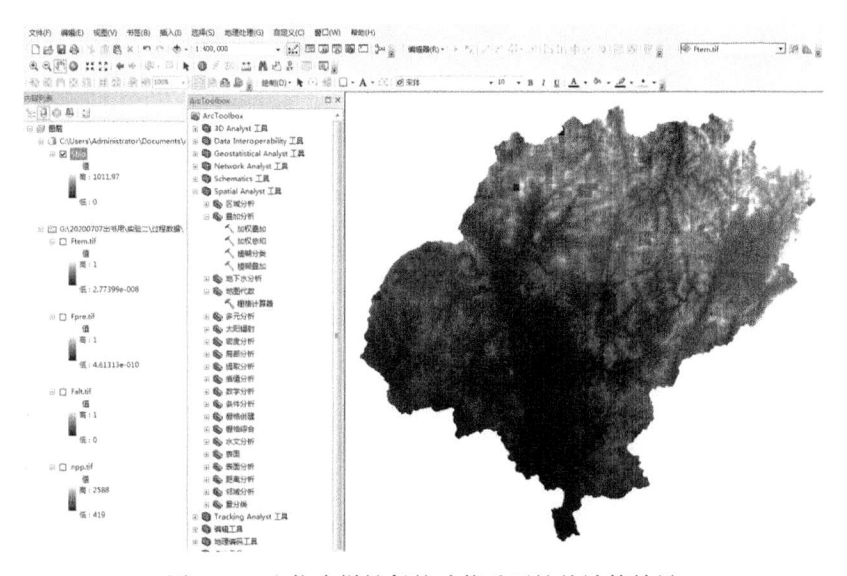

图 5.32　生物多样性保护功能重要性的计算结果

5.2.5　地质灾害敏感性评价

根据地质灾害敏感性评价指标体系及赋值表，对涉及的数据进行分类赋值，在此基础上，进行地质灾害敏感性评价。

根据表 5.1 可知，海拔、植被覆盖、坡度、地形起伏度以及人类活动干扰强度共五个数据需要进行分类赋值。为避免重复，仅以坡度数据为例，介绍栅格数据分类赋值的方法和步骤。

在 ArcMap 中加载坡度数据 slope.tif，在 ArcToolbox 工具集中选择"Spatial Analyst 工具"→"重分类"选项，在"重分类"工具窗口（图 5.33）的"输入栅格"栏输入 slope.tif，"重分类字段"栏选择 Value 选项，单击"分类"按钮；在"分类"窗口（图 5.34）的"方法"栏选择"手动"选项，"类别"栏选择"5"，在右下方的"中断值"栏手动输入每个中断值数据，单击"确定"按钮，回到"重分类"工具窗口，输入输出数据需要保存的路径和名称，单击"确定"按钮，完成坡度数据的重分类，结果见图 5.35。

图 5.33　坡度数据分级赋值的"重分类"工具窗口

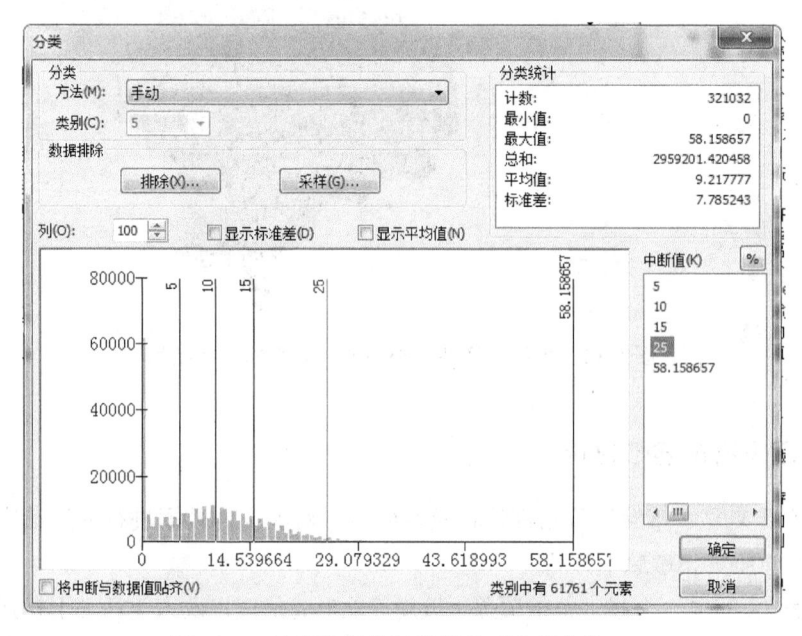

图 5.34　坡度数据分级赋值的"分类"窗口

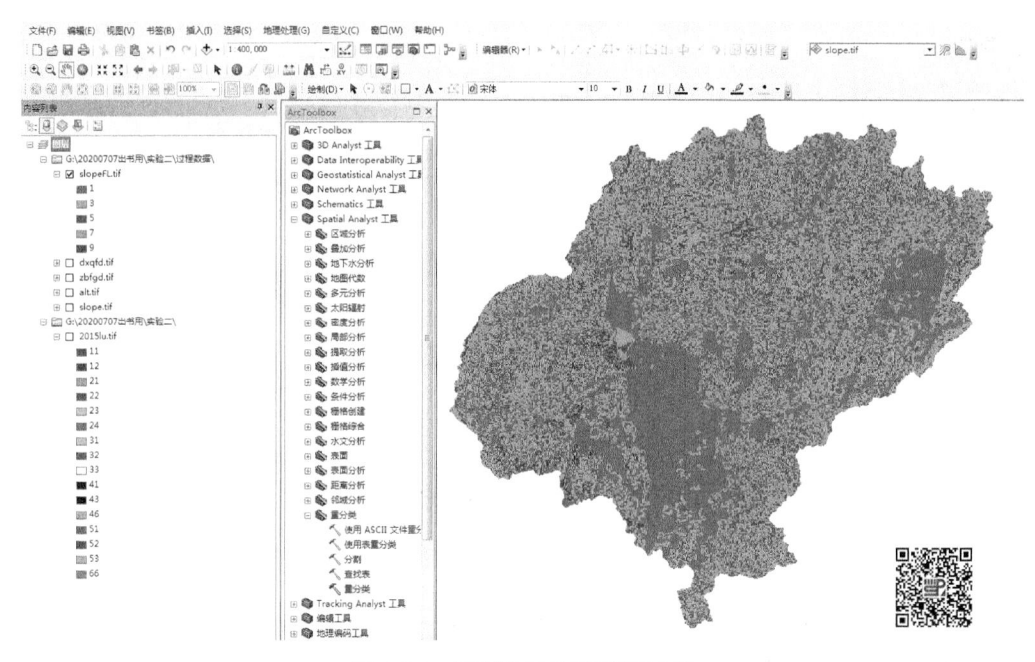

图 5.35　坡度数据分级赋值结果

用相同的方法完成对其他数据的重分类，此处不再赘述。

完成五个数据的分级赋值后，运用"栅格计算器"工具进行计算（图 5.36），完成地质灾害敏感性评价，评价结果见图 5.37。

图 5.36　地质灾害敏感性评价"栅格计算器"工具窗口

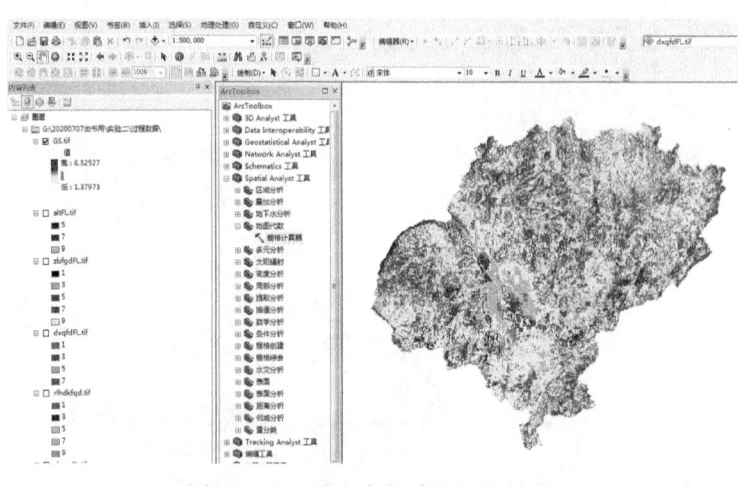

图 5.37　地质灾害敏感性评价结果

5.2.6　洪涝灾害敏感性评价

受气候变化的影响，由降雨造成的无源淹没是近年来 A 区域洪涝灾害频发的主要原因。因此，本节主要以不同降雨量下的区域洪水淹没范围来识别洪涝灾害敏感性。收集 A 区域警戒水位（140m）和 500 年一遇的洪水水位（195m）作为淹没范围界限，每隔一定高程（15m）获取一个敏感性级别不同的淹没范围。具体识别步骤如下。

首先，在 ArcMap 中加载 A 区域的 DEM 数据。在工具栏中单击"模型构建器"按钮，在"模型构建器"窗口选择"插入"→"迭代器"→"For"选项，打开"For 循环"窗口（图 5.38），并设置"来自值"、"终止值"和"增量"。其次，将设置的淹没高程与实际高程相减得到淹没范围。将 DEM 数据和"栅格计算器"工具都拖入"模型构建器"窗口，打开"栅格计算器"窗口（图 5.39），输入计算公式，设置生成数据的保存路径，单击"确定"按钮，完成这一步骤。最后，提取淹没范围。将"按属性提取"工具拖入"模型构建器"窗口，打开"按属性提取"窗口（图 5.40），设置"Where 子句"，以行距变量命名方式为批量生成的淹没范围设置保存路径。

图 5.38　"For 循环"窗口

图 5.39 "栅格计算器"窗口

图 5.40 "按属性提取"窗口

以上步骤完成后，返回"模型构建器"窗口，在工具栏单击"验证整个模型"按钮，无误后，单击"运行"按钮，实现整个模型的运行，模型流程图见图 5.41，模型运行输出的结果见图 5.42。

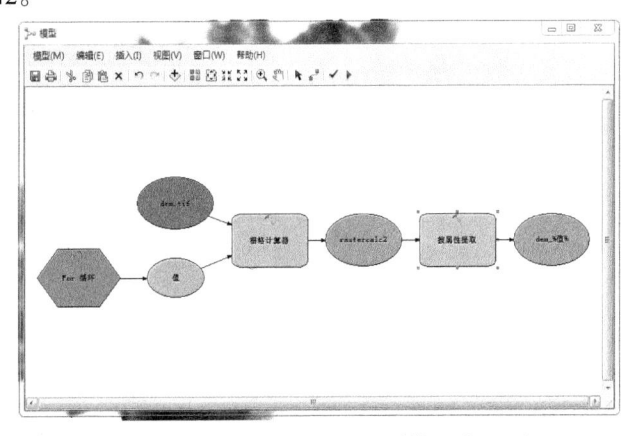

图 5.41 无源淹没范围识别模型流程图

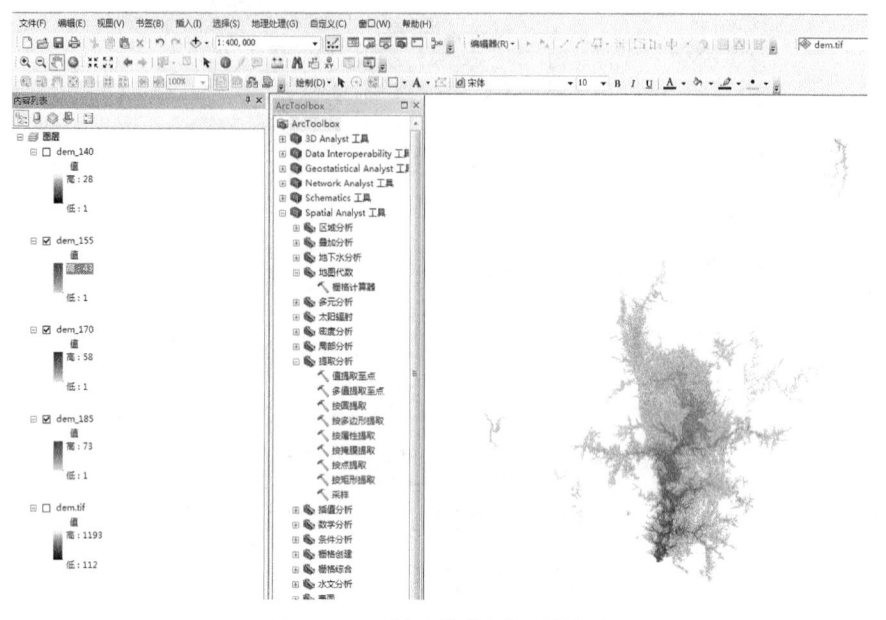

图 5.42　无源淹没范围识别结果

由无源淹没范围识别模型得到的结果分属于四个栅格图层的栅格数据，需要将它们根据级别合并成一个栅格图层以区别不同空间范围的洪涝灾害敏感性，步骤如下。首先，将 dem.tif、dem_140.tif、dem_155.tif、dem_170.tif 和 dem_185.tif 五个栅格图层分别进行重分类，将栅格数据均改为"1"，如图 5.43 所示。其次，在 ArcToolbox 工具集中选择"数据管理工具"→"栅格"→"栅格数据集"→"镶嵌至新栅格"选项，在"镶嵌至新栅格"工具窗口（图 5.44）的"输入栅格"栏中依次输入上述重分类后的五个栅格数据，确定输出路径和输出栅格数据的名称，"波段数"栏中输入"1"，"镶嵌运算符"栏选择 SUM 选项，单击"确定"按钮，得到洪涝灾害敏感性空间分布的结果，如图 5.45 所示。

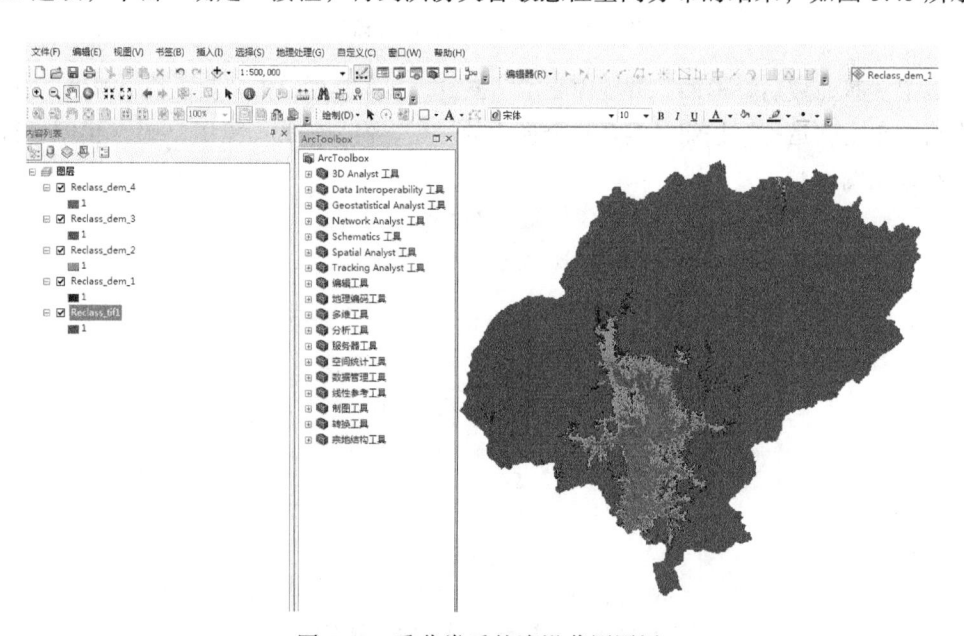

图 5.43　重分类后的淹没范围图层

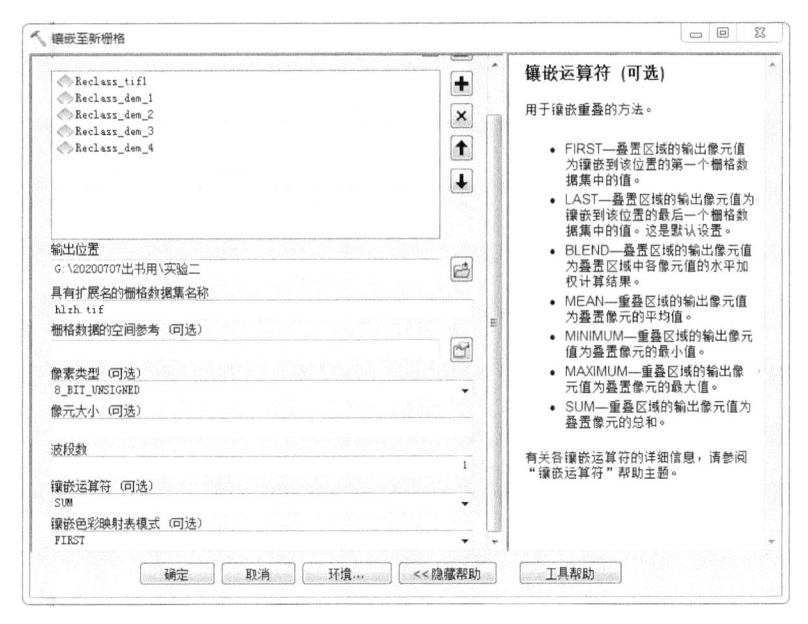

图 5.44 "镶嵌至新栅格"工具窗口

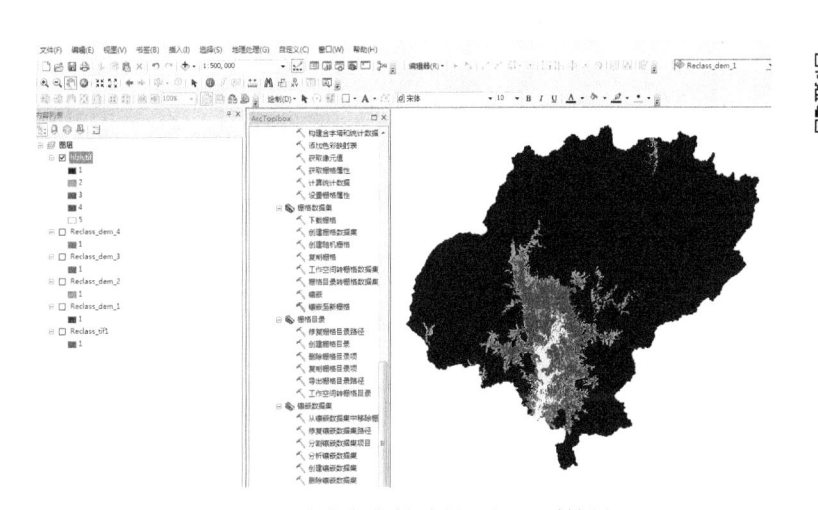

图 5.45 洪涝灾害敏感性空间识别结果

5.2.7 关键性生态空间识别

与洪涝灾害敏感性空间相同，在区域综合关键性生态空间识别之前，需要对水源涵养功能重要性空间、生物多样性保护功能重要性空间、土壤保持功能重要性空间以及地质灾害敏感性空间进行重要性或敏感性级别的划分。具体做法是利用 ArcGIS 12.0 软件中的"重分类"工具，运用自然断点法，分别将它们划分为五个等级。

依据识别公式，在 ArcToolbox 工具集中选择"Spatial Analyst 工具"→"局部分析"→"像元统计数据"选项，在"像元统计数据"工具窗口（图 5.46）的"输入栅格数据或常量值"栏中输入上述划分好等级的五个栅格数据，设置输出结果的保存路径和名称，"叠加统计"栏中选择 MEAN 选项，单击"确定"按钮，得到最后的结果，如图 5.47所示。

图 5.46 "像元统计数据"工具窗口

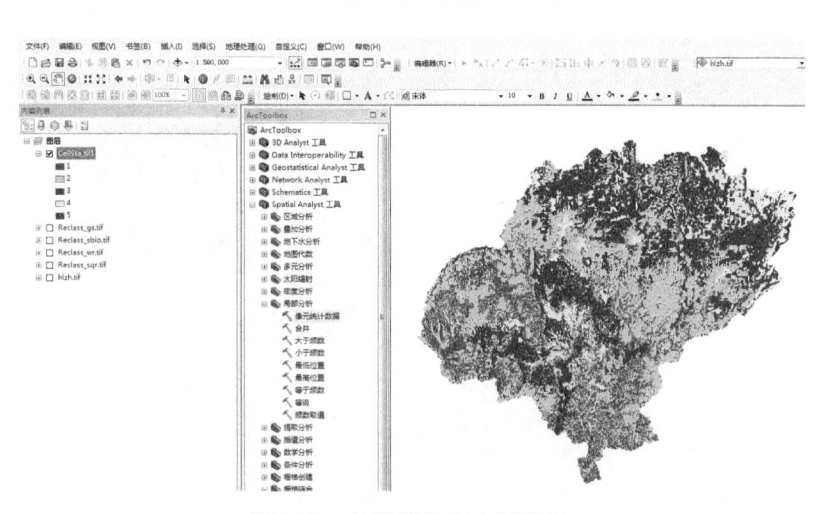

图 5.47 关键性生态空间范围

5.3 讨论与总结

实验结果显示，A 区域极重要关键性生态空间为 106.35km^2，占区域总面积的 3.31%；重要关键性生态空间为 412.75km^2，占区域总面积的 12.86%；较重要关键性生态空间为 1252.73km^2，占区域总面积的 39.02%；一般重要关键性生态空间和非关键性生态空间分别为 1128.77km^2 和 309.72km^2，分别占区域总面积的 35.16%和 9.65%。关键性生态空间可用于辅助区域生态保护红线的划定、指导区域土地空间规划等。

本实验选取了符合区域生态环境特征的水源涵养功能重要性、土壤保持功能重要性、生物多样性保护功能重要性、地质灾害敏感性以及洪涝灾害敏感性五个方面的生态服务功能重要性和生态脆弱性评价指标。在实际应用中，读者应结合所研究区域的实际情况，选取适当的生态系统服务功能。此外，本实验涉及大量栅格数据的计算和分析，所用工具并不是唯一的，ArcGIS 12.0 软件具有强大的空间数据处理和分析功能，在实现相同目标的情况下，读者可以尝试寻找更简便的、更快捷的数据处理和分析工具。

参 考 文 献

彭羽, 卿凤婷, 米凯, 等. 2015. 生物多样性不同层次尺度效应及其耦合关系研究进展[J]. 生态学报, 35(2): 577-583.

苏泳娴, 张虹鸥, 陈修治, 等. 2013. 佛山市高明区生态安全格局和建设用地扩展预案[J]. 生态学报, 33(5): 1524-1534.

俞孔坚, 王思思, 李迪华, 等. 2009. 北京市生态安全格局及城市增长预景[J]. 生态学报, 29(3): 1189-1204.

周锐, 王新军, 苏海龙, 等. 2015. 平顶山新区生态用地的识别与安全格局构建[J]. 生态学报, 35(6): 2003-2012.

实验六 土地利用变化模拟

6.1 实验概述

6.1.1 背景及目的

LUCC 是影响生态环境的重要因素。1995 年，国际地圈生物圈计划（International Geosphere-Biosphere Programme，IGBP）和全球环境变化的人文因素计划（International Human Dimensions Programme on Global Environmental Change，IHDP）提出 LUCC 研究计划，使土地利用变化成为全球变化和可持续发展研究的热点问题。土地利用过程建模与模拟则成为研究 LUCC 的主要途径之一，它是探讨土地利用驱动机制、评估土地利用对生态环境影响以及支撑国土空间规划"三线划定"的重要工具（姜丽等，2021；贾梦圆等，2021）。目前，学者已开发出众多成熟的 LUCC 预测模拟研究的方法和软件（Liu et al.，2017），常用的有元胞自动机（cellular automata，CA）模型、土地利用变化及其效应（conversion of land use and its effects，CLUE）模型、升级版的 CLUE-S 模型以及未来土地利用模拟（future land use simulation，FLUS）模型。本实验将利用 Logistic 回归分析获取 CA 模型的转换规则，实现 CA 模型对土地利用空间变化的模拟，并运用马尔可夫（Markov）模型模拟土地利用数量变化，耦合形成 Logistic-CA-Markov 模型。本实验将运用 IDRISI Selva 17.0 软件实现基于 Logistic-CA-Markov 模型的土地利用变化模拟。

本实验希望达到以下目的：①掌握运用 ArcGIS 10.2.2 软件制作土地利用变化适宜性图集的方法；②掌握运用 IDRISI Selva 17.0 软件构建 CA-Markov 模型和 Logistic-CA-Markov 模型并进行土地利用变化模拟预测的方法。

6.1.2 数据说明

本实验所使用的数据存储于 data_exp6 文件夹中，包含的数据信息见表 6.1。

表 6.1 实验数据信息

数据类型	数据来源	数据内容	数据说明
空间数据	网络获取	研究区 LULC 现状数据	栅格数据（100m×100m）
空间数据	网络获取	研究区范围	矢量数据
空间数据	网络获取	研究区 DEM	栅格数据（100m×100m）
空间数据	网络获取	研究区一般道路	矢量数据
空间数据	网络获取	研究区铁路	矢量数据
空间数据	网络获取	研究区高速公路	矢量数据

本实验中 LULC 现状数据的形式为栅格，格式为 tif，格网单位为 100m×100m，年份为 2005 年、2010 年和 2015 年。LULC 现状分类包括耕地、林地、草地、水域、建设用地和未利用地 6 个一级类，读者可以直接使用这些数据进行土地利用变化模拟预测。

6.1.3 整体实验设计

1. CA 模型

CA 模型是一种时间、空间、状态都离散，空间相互作用和时间因果关系都为局部的网格动力学模型，具有模拟复杂系统时空演化过程的能力。区域土地利用变化是一个高度复杂的空间动态非线性过程，是不同尺度上自然环境因素和人文社会经济因素相互作用的结果，既有自然演化过程，又存在人类活动的干扰导致土地利用格局的变化。因此，传统的计量经济学模型无法定量分析和动态模拟土地利用变化问题（Lambin and Geist，2001）。CA 模型被广泛应用于土地利用安全格局过程模拟，具有强大的复杂计算功能、固有的平行计算能力、高度动态以及具有地理空间概念等特征，特别是 CA 模型"自下而上"的研究思路使得它在复杂系统微观空间变化模拟方面具有很大的优势。CA 模型主要由元胞（cell）、元胞状态（state）、时间（time）、邻域范围（neighbor）和转换规则（rule）等五个部分组成，基本原理为一个元胞空间下一时刻的状态是上一时刻其邻域状态的转换函数。

本实验采用基于 Logistic 回归的 CA 模型进行土地利用变化模拟。土地利用系统是一个动态的复杂系统，具有开放性、自组织性和非平衡性的特点。土地利用变化受到自然、社会和经济等多种要素的影响，其过程具有高度的复杂性。在利用 CA 模型模拟区域土地利用变化时，元胞的土地利用发生的概率主要与元胞自身的区位环境（海拔、坡度）、邻域范围元胞的状态、到城镇中心的最短距离、到最近道路（公路、铁路、地铁等）的距离、到最近河流的距离以及社会经济因素有关。

在基于 Logistic 回归的 CA 模型中，某元胞 $t+1$ 时刻发展为某一土地利用类型（如耕地）的概率为

$$P_{d,ij}^{t+1} = \text{Pg} \times \Omega_{ij}^{t} \times \text{con}\left(S_{i,j}^{t}\right) \times R \tag{6.1}$$

式中，随机项 $R=1-\alpha \ln r$，其中，r 为(0, 1]的随机数，α 为控制随机变量的参数，α 的值域为[1, 10]；开发适宜性 $\text{Pg} = 1/[1+\exp(-z_{ij})]$，其中，$z_{ij} = a+\sum b_k x_k$，$a$ 为常数项，b_k 为空间变量的权重，x_k 为空间变量，如到最近公路的距离等；约束条件函数 $\text{con}\left(S_{i_m}^{t} = \text{suitable}\right)$，值域为[0, 1]，其中，$S_{i,j}^{t}$ 为 t 时刻元胞的状态，该状态越有利于向某一土地利用类型发展，约束条件函数值越接近 1，反之，约束条件函数值越接近 0；邻域函数 $\Omega^t=\sum \text{con}/8$，即 t 时刻元胞的 3×3 邻域对其的影响值。得出元胞发展概率后，还要给定阈值，比较元胞发展概率与阈值的大小。

2. 具体实验设计

使用 ArcGIS 10.2.2 软件与 IDRISI Selva 17.0 软件的 CA_Markov 模块进行土地利用变

化模拟。基本步骤可以概括为：①数据准备；②数据格式转换；③栅格重分类；④生成土地利用变化转移矩阵；⑤制备土地利用变化适宜性图集；⑥利用 CA_Markov 模块模拟预测土地利用变化；⑦结果导出与精度评价。具体实验设计如图 6.1 所示。

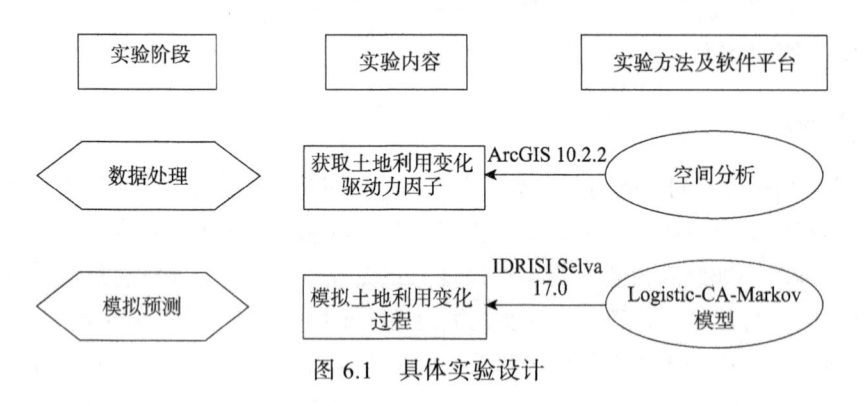

图 6.1　具体实验设计

6.2　实 验 步 骤

6.2.1　数据准备

本实验的模拟过程涉及研究区 2005 年、2010 年和 2015 年三个年份的土地利用栅格数据，2005 年和 2010 年的土地利用栅格数据用于生成土地利用变化转移矩阵，作为土地利用变化的趋势，加入土地利用变化模拟规则中。同时，本实验主要考虑自然因素对土地利用变化的影响，包括高程、坡度、坡向、到铁路距离、到高速公路距离、到一般道路距离 6 个影响因素，暂不考虑社会经济人文因素对土地利用变化的影响。

1. 坡度和坡向数据准备

在 ArcGIS 10.2.2 软件中加载 dem.tif 数据，选择 ArcToolbox→Spatial Analyst Tools→Surface→Aspect 选项，在 Aspect 窗口（图 6.2）的 Input raster 栏输入 dem.tif，Output raster 栏设置输出路径，单击 OK 按钮，生成坡向数据。

图 6.2　生成坡向数据

选择 ArcToolbox→Spatial Analyst Tools→Surface→Slope 选项，在 Slope 窗口（图 6.3）的 Input raster 栏输入 dem.tif，Output raster 栏设置输出路径，Output measurement 栏选择 DEGREE 选项，单击 OK 按钮，生成坡度数据。

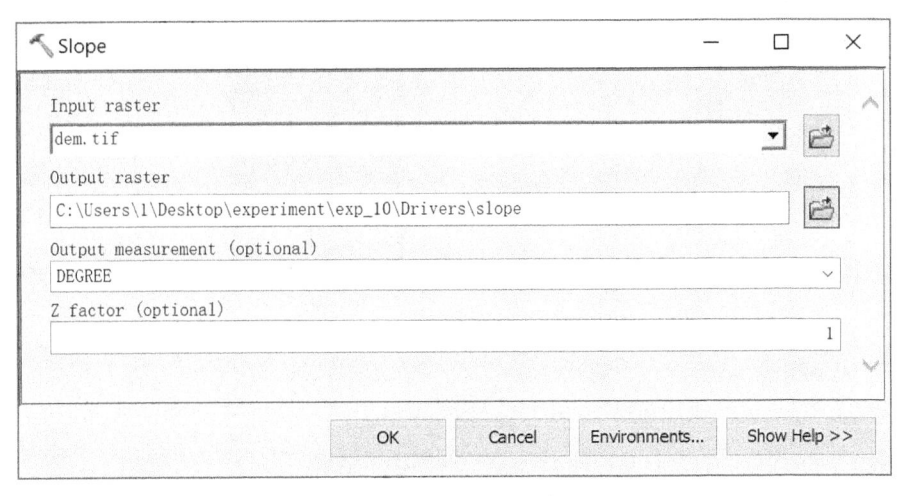

图 6.3　生成坡度数据

2. 到路网距离数据准备

在 ArcGIS 10.2.2 软件中加载 road.shp、highway.shp、railway.shp 和研究区.shp 数据，选择 ArcToolbox→Spatial Analyst Tools→Euclidean Distance 选项，在 Euclidean Distance 窗口的 Input raster or feature source data 栏选择需要计算的数据，如 road.shp，在 Output distance raster 栏设置输出路径和文件名，如图 6.4 所示。

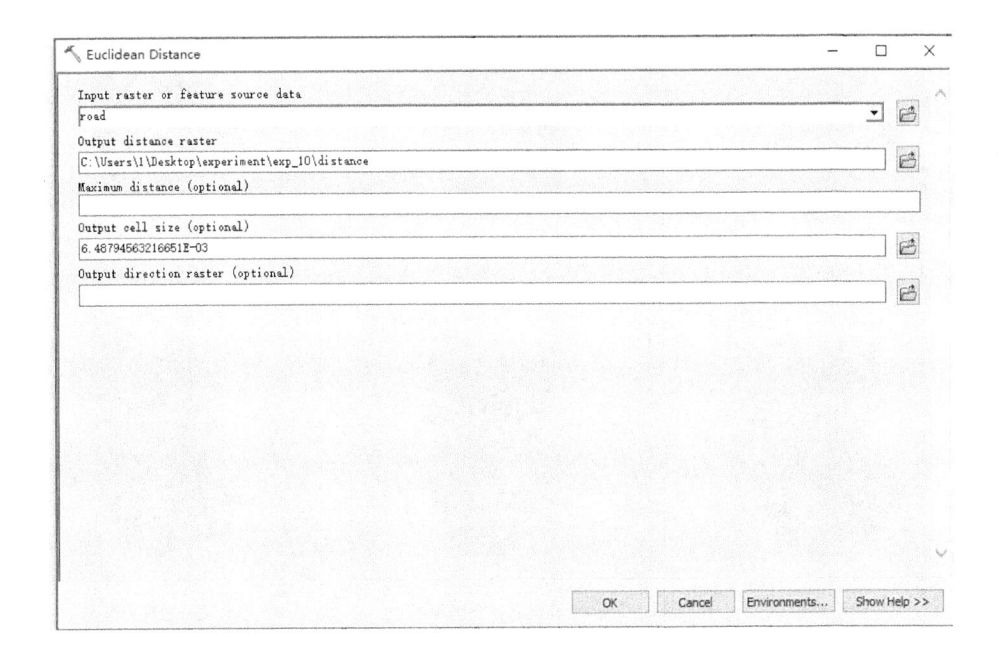

图 6.4　欧氏距离计算过程

选择 Environment Settings→Output Coordinates→Same as layer "研究区" 选项，单击 Processing Extent 按钮，在 Extent 下拉选项中选择 Same as layer "研究区" 选项，单击 OK 按钮，生成结果如图 6.5 所示。采用同样的方法，计算出到高速公路和铁路的距离。

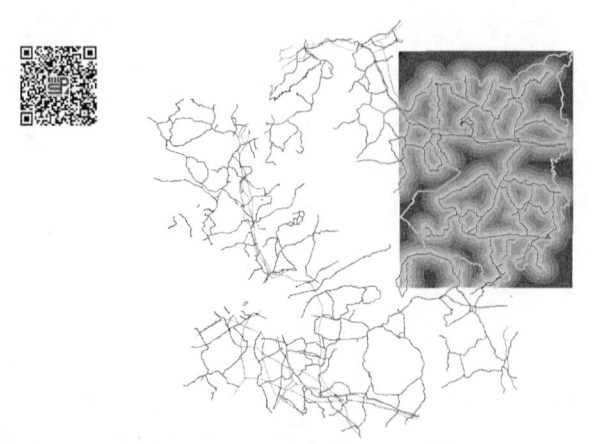

图 6.5 欧氏距离计算结果

在 ArcGIS 10.2.2 软件的菜单栏中选择 View→Data Frame Properties 选项，然后选择 Clip Option→Clip to shape→Specify shape 选项，在弹出的 Data Frame Clipping 窗口中单击 Outline of Features 按钮，在 Layer 栏选择研究区范围，单击 OK 按钮，并在 Data Frame Properties 窗口中单击"确定"按钮。此时，欧氏距离结果的范围与研究区范围一致。右击该结果图层，选择 Data→Export to Raster 选项，将插值结果导出为栅格数据。

至此，得到土地利用变化驱动图集，如图 6.6 所示。

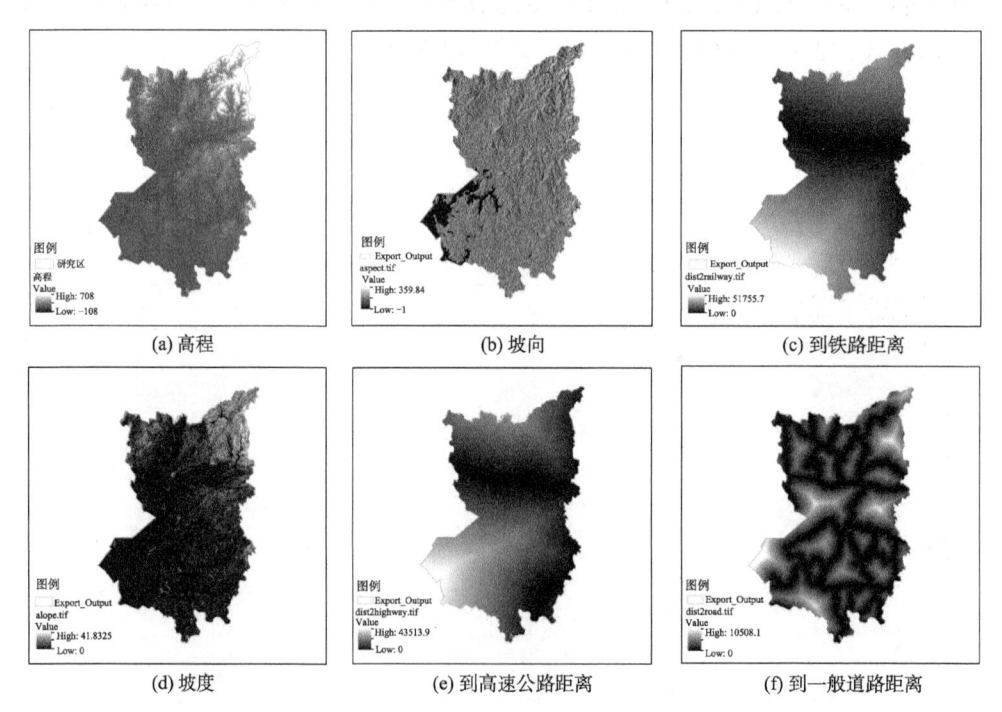

(a) 高程　　　　　　　　(b) 坡向　　　　　　　　(c) 到铁路距离

(d) 坡度　　　　　　　(e) 到高速公路距离　　　　(f) 到一般道路距离

图 6.6　土地利用变化驱动图集

6.2.2　CA-Markov 模型

1. 数据转换

本实验数据为 tif 格式的栅格数据，为了将数据加载到 IDRISI Selva 17.0 软件中，首先在 ArcGIS 10.2.2 软件中将 tif 格式的栅格数据转换为 ASCII 数据，作为中间文件。选择 ArcToolbox→Conversion Tools→From Raster→Raster to ASCII 选项，即可将栅格数据转换为 ASCII 数据，如图 6.7 所示。运用该工具，将 2005 年、2010 年和 2015 年三个年份的土地利用变化栅格数据转换为 ASCII 数据。

图 6.7　栅格数据转换工具

2. 新建 IDRISI 工程文件

打开 IDRISI Selva 17.0 软件，其界面如图 6.8 所示。选择 Projects→New Project 选项，创建一个工程目录，命名为 Model_1。

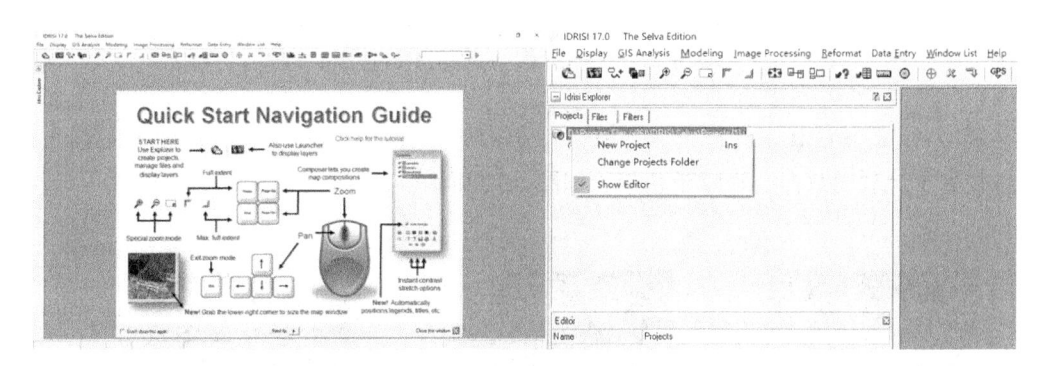

图 6.8　IDRISI Selva 17.0 软件界面

3. IDRISI 数据导入

在菜单栏中选择 Import→Software-Specific Formats→ESRI Formats→ARCRASTER 选项，导入前面转换的 ASCII 数据，并将 ASCII 数据转换为 IDRISI Selva 17.0 软件中的 Raster 数据，如图 6.9 所示。

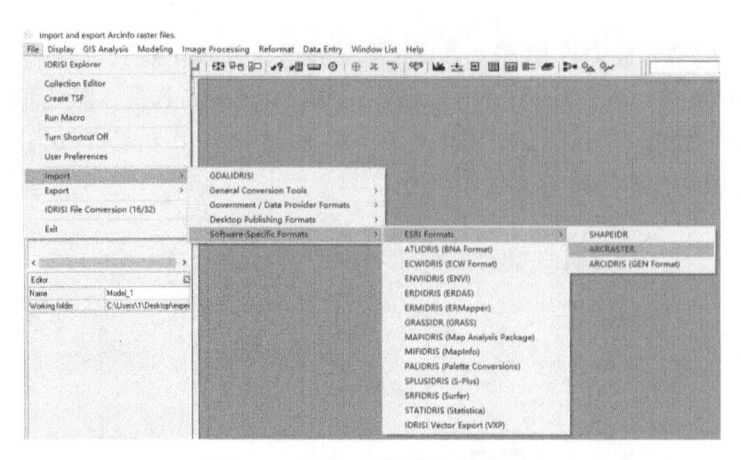

图 6.9　IDRISI 数据导入工具

在 IDRISI 数据导入工具中，选择 ArcInfo raster ASCII format to Idrisi 单选按钮，在 Input file 栏选择前面转换的 ASCII 数据，并设置输出路径和文件名。单击 Output reference information 按钮，设置坐标信息，这里保持默认即可，如图 6.10 所示。

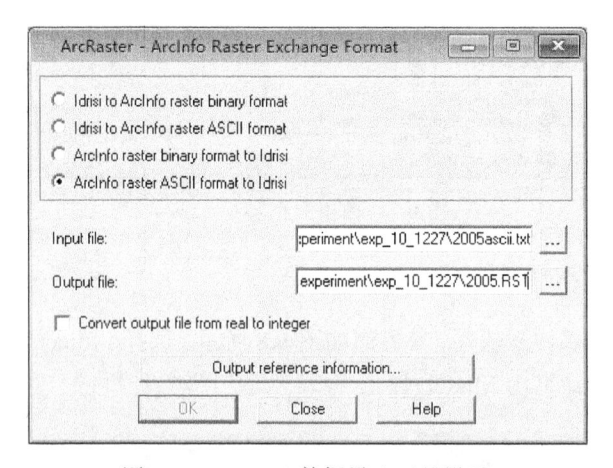

图 6.10　IDRISI 数据导入工具设置

采用 ArcRASTER 工具将数据分别导入 IDRISI Selva 17.0 软件中，IDRISI Selva 17.0 软件将为土地利用数据自动赋予色带，如图 6.11 所示。

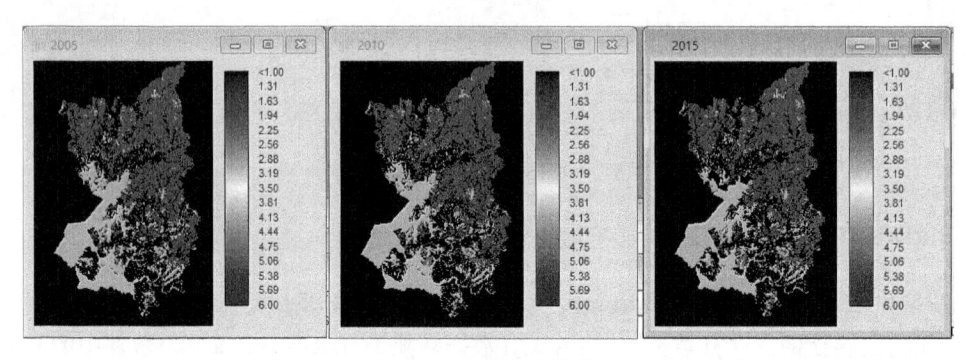

图 6.11　IDRISI 数据

4. 数据重分类

与在 ArcGIS 10.2.2 软件中对栅格数据进行重分类一致，对栅格数据进行重分类的目的是将输入栅格中的众多值更改为所需值、指定值或替代值。在 IDRISI Selva 17.0 软件中，可直接在搜索栏输入 RECLASS，或选择 GIS Analysis→Database query→RECLASS 选项。其目的是将 IDRISI Selva 17.0 软件中默认赋值为–9999 的 NoData 像元重新赋值为 0，以避免后续计算错误。

在 RECLASS 窗口（图 6.12）的 Type of file to reclass 栏中选择 Image 单选按钮，在 Classification type 栏中选择 User-defined reclass 单选按钮，在 Input file 栏中选择待重分类的文件，并设置输出路径和文件名，在 Reclass parameters 栏中，第一列是赋给的新值，第二列和第三列是旧地类编码的范围。

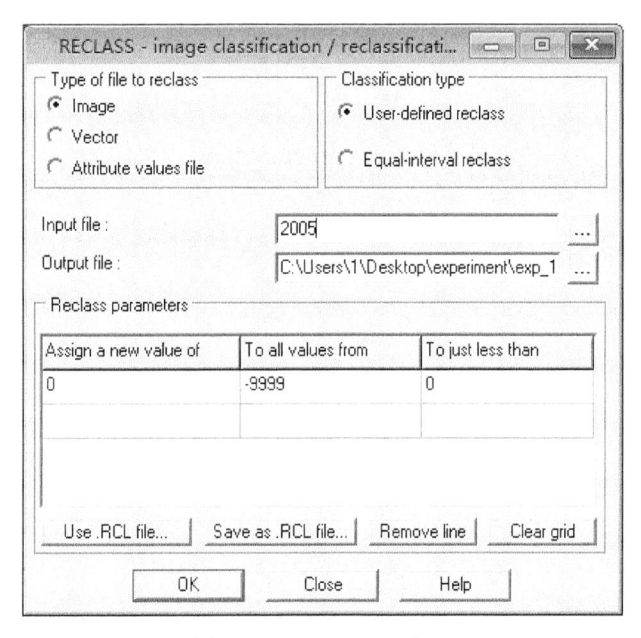

图 6.12　RECLASS 窗口

5. 生成土地利用变化 Markov 矩阵

在菜单栏中选择 Modeling→Environmental/Simulation models→MARKOV 选项，利用 Markov 模型生成 2005～2010 年土地利用变化转移矩阵，即比较两个年份土地利用变化的差异，将其转换为不同土地利用类型间相互转换的概率。

在 Markov 窗口的 First (earlier) land cover image 栏中输入 2005reclass（起始年土地利用数据），在 Second (later) land cover image 栏中输入 2010reclass（结束年土地利用数据），在 Number of time periods between the first and second land cover images 栏中设置起始年与结束年间隔（5），在 Number of time periods to project forward from the second image 栏中设置结束年后预测的时间间隔（本实验预测 2015 年土地利用变化，因此为 5），在 Background cell option 栏中选择 Assign 0.0 单选按钮，即背景像元为 0，设置 Proportional error（容错比率）为 0.1，如图 6.13 所示。

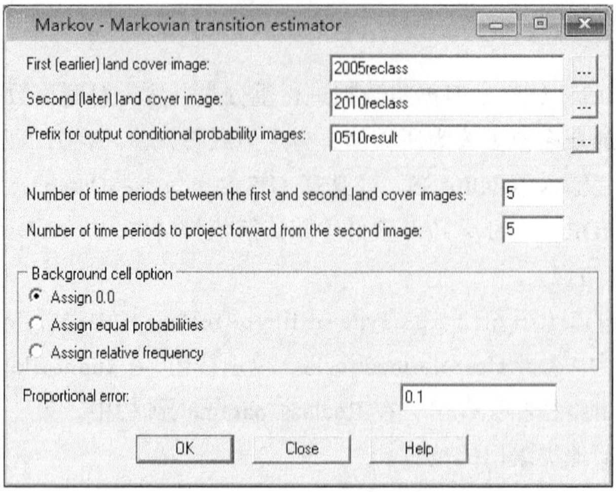

图 6.13　Markov 模型参数设置

Markov 模型输出结果如图 6.14 所示，包括状态转移图集（.rst/.rdc 文件）、转移面积矩阵（_areas.txt 文件）和转移概率矩阵（_probabilities.txt 文件）。

0510result.rgf	2022/1/3 20:14	RGF 文件	1 KB
0510resultclass_1.rdc	2022/1/3 20:14	RDC 文件	1 KB
0510resultclass_1.rst	2022/1/3 20:14	RST 文件	3,394 KB
0510resultclass_2.rdc	2022/1/3 20:14	RDC 文件	1 KB
0510resultclass_2.rst	2022/1/3 20:14	RST 文件	3,394 KB
0510resultclass_3.rdc	2022/1/3 20:14	RDC 文件	1 KB
0510resultclass_3.rst	2022/1/3 20:14	RST 文件	3,394 KB
0510resultclass_4.rdc	2022/1/3 20:14	RDC 文件	1 KB
0510resultclass_4.rst	2022/1/3 20:14	RST 文件	3,394 KB
0510resultclass_5.rdc	2022/1/3 20:14	RDC 文件	1 KB
0510resultclass_5.rst	2022/1/3 20:14	RST 文件	3,394 KB
0510resultclass_6.rdc	2022/1/3 20:14	RDC 文件	1 KB
0510resultclass_6.rst	2022/1/3 20:14	RST 文件	3,394 KB
0510resulttransition_areas.txt	2022/1/3 20:14	文本文档	1 KB
0510resulttransition_probabilities.txt	2022/1/3 20:14	文本文档	1 KB

图 6.14　Markov 模型输出

6. CA-Markov 模型预测

在菜单栏中选择 Modeling→Environmental/Simulation models→CA_Markov 选项，利用 CA-Markov 模型预测 2015 年土地利用数据。

CA-Markov 模型参数设置如图 6.15 所示。在 Basis land cover image 栏中选择基期年土地利用影像（2005reclass.rst），Markov transition areas file 栏中选择 Markov 面积转移矩阵（0510resulttransition_areas.txt），Transition suitability image collection 栏中设置土地利用适宜性图集（0510result.rgf），Output land cover projection 栏中选择输出路径，在 Number of Cellular Automata iterations 栏中选择 CA 循环次数，这里取模型向后预测的时间间隔数（10）。Cellular Automata filter type 是 CA 模型中邻域结构的设定，选择默认参数即可。

CA-Markov 模型预测结果如图 6.16 所示。

图 6.15　CA-Markov 模型参数设置

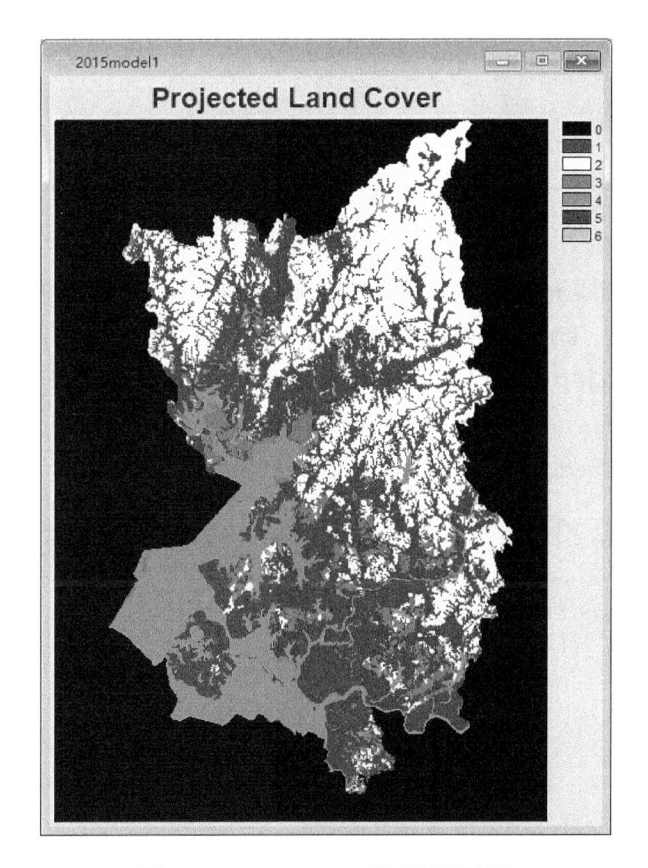

图 6.16　CA-Markov 模型预测结果

7. 模型精度评价

对比 2015 年土地利用数据的预测值与实际值，分析模型的精度。精度越高，该模型预测效果越好。

在 IDRISI Selva 17.0 软件中，选择 GIS Analysis→Database Query→CROSSTAB 选项。精度评价参数设置如图 6.17 所示。First image 表示第一幅影像数据，选择 2015model1（CA-Markov 模型模拟产生的土地利用数据），Second image 表示第二幅影像数据，选择

2015reclass（实际的土地利用数据），二者的顺序是可以调换的。Output type 栏中选择 Image similarity/association data only（通用的卡帕（Kappa）系数）作为模型评价指标。

图 6.17　精度评价参数设置

精度评价结果如图 6.18 所示。其中，Kappa 系数是用于一致性检验的指标，也可以用于衡量分类的效果。Kappa 系数的取值为[−1, 1]，通常大于 0。Kappa 计算结果中，(0.0, 0.20]表示极低的一致性（slight），(0.20, 0.40]表示一般的一致性（fair），(0.40, 0.60]表示中等的一致性（moderate），(0.60, 0.80]表示高度的一致性（substantial），(0.80, 1]表示几乎完全一致（almost perfect）。图 6.18 中，Kappa 系数为 0.9426，模型预测精度较高。

图 6.18　精度评价结果

6.2.3　Logistic-CA-Markov 模型

Logistic-CA-Markov 模型与 CA-Markov 模型的差异在于在图 6.15 所示的模型参数设

置中，Transition suitability image collection（土地利用适宜性图集）是通过 IDRISI Selva 17.0 软件的 LOGISTICRGE 模块制作的。

1. 数据导入

采用图 6.9 所示的数据导入方法，将转换后的高程、坡度、坡向、到铁路距离、到高速公路距离、到一般道路距离 6 个驱动因素数据导入 IDRISI Selva 17.0 软件中。

2. 数据重分类

首先，运用图 6.12 所示的 RECLASS 工具，将 6 个土地利用变化驱动因素数据进行重分类。需要注意，在重分类过程弹出的警告窗口中，选择不将栅格数据像元值化为整数（单击 No 按钮），如图 6.19 所示。

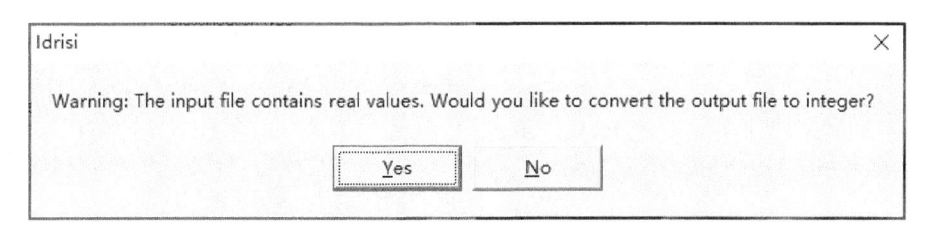

图 6.19 是否化为整数

其次，利用预测基期年的土地利用数据，生成 6 种土地利用类型的二值图。例如，对于耕地类型，将耕地（代码为 1）赋值为 1，其余全部赋值为 0，如图 6.20 所示。

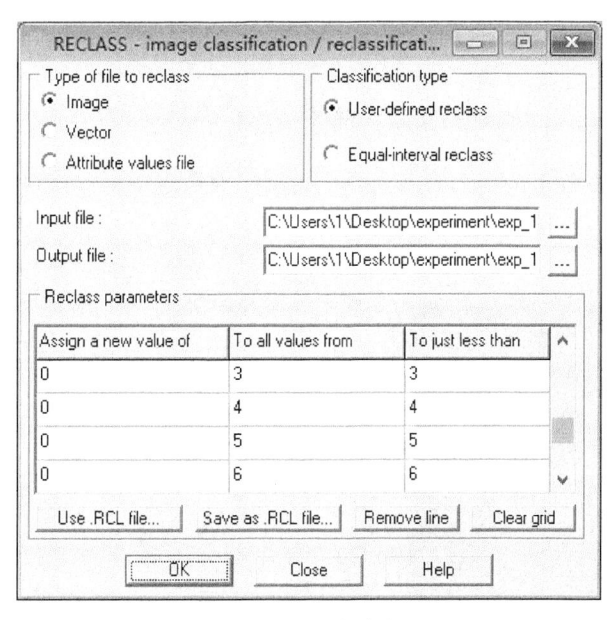

图 6.20 0-1 二值分类设置

0-1 二值分类结果如图 6.21 所示。本实验的土地利用类型有 6 种，因此需要将该步骤重复 6 次，制作 6 幅土地利用二值图。

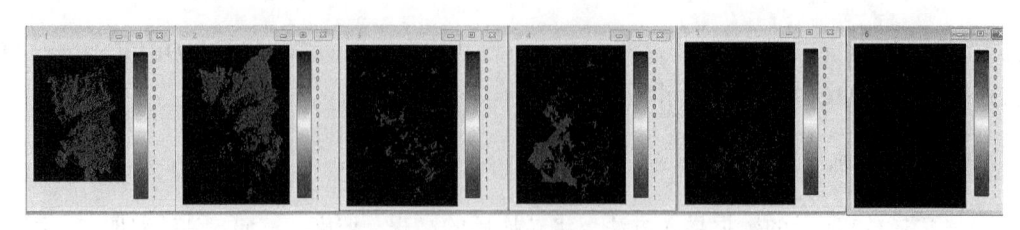

图 6.21　0-1 二值分类结果

3. 制作土地利用变化适宜性图集

Logistic-CA-Markov 模型采用 LOGISTICREG 模块生成 2005 年单一土地利用类型的适宜性图像。在 IDRISI Selva 17.0 软件菜单栏中选择 GIS Analysis→Statistics→LOGISTICREG 选项。

Logistic 回归参数设置如图 6.22 所示。在 Dependent variable（因变量）栏中选择图 6.21 的基期年单一土地利用类型的二值图像文件，Independent variable（自变量）栏为 6 个土地利用变化的驱动因素，Number of files 栏选择 6，Control Specifications 栏中选择默认采样方式和采样比率即可，Output Files 栏中设置模型预测结果和残差的输出路径。

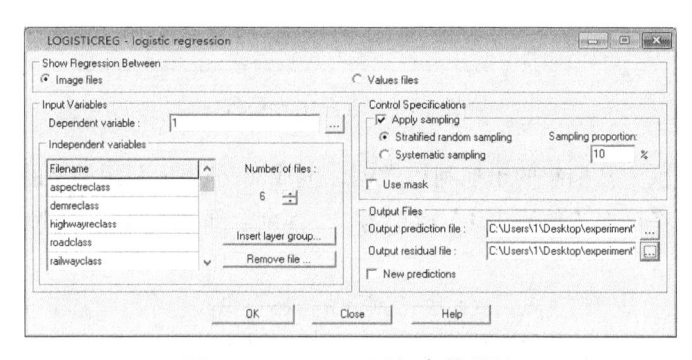

图 6.22　Logistic 回归参数设置

Logistic 回归结果如图 6.23 所示。对于每种土地利用类型，都需要输出一个 Logistic 回归结果，需要进行 6 次回归分析。

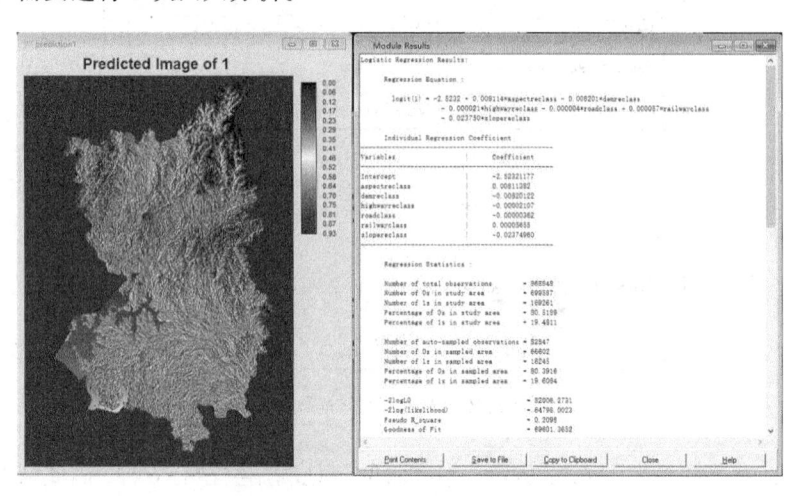

图 6.23　Logistic 回归结果

4. 创建适宜性图集

前面 Logistic 回归的 6 个输出结果应放置在 IDRISI 工程默认目录中，在菜单栏中选择 File→Collection Editor 选项，将预测结果添加到 Collection members 栏中，如图 6.24 所示。

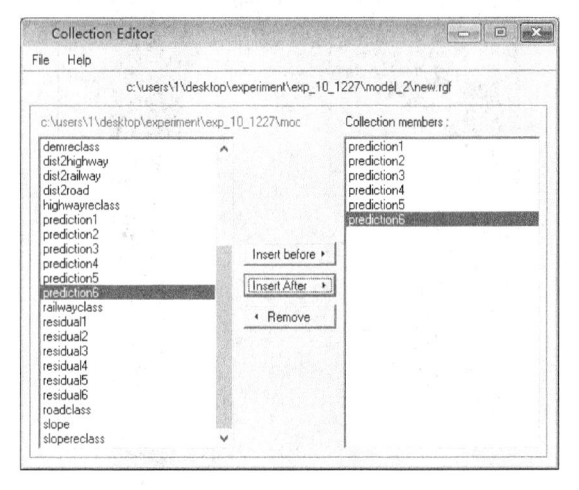

图 6.24 创建适宜性图集

选择 File→Save 选项，按默认文件名保存适宜性图集，在左侧将生成适宜性图集文件 new.rgf。

5. Logistic-CA-Markov 模型预测

如图 6.15 所示，在菜单栏中选择 Modeling→Environmental/Simulation models→CA_Markov 选项，预测 2015 年土地利用数据。

Logistic-CA-Markov 模型参数设置如图 6.25 所示。在 Basis land cover image 栏中选择基期年土地利用影像（2005reclass.rst），Markov transition areas file 栏中选择 Markov 面积转移矩阵（0510resulttransition_areas.txt），Transition suitability image collection 栏中设置土地利用适宜性图集（new），Output land cover projection 栏中选择输出路径，在 Number of Cellular Automata iterations 栏中选择 CA 循环次数，这里取模型向后预测的时间间隔数（10）。Cellular Automata filter type 是 CA 模型中邻域结构的设定，选择默认参数即可。

图 6.25 Logistic-CA-Markov 模型参数设置

Logistic-CA-Markov 模型预测结果如图 6.26 所示。

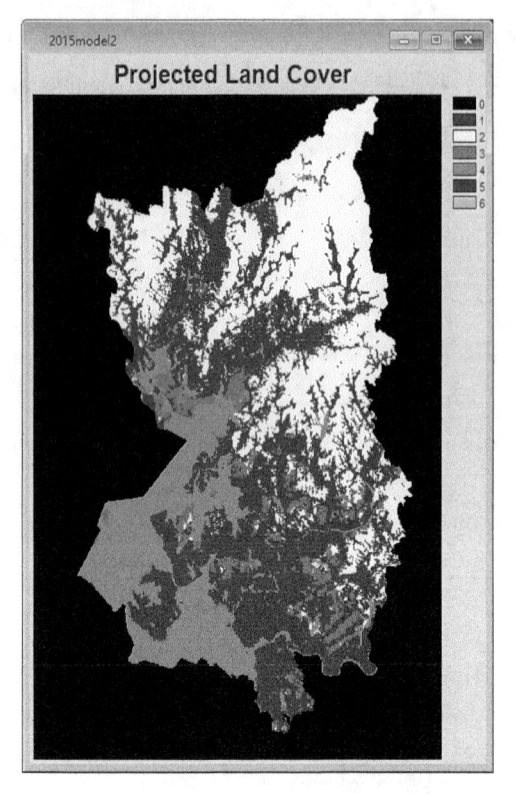

图 6.26　Logistic-CA-Markov 模型预测结果

6. 模型精度评价

同样可以采用图 6.17 所示的方法，对比 2015 年土地利用数据的预测值与实际值，分析模型的精度。

6.3　讨论与总结

本实验主要在 ArcGIS 10.2.2 与 IDRISI Selva 17.0 软件的支持下，采用 CA-Markov 模型和 Logistic-CA-Markov 模型进行土地利用变化模拟预测。IDRISI Selva 17.0 是一款美国克拉克大学 2012 年推出的遥感与地理信息系统结合应用的软件，包括遥感图像处理、地理信息系统分析、决策分析、空间分析、土地利用变化分析、全球变化监测、时间序列分析、适宜性评价制图、地统计分析、CA 土地动态变化趋势预测、图像分割、不确定性管理、生物栖息地评估等 300 多个模块，功能强大。在使用时，读者可通过其菜单栏上方 Help→IDRISI Manual 选项进一步了解该软件的功能和用法。

本实验也存在一些可以改进的地方，例如，本实验未考虑土地利用变化的社会、人文和经济驱动因素。除 CA-Markov 模型外，读者还可以基于本实验提供的数据，运用 R 软件或者 Dyna-CLUE 软件的 CLUE-S 模型或 GeoSOS-FLUS 软件的 FLUS 模型实现土地利用变化预测。

参 考 文 献

贾梦圆, 陈天, 臧鑫宇. 2021. 耦合水资源环境的城镇用地扩张多方案预景与规划路径——以天津市为例[J]. 城市规划学刊, (3): 58-65.

姜丽, 於家, 温家洪, 等. 2021. 土地利用变化情景下杭州湾北岸极端洪灾风险评估[J]. 地理科学进展, 40(8): 1355-1370.

Lambin E F, Geist H J. 2001. Global land-use and land-cover change: What have we learned so far?[J]. Economic Nature and Policy, 46: 27-30.

Liu X P, Liang X, Li X, et al. 2017. A future land use simulation model (FLUS) for simulating multiple land use scenarios by coupling human and natural effects[J]. Landscape and Urban Planning, 168: 94-116.

实验七 耕地质量保护的农户选择行为分析

7.1 实验概述

7.1.1 背景及目的

耕地是粮食生产的载体，也是保障国家粮食安全的前提和基础。农产品有效供给离不开肥沃的耕地，忽视耕地质量保护，会制约农业可持续发展和农业绿色发展。由于经济发展和城镇化的快速推进，曾经拥有优质耕地的地区已经丧失了大量的优质耕地，在农业科技进步和粮食单产增加作用下的粮食连年增产一定程度上掩盖了我国很多地区地力严重透支、耕地污染加重和农产品品质降低的严峻现实。《2016 中国国土资源公报》显示，截至 2016 年末，我国中等和低等耕地面积占全国耕地总面积的 70.5%。2015 年农业部制定的《耕地质量保护与提升行动方案》指出，我国耕地地力比发达国家低 20～30 个百分点。《全国土壤污染状况调查公报》指出，全国耕地污染点位超标率达 19.4%。耕地质量保护有利于减少环境污染，忽视耕地质量保护会造成农业农村的生态环境破坏和农业生产成本提高（Luo et al., 2006）。为此，《耕地质量保护与提升行动方案》指出，"鼓励引导生产者，特别是新型经营主体采取用地养地结合的措施，保护耕地质量"。耕地休养不仅要注重休耕，还要注重耕地养护[2]。不同耕地休养措施存在不一样的替代或互补关系，如种植绿肥、施用农家肥和深松耕地等具有劳动（相对）密集性；秸秆还田和施用有机肥等具有资本（相对）密集性。

耕地质量保护的成败关乎农作物产量、土壤改良、农产品品质乃至家庭生计。政府主导的耕地质量保护活动尽管能有效满足耕地质量提升的客观需要，但农户主动实施的耕地质量保护行为对降低道德风险、减少执行冲突和降低成本具有重要影响，直接决定了耕地保护的质量（Lu et al., 2019）。不同耕地规模农户[3]的家庭资源禀赋、时间偏好和适应市场环境的情况不同，对不同耕地质量保护措施会表现出不同的决策行为和反应程度。近年来，受农业劳动力大量外流和农业政策结构调整影响（朱哲和姜广博，2020），我国农业劳动力成本和土地等投入要素的价格不断上涨（刘余等，2019）。种粮农户的利

---

[2] 休耕目前以政府主导为主且有政府补助，重点在地下水漏斗区、重金属污染区和生态严重退化地区，处于政策试点阶段，农户的自觉行为较少；耕地养护主要靠农户自觉，补贴相对较少。

[3] 截至 2016 年末，我国家庭农场等不同新型农业经营主体竞相发展，总量达到 280 万个；规模农户为 398 万户；不容忽视的是，经营耕地在 50 亩（1 亩≈666.67m²）以下的农户有近 2.6 亿户，耕地面积占全国总耕地面积的 82% 左右，户均耕地 5 亩左右，经营耕地在 10 亩以下的农户仍有 2.1 亿户（数据来源于农业农村部网站）。

润空间不断被挤压，粮食生产时常出现"增产不增收"现象，仅仅依靠粮食增产的收入已满足不了农户的日常生活和生产需求，极大地抑制了种粮积极性。耕地质量保护可以提高农产品品质或者调节粮食产量，进而带动农产品市场价格上升。例如，施用有机肥能提高农产品品质，迎合消费者和市场对优质农产品的需求，农户有可能获取较好的农产品价格和农业收益；深松耕地能增加肥料的溶解能力，提高肥料利用率，提高产量等。在农业政策由增产转向提质的新形势下，遵循消费决定生产的市场经济规律，农产品优质优价的实现渠道将会不断增多。随城乡居民收入水平提高和城乡居民消费结构升级，人们对优质农产品需求不断增多，为追求长期收益最大，农户自发进行施用有机肥、秸秆还田和深松耕地等耕地质量保护行为的动机会增强。

从研究内容来看，目前学者主要从家庭特征、耕地特征和政策环境等方面分析农户耕地质量保护行为影响，较少关注农户耕地质量保护的效益预期影响。农业生产是自然生产和社会再生产的有机结合，投入和产出具有时间不一致性。耕地质量保护措施都是当期投入，效益往往在未来几个月甚至1~2年之后才能显见，农户耕地质量保护的正外部性无法在短期内得到补偿。行为经济学理论认为，在分析不确定性条件下的人类决策行为时，应当将人的心理预期因素纳入其中。追求农业收益最大是农户进行农业生产的根本动力，预期收益则是影响农户生产行为决策的重要因素。从研究方法来看，现有研究主要借助二元离散选择模型来分析不同因素对某种耕地质量保护行为的影响。然而，农户可能会同时选择多种耕地质量保护措施，且不同选择之间可能并不互相排斥，某些不可观测的因素可能会同时决定农户选择多种耕地质量保护措施，使用简单的二元离散选择模型可能会产生估计偏误。

本实验将耕地质量保护的效益预期纳入农户耕地质量保护意愿和行为决策的分析框架，利用多变量概率（multivariate probit，mvProbit）模型考察效益预期对农户耕地质量保护意愿和行为决策的影响，有助于从主观动机的视角厘清农户耕地质量保护行为积极性不高的原因并拓展相关研究，对探寻提高农户实施耕地质量保护行为的积极性具有较高的应用价值。

7.1.2　数据说明

本实验所用数据来源于课题组在江苏省内组织的农户微观调查。江苏省区域经济发展和地貌特征等存在较大差异，在综合考虑各区域农业基础的水平上，为尽可能使调查数据具有代表性，采用分层和随机相结合的抽样方法选取样本农户。选取江苏省南通市、盐城市、扬州市和泰州市作为样本市。针对本实验的研究重点，问卷包含以下方面：①农户家庭特征，如户主年龄及其教育程度、家庭劳动力人数、劳动时间分配、家庭成员就业情况等；②农地基本情况，如耕地面积、地块数量、地块质量、农地流转情况等；③耕地质量保护情况，如耕地质量保护行为、耕地质量保护的效益预期、耕地质量保护责任人和政策认知等。为保证问卷质量，提高调查数据的真实性和有效性，课题组招募在校的硕博士研究生作为调查员，正式调查之前先对调查员进行集中培训，对调查问卷的相关内容进行解释，正式调查采取调查员和农户面对面交流、调查员代为填写问卷的形式进行，避免农户自行填写问卷或农户对问卷理解差异带来的偏误。

7.1.3 整体实验设计

mvProbit 模型是常用的离散选择模型，其前提是假设各备择选项之间相互独立，即服从无关选择独立性（independence of irrelevant alternatives，IIA）假设。但是，在很多离散选择问题上，如在耕地质量保护行为选择中，由于一些不可观测因素，农户可能会同时选择秸秆还田或者施用有机肥等，这两种选择的模型误差项可能会相关，导致计量模型中的内生性和估计结果不准确。因此，本实验采用允许不同方程误差项之间存在相关性的 mvProbit 模型，分析效益预期对农户不同耕地质量保护行为选择的影响。

mvProbit 模型包含多个二元解释变量，其具体形式为

$$Y_j^* = \beta_j X + \varepsilon_j \tag{7.1}$$

$$Y_j = \begin{cases} 1, Y_j^* > 0 \\ 0, \text{其他} \end{cases} \tag{7.2}$$

式中，$j=1,2,3,4$ 分别为农户选择秸秆还田、施用农家肥、施用有机肥和深松耕地等耕地质量保护行为；Y_j^* 为潜变量；Y_j 为观测变量，若 $Y_j^* > 0$，则 $Y_j = 1$，表示农户选择对应的耕地质量保护行为；X 为影响农户选择不同耕地质量保护行为的各种因素；β_j 为各影响因素相对应的估计系数；ε_j 为随机扰动项，服从均值为 0、协方差为 Ω 的多元正态分布，协方差矩阵 Ω 为

$$\Omega = \begin{bmatrix} 1 & \delta_{21} & \delta_{31} & \delta_{41} \\ \delta_{12} & 1 & \delta_{32} & \delta_{42} \\ \delta_{13} & \delta_{23} & 1 & \delta_{43} \\ \delta_{14} & \delta_{24} & \delta_{34} & 1 \end{bmatrix} \tag{7.3}$$

式中，非对角线上的元素代表着 4 种耕地质量保护行为的 4 个二元选择方程随机扰动项之间无法观测的联系。非对角线上的元素为非零，说明各方程的随机扰动项之间存在关联，应采用 mvProbit 模型进行分析；非对角线上的元素显著且大于 0，说明农户不同耕地质量保护行为之间是互补关系；非对角线上的元素显著且小于 0，说明农户不同耕地质量保护行为之间是替代关系。

7.2 实验步骤

利用 Stata 15.0 软件分析效益预期等各变量对农户耕地质量保护意愿的影响。

首先，打开 Stata 15.0 软件，如图 7.1 所示，选择 File→Open 选项，打开原始数据；其次，在 Command 命令窗口，输入 Probit j15 j3 j4 j5 i.hm, r，其中，j15 表示农户耕地质量保护的意愿，j3、j4 和 j5 分别表示农户对耕地质量保护的产量提高预期、农产品质量提高预期和成本增加预期,hm 为地区虚拟变量。输入命令截图如图 7.2 所示。结果如图 7.3 所示，只有 j3 在 1%的水平下通过了显著性检验，即耕地质量保护的产量提高预期会提高其耕地质量保护的意愿，农产品质量提高预期和成本增加预期对其耕地质量保护意愿并不显著。

图 7.1 Stata 15.0 软件界面

图 7.2 Command 命令窗口界面

```
Probit regression                               Number of obs   =        270
                                                Wald chi2(6)    =      29.81
                                                Prob > chi2     =     0.0000
Log pseudolikelihood = -91.825104               Pseudo R2       =     0.1339
```

	Coef.	Robust Std. Err.	z	P>|z|	[95% Conf. Interval]	
j15						
j3	.6305757	.1562159	4.04	0.000	.3243982	.9367531
j4	.2115653	.1640655	1.29	0.197	-.1099972	.5331278
j5	-.0187794	.1579819	-0.12	0.905	-.3284183	.2908595
hm						
12	-.331633	.2961182	-1.12	0.263	-.912014	.2487479
13	-.4443637	.3032089	-1.47	0.143	-1.038642	.1499148
14	-.0673983	.3410529	-0.20	0.843	-.7358496	.601053
_cons	.1933059	.3225334	0.60	0.549	-.438848	.8254599

图 7.3 基准回归结果

在 Command 命令窗口, 输入 margins, dydx(*), 求取各变量的边际效应, 结果如图 7.4 所示。

```
. margins,dydx(*)

Average marginal effects                        Number of obs   =        270
Model VCE    : Robust

Expression   : Pr(j15), predict()
dy/dx w.r.t. : j3 j4 j5 12.hm 13.hm 14.hm
```

	dy/dx	Delta-method Std. Err.	z	P>|z|	[95% Conf. Interval]	
j3	.1174197	.0276327	4.25	0.000	.0632606	.1715787
j4	.0393956	.030159	1.31	0.191	-.0197149	.0985062
j5	-.0034969	.0293487	-0.12	0.905	-.0610194	.0540255
hm						
12	-.0573512	.0501163	-1.14	0.252	-.1555773	.040875
13	-.081403	.0547527	-1.49	0.137	-.1887163	.0259103
14	-.010093	.051303	-0.20	0.844	-.110645	.090459

Note: dy/dx for factor levels is the discrete change from the base level.

图 7.4 边际效应回归结果

在 Command 命令窗口，输入 vce，求取 mvProbit 模型的协方差矩阵，结果如图 7.5 所示，χ^2 值在 5%的水平下通过了显著性检验，表明各方程随机扰动项之间存在相关性，农户选择不同耕地质量保护行为会相互影响，使用 mvProbit 模型是合适的。农户选择秸秆还田与施用农家肥之间存在替代效应，与施用有机肥之间存在互补效应。

```
. vce
   Covariance matrix of coefficients of mvprobit model

/atrho21    -.2960361   .1664324   -1.78   0.075   -.6222377    .0301654
/atrho31     .1753853   .1321552    1.33   0.184   -.0836341    .4344047
/atrho41      .09577    .1104727    0.87   0.386   -.1207526    .3122926
/atrho32     .029918    .1437642    0.21   0.835   -.2518546    .3116906
/atrho42    -.0964947   .1427659   -0.68   0.499   -.3763107    .1833212
/atrho43     .1821423   .1137509    1.60   0.109   -.0408054     .40509
   rho21    -.287681    .1526584   -1.88   0.060   -.5526841    .0301562
   rho31     .1736089    .128172    1.35   0.176   -.0834396    .4089958
   rho41     .0954783   .1094657    0.87   0.383   -.1201691    .3025213
   rho32     .0299091   .1436356    0.21   0.835   -.2466612    .3019743
   rho42    -.0961964   .1414447   -0.68   0.496   -.3594992    .1812948
   rho43     .1801544   .1100591    1.64   0.102   -.0407828    .3842957

Likelihood ratio test of  rho21 = rho31 = rho41 = rho32 = rho42 = rho43 = 0:
             chi2(6) =   8.88089    Prob > chi2 = 0.1804
```

图 7.5 协方差回归结果

利用 mvProbit 模型，考察效益预期对农户耕地质量保护意愿和不同行为决策的影响，其命令和结果如图 7.6 所示。

```
. mvprobit (j16_2=j3 j4 j5 a4 a6 a7 a9 a11 a13 b1 b2 b5 b6 b11 c1 j7)   ///
>          (j16_3=j3 j4 j5 a4 a6 a7 a9 a11 a13 b1 b2 b5 b6 b11 c1 j7)   ///
>          (j16_4=j3 j4 j5 a4 a6 a7 a9 a11 a13 b1 b2 b5 b6 b11 c1 j7)   ///
>          (j16_6=j3 j4 j5 a4 a6 a7 a9 a11 a13 b1 b2 b5 b6 b11 c1 j7),r

Multivariate probit (SML, # draws = 5)        Number of obs   =      263
                                              Wald chi2(64)   =   133.45
Log pseudolikelihood = -430.71318             Prob > chi2     =   0.0000

                        Robust
             Coef.    Std. Err.      z    P>|z|    [95% Conf. Interval]
j16_2
     j3   -.005778    .1894079   -0.03   0.976   -.3770108    .3654547
     j4  -.2498905    .1510983   -1.65   0.098   -.5460378    .0462568
     j5   .5567075    .1434819    3.88   0.000    .2754881    .8379269
     a4   .0032794    .0125571    0.26   0.794    -.021332    .0278908
     a6   .0721368    .0317381    2.27   0.023    .0099313    .1343423
     a7   .2128149    .1075214    1.98   0.048    .0020768    .4235529
     a9   .0165167    .2047355    0.08   0.936   -.3847575    .4177909
    a11   .1501632    .1273962    1.18   0.239   -.0995289    .3998552
    a13  -.0040608    .0030086   -1.35   0.177   -.0099575    .0018358
     b1  -.0000217    .0011092   -0.02   0.984   -.0021958    .0021523
     b2  -.0842025    .0530148   -1.59   0.112   -.1881096    .0197046
     b5    .175572    .1250306    1.40   0.160   -.0694836    .4206275
     b6  -.2783203    .1357748   -2.05   0.040   -.5444339   -.0122067
    b11   .4417584    .2313011    1.91   0.056   -.0115834    .8951003
     c1    .00115     .0081554    0.14   0.888   -.0148342    .0171343
     j7   .2567039    .1660434    1.55   0.122   -.0687353     .582143
   _cons -2.635178    1.096612   -2.40   0.016   -4.784497   -.4858588
```

```
j16_3
         j3    .4012925    .192495    2.08   0.037    .0240093   .7785757
         j4    -.465442   .2803714   -1.66   0.097    -1.01496   .0840759
         j5   -.3186283   .1997904   -1.59   0.111   -.7102103   .0729538
         a4   -.0149809   .0124007   -1.21   0.227   -.0392858    .009324
         a6    .0315521   .0312999    1.01   0.313   -.0297946   .0928988
         a7   -.1645306    .122218   -1.35   0.178   -.4040736   .0750123
         a9    .1925427   .2579053    0.75   0.455   -.3129424   .6980277
        a11   -.2132891   .1406842   -1.52   0.129   -.4890251   .0624468
        a13   -.0005831   .0028068   -0.21   0.835   -.0060844   .0049182
         b1    .0001045   .0013536    0.08   0.938   -.0025485   .0027576
         b2    .1077914   .0732153    1.47   0.141    -.035708   .2512907
         b5   -.1120778   .1475836   -0.76   0.448   -.4013364   .1771807
         b6    .0573694   .1582345    0.36   0.717   -.2527646   .3675034
        b11   -.3971629   .3057376   -1.30   0.194   -.9963976   .2020718
         c1    .0049768   .0080702    0.62   0.537   -.0108404   .0207941
         j7    .1673491   .1968401    0.85   0.395   -.2184505   .5531486
       _cons   2.655354   1.223403    2.17   0.030    .2575288    5.05318

j16_4
         j3    .1602541   .1834988    0.87   0.382   -.1993969    .519905
         j4    .1370697   .1669971    0.82   0.412   -.1902385   .4643779
         j5    .3106444    .141404    2.20   0.028    .0334977   .5877911
         a4   -.0162325   .0094412   -1.72   0.086   -.0347369   .0022718
         a6    .0080172   .0315265    0.25   0.799   -.0537737   .0698081
         a7    .0212775   .1092327    0.19   0.846   -.1928146   .2353696
         a9   -.1682099   .2052302   -0.82   0.412   -.5704537   .2340339
        a11   -.0544614   .1085697   -0.50   0.616   -.2672542   .1583314
        a13   -.0003829   .0026722   -0.14   0.886   -.0056203   .0048544
         b1    .0008387   .0010168    0.82   0.409   -.0011542   .0028317
         b2   -.0138808   .0534693   -0.26   0.795   -.1186787   .0909171
         b5     .15608   .1135043    1.38   0.169   -.0663844   .3785444
         b6   -.1317541    .13842   -0.95   0.341   -.4030522    .139544
        b11    .2390171   .2394945    1.00   0.318   -.2303834   .7084176
         c1    .0088269   .0074388    1.19   0.235    -.005753   .0234067
         j7    .2144441   .1705362    1.26   0.209   -.1198007   .5486889
       _cons  -1.713109   .8771672   -1.95   0.051   -3.432325    .006107

j16_6
         j3     .091854   .1833867    0.50   0.616   -.2675774   .4512854
         j4    .1373086   .1644521    0.83   0.404   -.1850116   .4596288
         j5    .0489705   .1467938    0.33   0.739   -.2387402   .3366811
         a4   -.0175899    .009649   -1.82   0.068   -.0365016   .0013219
         a6    .0236192   .0296328    0.80   0.425     -.03446   .0816984
         a7    .0304249   .1015963    0.30   0.765   -.1687002     .22955
         a9   -.3446512   .2115098   -1.63   0.103   -.7592029   .0699004
        a11    .2292245   .1135025    2.02   0.043    .0067637   .4516853
        a13    .007218    .0029198    2.47   0.013    .0014954   .0129406
         b1    .0005558    .001127    0.49   0.622    -.001653   .0027646
         b2   -.1058147   .0583756   -1.81   0.070   -.2202287   .0085994
         b5    .1120243    .123148    0.91   0.363   -.1293413   .3533899
         b6    .0170117   .1395993    0.12   0.903    -.256598   .2906213
        b11    .0773083   .2397982    0.32   0.747   -.3926875   .5473041
         c1   -.0007726   .0077417   -0.10   0.921   -.0159459   .0144008
         j7   -.0127229   .1613357   -0.08   0.937    -.328935   .3034892
       _cons   -1.64672   .9514295   -1.73   0.083   -3.511488   .2180476
```

图 7.6 多变量回归结果

农户秸秆还田的产量提高预期和农产品质量提高预期会增大其采纳概率；施用有机肥的农产品质量提高预期和深松耕地的产量提高预期均会显著增大其采纳概率；施用农家肥的成本增加预期则会减小其采纳概率。秸秆还田属于典型的跨期农业技术，当期还田但收益往往发生在未来多期，能改善土壤有机质含量，进而能提高农产品质量和产量，但这种效果需要等到秸秆腐熟后通过食物链途径才能显见，作用周期长、见效慢且不确定性较大，农户若能形成秸秆还田的农产品质量提高预期和产量提高预期，其采纳概率会显著增大。然而，秸秆焚烧现象在我国大部分地区依然存在，农户普遍担心秸秆还田之后，次年能否彻底腐熟，是否会影响农作物种植。此外，秸秆还田机械使用需要一定的耕地面积作为配套条件，地块数量是影响农户是否选择秸秆还田的关键因素，地块数量越多，平均地块面积越小，秸秆还田机械使用的成本会越高。农户施用农家肥的农产品质量提高预期是影响其采纳概率的关键因素。当前国家政策层面正大力推动质量兴农和农业绿色发展，农产品优质优价的实现途径和渠道不断增多，农户追求优质农产品的动机越来越强。农家肥主要来源于畜禽粪便，从粪便运输到耕地施用需要一定的体力劳动和有效农业劳动时间,农户施用农家肥的成本增加预期会显著减小其采纳概率。深松耕地能提高土壤蓄水能力和增加肥料溶解能力,提高肥料利用率。农户深松耕地的产量提高预期会显著增大其采纳概率。不论是家庭劳动力自雇还是雇工,深松耕地需要大量的有效农业劳动时间。

其余控制变量的定义见表 7.1。

表 7.1 变量定义对照表

变量缩写	变量定义
a4	年龄
a6	教育程度
a7	家庭劳动时间分配
a9	是否为村干部
a11	家庭农业劳动力人数
a13	农忙时务农劳动价格
b1	地块面积
b2	地块数量
b5	地块分散程度
b6	地块离家远近
b11	农地是否确权
c1	农业种植经验
j7	耕地质量情况

7.3 讨论与总结

当前,我国新一轮农业政策调整正从增产转向提质阶段,应充分利用效益预期与农户耕地质量保护意愿和行为之间的关系。在城乡居民消费结构日益升级和对优质农产品需求不断增多的外部市场环境下,政府部门应进一步加强耕地质量保护对提高农产品产量和品质等相关知识的宣传,并不断完善农产品的优质优价实现渠道,提高农户耕地质量保护的比较收益和预期利润,让市场消费引导农户生产,让农户生产出来的优质农产品可以获得较高的价格,从而增加收益并提高农户耕地质量保护的积极性。

中国农地流转市场正经历快速发展,在大力推进农业规模化经营过程中,应避免规模农户粮食生产出现"增产不增收"现象。考虑到规模农户更加注重农业经营利润,他们对增加优质农产品的动机也会更强,政府部门可充分利用这一动机,完善农地流转合同管理和制度保障,引导规模农户积极采取耕地质量保护行为,让农户形成较为稳定的利润预期,降低其风险,并辅以大力宣传,形成示范带动作用。此外,耕地质量保护也需要一定规模连片的耕地面积作为依托,应大力鼓励农户之间相邻地块的流转整合,扩大地块面积,降低单个地块的耕地质量保护成本。

参 考 文 献

刘余, 卢华, 周应恒. 2019. 中国农业生产土地成本的演变趋势及影响分析[J]. 江西财经大学学报, (2): 48-61.

朱哲, 姜广博. 2020. 新时期我国农业经济管理与可持续发展研究——评《农业经济管理与可持续发展研究》[J]. 当代财经, (3): 2, 149.

Lu H, Xie H L, Yao G R, et al. 2019. Determinants of cultivated land recuperation in ecologically damaged area in China[J]. Land Use Policy, (81): 160-166.

Luo B, Li J B, Huang G H, et al. 2006. A simulation-based interval two-stage stochastic model for agricultural nonpoint source pollution control through land retirement[J]. Science of the Total Environment, 361(1): 38-56.

实验八 农户耕地撂荒行为决策过程分析

8.1 实 验 概 述

8.1.1 背景及目的

随着城市化及工业化的快速推进，丘陵山区耕地撂荒现象呈现量大、面广、持续时间长的特点。农户是耕地利用行为最主要的利益相关者和参与者，农户耕地撂荒行为决策过程分析通过行为的决策过程、形成机制作用于撂荒政策的实施，对于遏制耕地撂荒及其统筹利用具有重要意义。

主流文献大多基于完全理性假设，从成本-收益视角对农户耕地撂荒行为决策进行解读。行为经济学研究成果表明，农户决策目标不是特定意义上的经济或物质利益最大化，而是效用最大化（黄宗智，1992，2000；林毅夫，1988）。根据有限理性理论，农户的理性行为不仅是经济理性行为，而且是包括自尊、情感、安全、社会认可需求在内的文化的、社会的和心理的等多方面的理性行为，并受到主观认识能力、经济因素等客观条件的限制（刘克春，2006）。

基于此，本实验基于计划行为理论（theory of planned behavior，TPB），借助结构方程模型（structural equation modeling，SEM）分析有限理性假设下的农户耕地撂荒行为决策过程。本实验希望达到以下目的：掌握结构方程模型的理论、方法及应用，对具有复杂结构的多变量进行建模和分析。

8.1.2 整体实验设计

结构方程模型是一种验证性方法，需要先梳理潜变量、观测变量等之间的结构关系。实验设计流程如下：首先，基于计划行为理论构建农户耕地撂荒行为决策模型；其次，分析计划行为理论中行为态度、主观规范、知觉行为控制、撂荒行为响应在农户耕地撂荒行为中的内涵，选取相应的观测变量；最后，在变量选取的基础上，根据农户耕地撂荒行为决策模型，将上述变量输入结构方程模型，通过模型参数估计、精度评价及修正等步骤，验证计划行为理论在丘陵山区农户耕地撂荒行为中的适用性，进而解析农户耕地撂荒行为机理，揭示农户耕地撂荒行为决策形成机制。

整体实验流程如图 8.1 所示。

图 8.1 整体实验流程

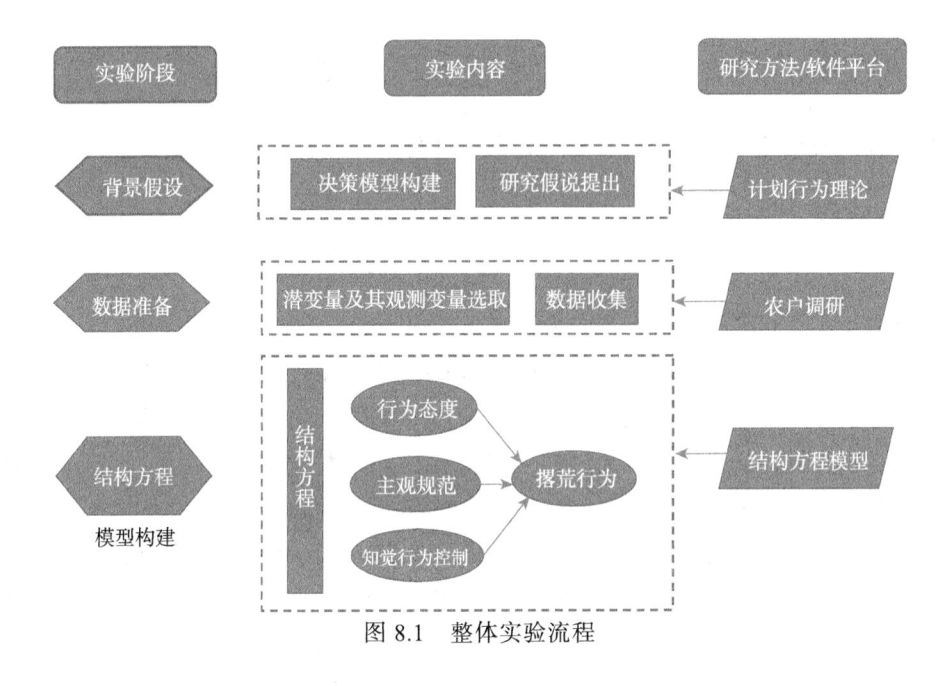

8.2 实验步骤

8.2.1 基于计划行为理论的农户耕地撂荒行为决策模型构建

计划行为理论是经济人有限理性假设在行为学上的成功应用。该理论认为行为态度、主观规范和知觉行为控制具有两两相关关系，三者通过行为意向对撂荒行为响应产生决定作用（Ajzen and Driver，1992）。通过研究上述潜变量及其观测变量之间的关系，可以揭示农户耕地撂荒行为决策的内在形成机制及行为产生的本质过程。由此，本实验基于计划行为理论，构建农户耕地撂荒行为决策模型（图 8.2），并运用结构方程模型进行检验。

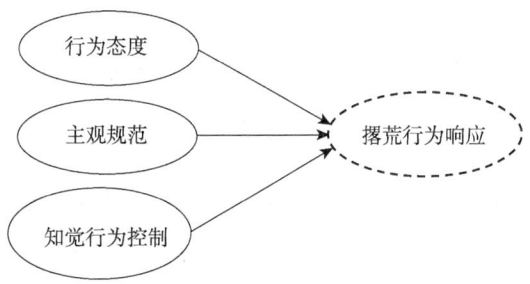

图 8.2 基于计划行为理论的农户耕地撂荒行为决策模型

8.2.2 研究假说提出

1. 行为态度

行为态度是指行为主体对执行某一行为积极或消极的态度。农户对耕地撂荒的行为态度可以用对撂荒的负面影响认知来表征，包括对经济、社会、环境的负面影响。理论上，如果农户认为耕地撂荒不会带来负面影响，农户的耕地撂荒行为概率将增大。据此，本实验提出以下假说。

H1：农户耕地撂荒行为中，农户行为态度对撂荒行为响应有正向作用。

2. 主观规范

主观规范是指外部社会压力对行为主体采取某项特定行为的影响。农户耕地撂荒行为中受到的外部社会压力主要来自农村社区中农户行为的利益相关者，包括以亲缘为基础的农户家人、以地缘为基础的邻里村民、以业缘为基础的基层政府和村集体。其中，农户家人出于对绿色健康食品及粮食自足的需求、邻里村民出于对村庄良好耕种环境的需求、基层政府和村集体出于上级政府考核及维护公共利益的需求产生干涉农户耕地撂荒行为的动机。面对来自以上四方的压力，农户将在力所能及的范围内做出符合外部期望的行为，缓解利益相关者干涉耕地撂荒带来的外部压力，得到来自外部的社会认同。理论上，农户对利益相关者干涉耕地撂荒的感知力度越强，其感受到的外部社会压力就越大，农户耕地撂荒行为概率将增大。据此，本实验提出以下假说。

H2：农户耕地撂荒行为中，农户主观规范对撂荒行为响应有正向作用。

3. 知觉行为控制

知觉行为控制主要包括感知强度和控制信念两方面的认知。农户对耕地生产经营客观障碍的感知强度为撂荒行为提供了动机，农户对非农就业的控制状况为撂荒提供了行为条件，并降低了撂荒行为带来的不确定性风险。理论上，农户对耕地种植客观障碍的感知强度和撂荒后不确定性风险的控制信念越强，农户的撂荒行为概率越大。据此，本实验提出以下假说。

H3：农户耕地撂荒行为中，知觉行为控制对撂荒行为响应有正向作用。

4. 行为认知

基于概念层面，行为态度、主观规范和知觉行为控制分属三个独立的维度，但三者可能拥有共同的信念基础，因此它们存在两两相关关系（段文婷和江光荣，2008）。在农户耕地撂荒行为中，农户的行为态度、主观规范和知觉行为控制共同受到家庭特征、就业特征、社会经济特征等外生变量的影响。据此，本实验提出以下假说。

H4：农户耕地撂荒行为中，行为态度、主观规范、知觉行为控制是两两相关的。

8.2.3 变量选取及数据说明

根据计划行为理论，设计农户耕地撂荒行为态度、主观规范、知觉行为控制、撂荒行为响应四个潜变量，根据各潜变量内涵及其在农户耕地撂荒行为中的表现选取相应的观测变量。

本实验所用的数据存储于 data_exp2 文件夹中，所用数据为虚拟农户调查数据，变量选取及量级界定见表 8.1。

表 8.1　变量选取及量级界定

潜变量	观测变量	量级界定
行为态度 AB	撂荒对经济无负面影响 AB1 撂荒对社会无负面影响 AB2 撂荒对环境无负面影响 AB3 撂荒对文化无负面影响 AB4	1=完全不同意，2=比较不同意，3=一般， 4=比较同意，5=完全同意
主观规范 SN	农户家人不干涉耕地撂荒 SN1 邻里村民不干涉耕地撂荒 SN2 基层政府不干涉耕地撂荒 SN3 村集体不干涉耕地撂荒 SN4	1=完全不同意，2=比较不同意，3=一般， 4=比较同意，5=完全同意
知觉行为控制 PBC	缺乏农业劳动力 PBC1 具有非农就业机会 PBC2 地形限制耕种 PBC3 区位限制耕种 PBC4	1=完全不同意，2=比较不同意，3=一般， 4=比较同意，5=完全同意
撂荒行为响应 BR	耕地粗放经营 BR1 两季改为一季 BR2 耕地全年撂荒 BR3	1=完全不同意，2=比较不同意，3=一般， 4=比较同意，5=完全同意

8.3　结构方程模型构建

8.3.1　建立路径模型图

根据计划行为理论绘制路径模型图。打开 Amos 21.0 软件界面（图 8.3），左侧为工具箱窗口，中间空白区域为绘图区，滚动鼠标中间滑轮可设置绘图区大小。

图 8.3　Amos 21.0 软件界面

图 8.3 中标出了本实验主要用到的选项，各编号选项的意义如下：①描绘观测变量（draw observed variables）；②描绘未被观测的变量（潜变量）（draw unobserved variables）；③描绘潜变量或增画潜变量的指标变量（draw a latent variable or add an indicator to a latent variable）；④描绘单向箭头的路径（draw paths—single headed arrows）；⑤描绘协方差（双

向箭头）的路径（draw covariances—double headed arrows）；⑥增列误差变量到已有变量中（add a unique variable to an existing variable）；⑦列出数据集内的变量名称（list variables in data set）；⑧移动对象（move objects）；⑨移除对象（erase objects）；⑩旋转潜变量的指标变量（rotate the indicator of a latent variable）；⑪变量路径最适接触（touch up a variable）；⑫选择数据文件（select data files）；⑬分析属性（analysis properties）；⑭计算估计值（calculate estimates）；⑮储存目前的路径图（save the current path diagram）（吴明隆，2009）。

单击工具栏中图标 ◯，在绘图区绘制潜变量，绘制好第一个潜变量以后，单击空白区域可绘制相同的椭圆，单击工具栏中图标 ，移动潜变量至合适位置（图 8.4）。

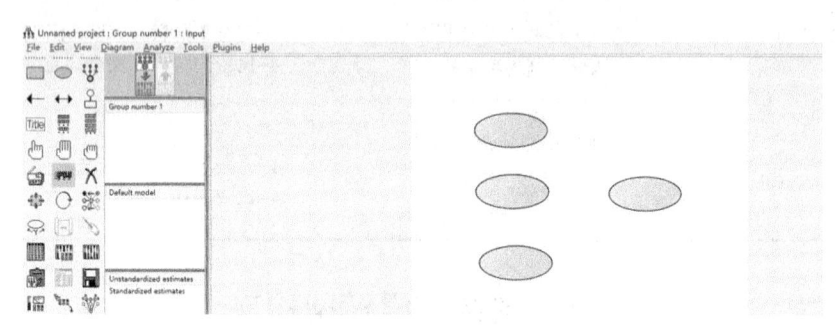

图 8.4　绘制潜变量

在合适位置绘制潜变量后，在椭圆处单击图标 ，可在潜变量上增列观测变量及其误差项（图 8.5）。

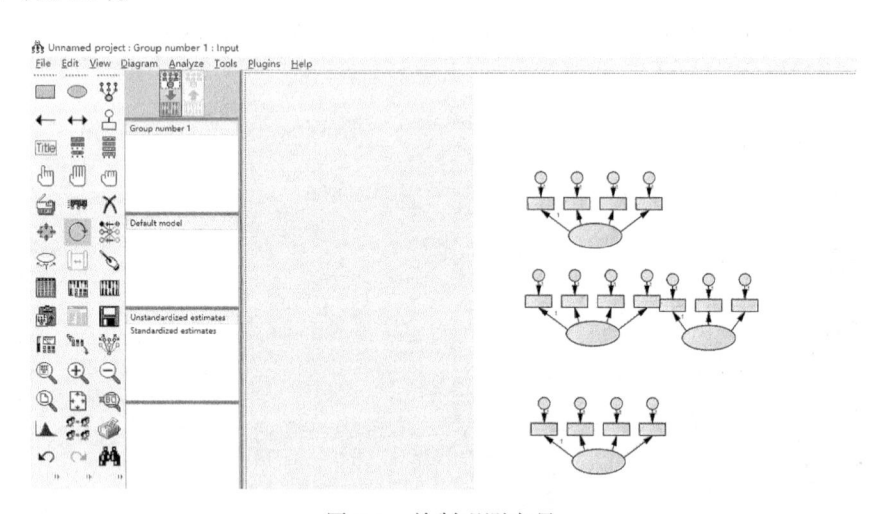

图 8.5　绘制观测变量

单击工具栏图标 ，旋转潜变量的指标变量（观测变量及其误差项），每单击图标 ，潜变量的指标变量会按顺时针方向旋转 90°。根据已有的理论基础及变量相关关系，单击图标 ← 和图标 ↔，用连线表示各个数据之间的相关关系。为提高图形美观度，可单击工具栏中图标 ，对绘制的路径图接触位置进行整理。

双击绘图区的椭圆（潜变量），弹出 Object Properties 对话框，在 Variable name 栏中键入潜变量名称，可通过 Font size、Font style 等调整变量名字号、字体等，直接关闭 Object Properties 对话框，完成潜变量命名（图 8.6）。

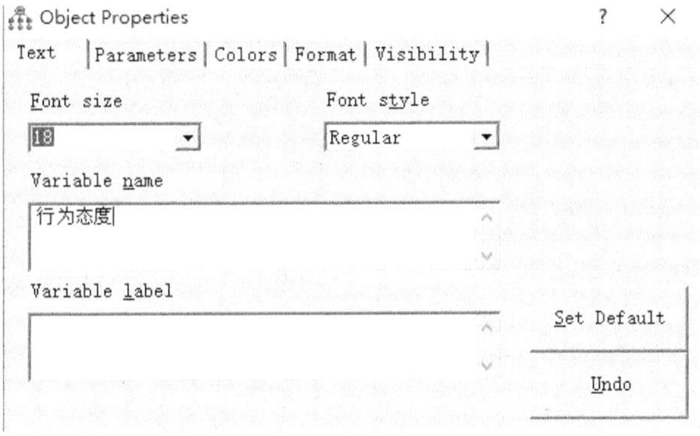

图 8.6　潜变量命名

单击工具栏中图标，给潜变量"撂荒行为响应"添加误差项。给每一个变量添加完误差项后，选择 Plugins→ Name Unobserved Variables 选项，为误差项添加名称。

由于 Amos 21.0 软件只能导入 SPSS Statistics 数据格式，在 SPSS 软件中打开农户调查表 tpb.xls，再将数据另存为 tpb.sav。

打开 Amos 21.0 软件，选择 File→Data Files→File Name（选择要使用的 SPSS 数据）→OK 选项，导入数据（图 8.7）。

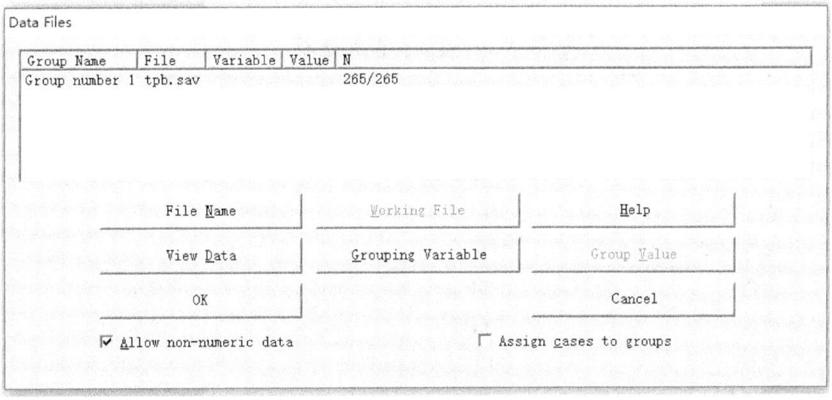

图 8.7　导入数据

在工具栏中单击 List variables in data set 图标，得到数据表，从数据表中拖动需要建模的观测变量数据至操作区内。

模型绘制完成后，单击 Analysis Properties 图标，设置输出项，如图 8.8 所示。设置完成后，单击 Calculate estimates 图标，运行模型，左侧出现 OK: Default model 表示模型运行成功。

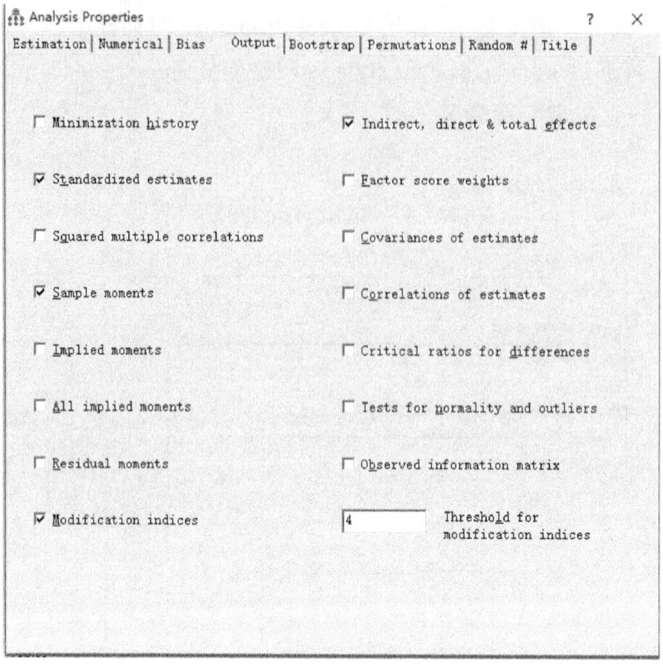

图 8.8　设置输出项

8.3.2　结构方程模型的修正

适配度指数用于评价假设的路径分析模型图适合样本数据的程度。通常采用绝对适配度指数、增值适配度指数和简约适配度指数来衡量结构方程模型的整体拟合优度。适配的标准或临界值见表 8.2。

表 8.2　模型适配度指标

统计检验量	简写	适配的标准或临界值
残差均方和平方根	RMR	< 0.05
渐近残差均方和平方根	RMSEA	< 0.08
适配度指数	GFI	> 0.90
调整后适配度指数	AGFI	> 0.90
规准适配指数	NFI	> 0.90
相对适配指数	RFI	> 0.90
增值适配指数	IFI	> 0.90
非规准适配指数	TLI	> 0.90
比较适配指数	CFI	> 0.90
简约适配度指数	PGFI	> 0.50
简约后规准适配指数	PNFI	> 0.50
节俭后比较适配指数	PCFI	> 0.50
χ^2 自由度比	NC	< 5.00
信息标准指数	AIC	理论模型的 AIC 值小于独立模型的 AIC 值，且小于饱和模型的 AIC 值
	CAIC	理论模型的 CAIC 值小于独立模型的 CAIC 值，且小于饱和模型的 CAIC 值

实验八　农户耕地撂荒行为决策过程分析 ▶ 129

选择工具栏中 View Text 图标，选择 Model Fit 选项，查看模型适配结果（图 8.9）。

图 8.9　模型适配度（修正前）

在 Analysis Properties 栏中勾选 Modification Indices 选项，在输出结果中会提供修正指数，即增加相应的路径后 χ^2 会减少的值（图 8.10）。

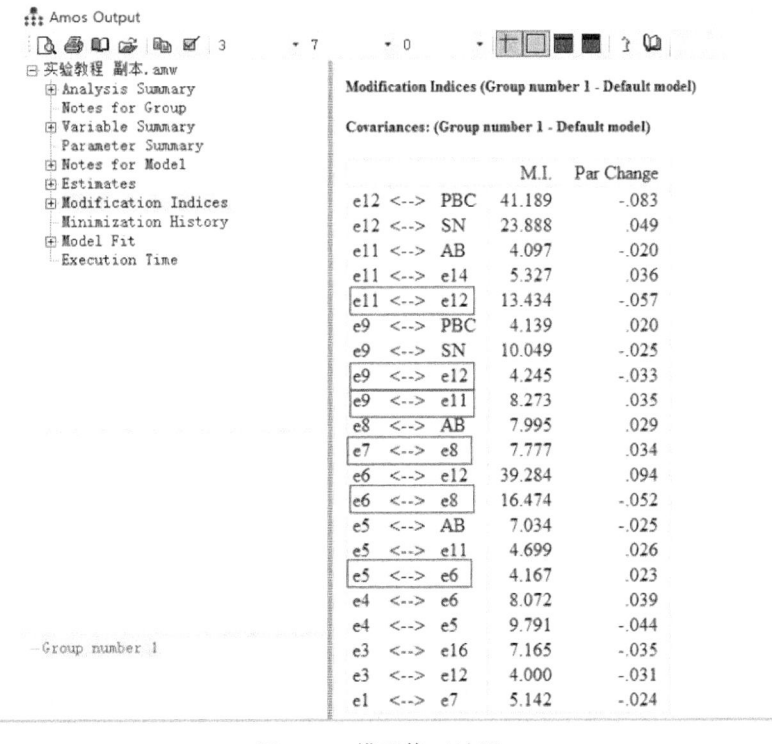

图 8.10　模型修正过程

考虑变量方差之间存在的合理共变关系，根据初步的模型结果增列 e11 与 e12、e9 与 e11、e9 与 e12、e7 与 e8、e6 与 e8、e5 与 e6 共 6 组共变关系，在不违背假设的前提下降低模型的 χ^2 值，有效提高模型拟合优度。修正后的模型如图 8.11 所示。

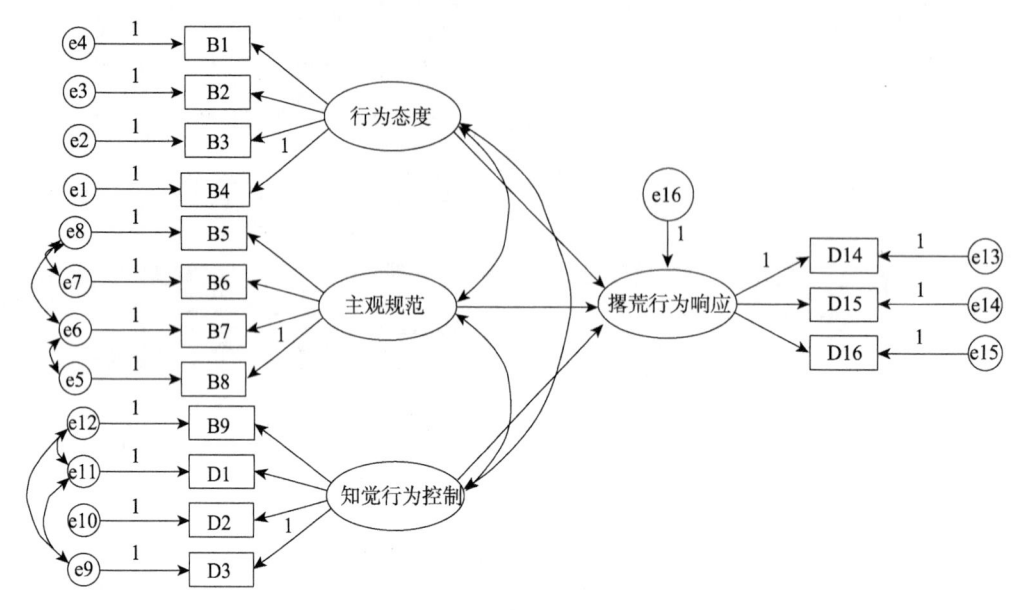

图 8.11　修正后模型

修正后的模型适配度见图 8.12，可见模型修正后，模型适配度指标均不同程度提高。

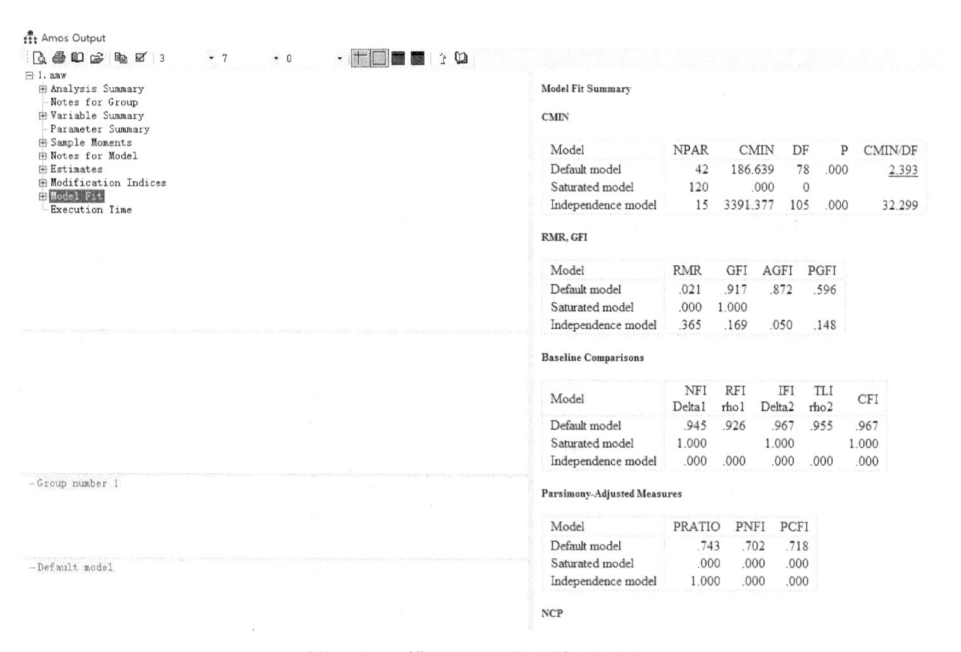

图 8.12　模型适配度（修正后）

工具栏中选择 View Text→ Estimates 选项，查看模型的标准路径回归系数、非标准路径回归系数、协方差与相关性（图 8.13～图 8.15）。

图 8.13　标准路径回归系数

图 8.14　非标准路径回归系数

图 8.15　协方差与相关性

根据图 8.13~图 8.15，得到结构方程模型估计结果（表 8.3）。

表 8.3 结构方程模型估计结果

路径	标准化路径系数	标准误	临界比	假说检验
BR<---AB	−0.325	0.306	−0.931	拒绝 H1
BR<---SN	0.699	0.484	1.354	拒绝 H2
BR<---PBC	0.429*	0.234	1.863	接受 H3
AB<-->SN	0.953***	0.047	9.618	
SN<-->PBC	0.915***	0.042	9.07	接受 H4
AB<-->PBC	0.833***	0.042	8.845	

*在 10%的水平上显著
***在 1%的水平上显著

8.4 讨论与总结

实验结果显示，丘陵山区农户耕地撂荒行为中，农户知觉行为控制对撂荒行为响应有正向作用，行为态度、主观规范、知觉行为控制是两两相关的，H3 与 H4 得到验证。行为态度、主观规范对撂荒行为响应不具有显著正向作用，拒绝 H1 与 H2。

本实验中仍存在一些有待改进的问题。第一，本实验数据为虚拟农户调查数据，数据仅用于辅助实验的开展，旨在指导如何操作 Amos 21.0 软件并将结构方程模型应用于农户耕地撂荒行为研究中，数据得到的研究结论无法真实反映丘陵山区农户耕地撂荒行为机理；第二，为更加简洁直观地呈现实验过程，对计划行为理论进行简化，忽略了行为意向在农户行为认知与撂荒行为响应中的中介作用，在未来研究中，可加入行为意向作为中介变量，或对计划行为理论进行进一步拓展，从而更加全面地探析农户耕地撂荒行为决策过程；第三，作为一种验证性方法，结构方程模型不仅可用于计划行为理论的验证，还可将其应用于其他行为决策模型中，从而在更广泛的行为学视域下探究微观个体的行为逻辑。

参 考 文 献

段文婷，江光荣. 2008. 计划行为理论述评[J]. 心理科学进展, 16(2): 315-320.
黄宗智. 1992. 中国农村的过密化与现代化: 规范认识危机及出路[M]. 上海: 上海社会科学院出版社.
黄宗智. 2000. 长江三角洲小农家庭与乡村发展[M]. 北京: 中华书局.
林毅夫. 1988. 小农与经济理性[J]. 农村经济与社会, (3): 31-33.
刘克春. 2006. 农户农地流转决策行为研究——以江西省为例[D]. 杭州: 浙江大学.
吴明隆. 2009. 结构方程模型——Amos 的操作与应用[M]. 重庆: 重庆大学出版社.
Ajzen I, Driver B L. 1992. Application of the theory of planned behavior to leisure choice[J]. Journal of Leisure Research, 24(3): 207-224.

实验九 土地经营规模和效益预期对农户秸秆还田意愿的影响分析

9.1 实验概述

9.1.1 背景及目的

农作物秸秆资源化利用事关农业绿色发展和农村生态环境改善，秸秆还田作为主要方式之一，可以改善土壤质量和增加作物产量，在我国推广了 20 多年，但普及率一直比较低（吕开宇等，2013）。2017 年，中国机械化秸秆还田面积为 5003.251 万 hm^2（$1hm^2=10000m^2$），仅占机收面积的 52.7%[4]。农户作为秸秆还田的重要参与主体和利益相关者，似乎对秸秆还田态度冷淡，取而代之的是大量的露天焚烧秸秆和随意丢弃秸秆。这不仅造成了极大的资源浪费，而且加剧了空气污染、土壤墒情损坏以及有机质流失等一系列生态环境问题，也带来了飞机场和公路因烟雾弥漫能见度低而不能正常运行的社会问题。为此，政府相继出台了《关于推进农业废弃物资源化利用试点的方案》等多项政策文件，各地为杜绝露天焚烧秸秆现象，纷纷实施了严格的秸秆禁烧政策，也投入了大量的人力、物力，但就实施效果来看似乎并不理想。在大力推进生态文明建设和农业资源环境约束不断趋紧的背景下，农作物秸秆资源化利用已成为学术界和政府部门广泛关注的焦点问题。

农户作为秸秆还田技术的直接使用者，其行为决策会受秸秆还田的成本和收益影响。秸秆还田属于典型的跨期农业技术，当期还田但受益发生在未来多期，农户在决策时需考虑技术的预期效益，并折现成当前收益与当期成本对比。随着我国农地流转市场快速发展，农户出现分化，异质性不断突出，规模化经营趋势明显。不同规模农户家庭禀赋、时间偏好和适应市场环境的情况不同，对秸秆还田会表现出差异化的决策行为。农业生产是自然生产和社会再生产的有机结合，投入和产出具有时间上的不一致性。相较于良种、化肥施用、虫害防治等单期农业技术，秸秆还田效益往往在未来几个月甚至 1~2 年之后才能显见且不确定性较大，农户秸秆还田的正外部性无法在短期内得到补偿，在采用技术时需要考虑效益预期。

目前学者主要从家庭特征和耕地特征等方面分析农户秸秆还田行为（刘乐等，2017；

---

4 2017 年，我国机收面积为 9490.046 万 hm^2（数据来源于《中国农业机械工业年鉴 2018》）。

徐志刚等，2018），鲜有文献从效益预期角度切入研究，基于不同规模农户分别探讨的经验证据更是不足。此外，行为经济学理论认为，在分析不确定性条件下的人类决策行为时，应当将人的心理预期因素纳入其中。预期利润对中国大多数农作物播种面积具有显著的正向影响，追求农业收益最大化是农户进行农业生产的根本动力，而效益预期是直接关系农户生产行为决策的重要因素，值得系统地研究。

在我国生态文明建设有序推进、农业资源环境约束不断趋紧和农户不断分化的背景下，本实验将效益预期纳入农户秸秆还田行为的分析框架，运用有序评定（Logit）模型考察经营规模和效益预期对农户秸秆还田意愿的影响，解析不同规模农户的效益预期在农户秸秆还田意愿之间的差异。本实验将有助于解释我国农户秸秆还田意愿不高的原因，对探寻提高农户秸秆还田积极性和进一步推广秸秆还田技术具有较高的应用价值。

9.1.2 数据说明

江苏省农业规模化经营和农户分化趋势明显，秸秆综合利用走在全国前列，也采取了比较严厉的秸秆焚烧治理措施和促进秸秆资源化利用的诸多政策，基于该省样本的研究结论对全国推进秸秆资源化利用和秸秆还田具有重要的参考价值。

本实验所用数据来源于在江苏省组织的农户微观调查。江苏省各区域经济发展、地貌特征等存在差距，在综合考虑各区域农业基础的水平上，根据分层随机抽样方法，选取常州市、徐州市、盐城市、扬州市和泰州市作为样本地区，在每市随机选取1个县，每县随机选取3个镇，每镇随机选取2个村。针对本实验的研究重点，问卷包含以下方面：①农户家庭特征，如户主年龄及其教育程度、家庭劳动力人数、劳动时间分配、家庭成员就业情况等；②农地基本情况，如耕地面积、地块质量、农地流转情况等；③农业生产不同环节的投入情况，如还田地块和不还田地块在播种、打药等环节的要素投入情况等；④农户秸秆还田的效益预期情况，如秸秆还田的产量预期、土壤质量预期和成本预期等情况。为保证问卷质量，正式调查之前先对调查员进行多次集中培训，对调查问卷涉及的相关内容进行解释，明确相关问题内涵，正式调查采取调查员和农户面对面交流、调查员代为填写问卷的形式进行，避免农户自行填写问卷或农户对问卷理解差异带来的偏误。调查结束后对问卷进行自查、互查及集中检验，问卷回收率为98.5%。

9.1.3 整体实验设计

在具体模型选择上，由于农户秸秆还田意愿属于有序离散型多元选择变量，如果使用普通最小二乘法，估计结果会有偏且不一致，因此选择适合分析有序离散因变量的有序Logit模型进行估计，模型形式为

$$\text{logit}(P_j) = \ln\left[\frac{p(y \leq j)}{1 - p(y \leq j)}\right] = \alpha_j + X\beta \tag{9.1}$$

式中，y为农户秸秆还田意愿，给各个等级y赋值为j；X为影响农户还田意愿的各个因素；β为回归系数；α_j为截距项。

9.2 实 验 步 骤

利用 Stata 15.0 软件分析效益预期等各变量对农户秸秆还田意愿的影响。

首先，打开 Stata 15.0 软件，选择 File→Open 选项，打开原始数据；其次，在 Command 命令窗口，输入 ttable2 cost_expectation output_expectation soil_expectation ,by(scale)，查看规模农户和小农户对于秸秆还田效益预期的差异，其中，scale 表示农户是否是规模农户，scale=1 表示农户是规模农户，其农地经营面积超过所在县平均农地经营面积，scale=0 则表示农户是小农户。cost_expectation、output_expectation 和 soil_expectation 分别表示农户对于秸秆还田的成本预期、产量预期和土壤质量预期。其命令和结果如图 9.1 所示。

```
. ttable2  cost_expectation output_expectation soil_expectation ,by( scale )

Variables    G1(0)           Mean1      G2(1)         Mean2       MeanDiff

cost_exp~n    304            3.115       79           2.494        0.621***
output_e~n    304            2.539       79           2.747       -0.207
soil_exp~n    304            2.138       79           2.380       -0.242*
```

图 9.1 不同规模农户对秸秆还田的效益预期

从结果来看，不同规模农户秸秆还田的效益预期存在显著差异，小农户认为秸秆还田可以增加作物产量和改善土壤质量，秸秆还田成本也不构成明显负担。规模农户的产量预期和土壤质量预期虽低于小农户，但总体上仍然认为秸秆还田可以增加作物产量和改善土壤质量；与小农户不同，秸秆还田成本对规模农户构成了较大的负担，秸秆还田的社会化服务不完善往往导致规模农户难以承担大面积秸秆还田带来的成本增加。

在 Command 命令窗口，输入 tab scale will, row，查看不同规模农户对于秸秆还田的态度，其中，will 表示农户对于秸秆还田的态度，will=1 表示农户反对秸秆还田，will=2 表示农户对秸秆还田持中立的态度，will=3 表示农户认同秸秆还田。其命令和结果如图 9.2 所示。

```
. tab scale will,row

+----------------+
| Key            |
|   frequency    |
| row percentage |
+----------------+

scale  |     1        2        3    |  Total

   0   |    90       55      159   |   304
       | 29.61    18.09    52.30   | 100.00

   1   |    38       10       31   |    79
       | 48.10    12.66    39.24   | 100.00

Total  |   128       65      190   |   383
       | 33.42    16.97    49.61   | 100.00
```

图 9.2 不同规模农户对秸秆还田的态度

样本中只有约 50%的农户愿意秸秆还田，占比较低，且小农户秸秆还田意愿显著高于规模农户。同意秸秆还田的小农户占比为 52.30%，同意秸秆还田的规模农户占比仅为 39.24%。根据现实经验，我国农业经营规模农户大多是流转户且有大量的外村人，他们更倾向于选择时间灵活的契约形式，地权相对不稳定，加之农业生产风险较大且收益较低，在农产品价格上升空间有限且市场无法实现优质优价的环境下，短期收益最大就会成为规模农户的最佳选择，他们对于具有跨期属性和收益不确定性的秸秆还田技术的采纳意愿会较低。此外，我国秸秆还田社会化服务仍不完善，规模农户往往难以承担大规模秸秆还田带来的成本增加。大约 17%的农户对秸秆还田技术持中立的态度，并且这种现象在小农户中更加明显。

使用有序 Logit 模型，考察效益预期对农户秸秆还田意愿的影响。其命令和结果如图 9.3 所示。

```
. ologit will fam_popul native age subsidy cadre edu train farm_time farm_degree area plotsize fri_op
> inion cost_expectation output_expectation soil_expectation news ,r nolog

Ordered logistic regression                    Number of obs    =        383
                                               Wald chi2(16)    =      94.82
                                               Prob > chi2      =     0.0000
Log pseudolikelihood = -330.60668              Pseudo R2        =     0.1496

-------------------------------------------------------------------------------
                            |               Robust
                   will |      Coef.   Std. Err.      z    P>|z|     [95% Conf. Interval]
-------------------------+-----------------------------------------------------
              fam_popul |   .06164     .072482     0.85   0.395    -.0804221    .2037022
                 native |  .9043079    .501726     1.80   0.071    -.0790569    1.887673
                    age | -.0300921   .0160493    -1.87   0.061    -.0615482    .001364
                subsidy |  .1770244   .2568002     0.69   0.491    -.3262948    .6803436
                  cadre |  .0019197   .3072434     0.01   0.995    -.6002662    .6041056
                    edu | -.0220931   .0326997    -0.68   0.499    -.0861833    .041997
                  train |  .0030993   .2471821     0.01   0.990    -.4813689    .4875674
              farm_time |  .0234055   .0101508     2.31   0.021     .0035103    .0433007
            farm_degree |  .1771354   .1969817     0.90   0.369    -.2089416    .5632124
                   area | -.0029378   .0014735    -1.99   0.046    -.0058258   -.0000498
               plotsize |  .0063126    .002405     2.62   0.009     .001599    .0110263
            fri_opinion |  .364616    .0759634     4.80   0.000     .2157304    .5135015
        cost_expectation|  .1594681    .077996     2.04   0.041     .0065987    .3123374
      output_expectation| -.5220507   .1254214    -4.16   0.000    -.7678722   -.2762292
        soil_expectation| -.2717682   .1296713    -2.10   0.036    -.5259193   -.0176171
                   news |  .1640756   .0742395     2.21   0.027     .0185689    .3095823
-------------------------+-----------------------------------------------------
                   /cut1|  .4184455   1.423792                    -2.372136    3.209027
                   /cut2|  1.34099    1.414388                    -1.431159    4.11314
-------------------------------------------------------------------------------
```

图 9.3 效益预期对农户秸秆还田意愿的影响

效益预期中的成本预期、产量预期和土壤质量预期均显著影响农户的秸秆还田意愿。当农户认为秸秆还田有助于提高作物产量、改善土壤质量以及秸秆还田成本较低时，农户秸秆还田意愿较强。从边际效应来看，产量预期、土壤质量预期和成本预期均通过了不同程度的显著性检验，产量预期、土壤质量预期和成本预期每上升 1 个等级，农户秸秆还田意愿的概率分别增加 9.99 个、5.20 个和 3.05 个百分点。其中，产量预期对于农户秸秆还田意愿的影响高于土壤质量预期和成本预期。在当前我国农产品价格上升空间有限并且市场无法实现农产品优质优价的背景下，产量增加已成为大多数规模农户甚至小农户的首要追求。

分别讨论效益预期对规模农户和小农户秸秆还田意愿的影响，其命令和结果如图 9.4 和图 9.5 所示。

```
. ologit will fam_popul native age subsidy cadre edu train farm_time farm_degree area plotsize fri_op
> inion cost_expectation output_expectation soil_expectation news if scale ==1,r nolog
```

Ordered logistic regression   Number of obs   =   79
                                               Wald chi2(16)   =   71.28
                                               Prob > chi2   =   0.0000
Log pseudolikelihood = -44.404331   Pseudo R2   =   0.4269

will	Coef.	Robust Std. Err.	z	P>|z|	[95% Conf. Interval]
fam_popul	.1786411	.2574816	0.69	0.488	-.3260135 .6832957
native	-.4541947	1.029395	-0.44	0.659	-2.471772 1.563383
age	-.0246883	.065752	-0.38	0.707	-.1535598 .1041832
subsidy	-.615471	1.03932	-0.59	0.554	-2.652501 1.421559
cadre	.9010064	.8262609	1.09	0.276	-.7184352 2.520448
edu	-.1409196	.1262075	-1.12	0.264	-.3882818 .1064425
train	1.670067	1.166701	1.43	0.152	-.6166247 3.956758
farm_time	.078702	.0292964	2.69	0.007	.0212821 .1361218
farm_degree	.8549875	.6790856	1.26	0.208	-.4759958 2.185971
area	-.0033076	.0015589	-2.12	0.034	-.006363 -.0002522
plotsize	.0122348	.0042137	2.90	0.004	.0039762 .0204934
fri_opinion	.5445281	.312385	1.74	0.081	-.0677361 1.156791
cost_expectation	.6040827	.2299203	2.63	0.009	.1534472 1.054718
output_expectation	-1.315145	.3606286	-3.65	0.000	-2.021964 -.6083256
soil_expectation	-.1879673	.4287569	-0.44	0.661	-1.028315 .6523808
news	.349862	.2413771	1.45	0.147	-.1232285 .8229525
/cut1	5.231609	4.714455			-4.008553 14.47177
/cut2	6.42088	4.746487			-2.882062 15.72382

图 9.4 效益预期对农户秸秆还田意愿的影响（规模农户）

```
. ologit will fam_popul native age subsidy cadre edu train farm_time farm_degree area plotsize fri_op
> inion cost_expectation output_expectation soil_expectation news if scale ==0,r nolog
```

Ordered logistic regression   Number of obs   =   304
                                               Wald chi2(16)   =   64.18
                                               Prob > chi2   =   0.0000
Log pseudolikelihood = -271.85694   Pseudo R2   =   0.1134

will	Coef.	Robust Std. Err.	z	P>|z|	[95% Conf. Interval]
fam_popul	.060107	.0765366	0.79	0.432	-.089902 .210116
native	1.101983	1.00158	1.10	0.271	-.8610771 3.065044
age	-.0277507	.0167782	-1.65	0.098	-.0606354 .005134
subsidy	.1581081	.2785339	0.57	0.570	-.3878678 .7040245
cadre	-.2695052	.3440514	-0.78	0.433	-.9438336 .4048231
edu	-.0034516	.0357496	-0.10	0.923	-.0735196 .0666164
train	.1383248	.2705122	0.51	0.609	-.3918693 .6685189
farm_time	.0036607	.0115179	0.32	0.751	-.0189138 .0262353
farm_degree	.2043415	.2171191	0.94	0.347	-.2212041 .6298871
area	-.0093872	.0068495	-1.37	0.171	-.022812 .0040375
plotsize	.0057641	.009559	0.60	0.547	-.0129712 .0244993
fri_opinion	.332728	.083267	4.00	0.000	.1695668 .4958891
cost_expectation	.105954	.0896697	1.18	0.237	-.0697954 .2817035
output_expectation	-.3624855	.1397459	-2.59	0.009	-.6363824 -.0885886
soil_expectation	-.275658	.1460829	-1.89	0.059	-.5619752 .0106592
news	.1926891	.0799048	2.41	0.016	.0360786 .3492997
/cut1	.2320193	1.719241			-3.137631 3.60167
/cut2	1.174231	1.710117			-2.177538 4.526

图 9.5 效益预期对农户秸秆还田意愿的影响（小农户）

产量预期对规模农户和小农户秸秆还田意愿的影响均较为显著，农户对秸秆还田的产量预期越高，还田意愿越强，且产量预期对规模农户秸秆还田意愿的影响大于小农户。成本预期对规模农户秸秆还田意愿的影响显著，而对小农户秸秆还田意愿的影响并不显著，秸秆还田成本对规模农户形成了成本负担。土壤质量预期对小农户秸秆还田意愿的影响显著，但对规模农户秸秆还田意愿的影响并不显著。我国农业经营规模农户大多是流转户且有大量的外村人，地权稳定性相对较差，这导致规模农户比较注重产量和成本等短期收益，而小农户大多数是自营户，对自身土地的感情也要更深，可能会更加注重土壤质量等长期收益。

本实验涉及的主要变量具体定义见表 9.1。

表 9.1 变量定义对照表

变量	定义
will	您对秸秆还田的态度？1=反对，2=无所谓，3=认同
native	是否为本村人？1=是，0=否
fam_popul	家庭人口数，单位为人
age	户主年龄，单位为岁
cadre	家中是否有村干部？1=是，0=否
edu	教育年限，单位为年
farm_time	务农年限，单位为年
farm_degree	务农程度？1=不务农，2=农忙时务农，3=边工作边务农，4=只务农
area	经营面积，单位为亩
plotsize	经营耕地平均地块面积，单位为亩
scale	经营规模是否大于所在县平均经营规模？1=是，0=否
cost_expectation	秸秆还田成本是您考虑的重要因素吗？1=完全是，2=比较是，3=一般，4=比较不是，5=完全不是
output_expectation	秸秆还田对产量的影响？1=极好的，2=比较好的，3=不知道，4=比较坏的，5=极坏的
soil_expectation	秸秆还田对土壤质量的影响？1=极好的，2=比较好的，3=不知道，4=比较坏的，5=极坏的
fri_opinion	亲友对秸秆还田的态度？1=完全不认同，2=比较不认同，3=无所谓，4=比较认同，5=完全认同
news	关注农业新闻的程度？1=完全不关注，2=比较不关注，3=无所谓，4=比较关注，5=十分关注

9.3 讨论与总结

中国农地流转市场正快速发展，规模农户已成为农业发展的主力军。我国规模农户大多是流转户且有大量的外村人，现阶段的农户农地流转合约更倾向于时间灵活的形式，地权不稳定和农产品价格上升空间有限，导致规模农户更加注重短期内的产量提高和成本节约，抑制了其采纳秸秆还田技术。政府部门可以在非农就业和农村社会保障等方面做出更完善的制度安排，促进规模农户地权稳定，进而激励规模农户采用秸秆还田技术。此外，在推进规模化经营的过程中，不可片面地追求扩大家庭经营规模，也应大力鼓励相邻地块的流转整合，鼓励农户在自愿前提下互换并地，使农户放弃严格意义上的物物对等交换，促进地块规模扩大，降低规模农户的秸秆还田成本，并发挥规模农户在秸秆还田中的示范带动作用。此外，我国新一轮农业政策调整正从增产转向提质，政府部门应充分利用效益预期与农户秸秆还田意愿之间的关系，进一步加强秸秆还田技术相关知识的教育和培训，提升农户对于秸秆还田的效益预期，进而提高农户秸秆还田技术的采纳意愿。

参 考 文 献

刘乐, 张娇, 张崇尚, 等. 2017. 经营规模的扩大有助于农户采取环境友好型生产行为吗——以秸秆还田为例[J]. 农业技术经济, (5): 17-26.

吕开宇, 仇焕广, 白军飞, 等. 2013. 中国玉米秸秆直接还田的现状与发展[J]. 中国人口·资源与环境, 23(3): 171-176.

徐志刚, 张骏逸, 吕开宇. 2018. 经营规模、地权期限与跨期农业技术采用——以秸秆直接还田为例[J]. 中国农村经济, (3): 61-74.

实验十 农业社会化服务的环境效应分析

10.1 实验概述

10.1.1 背景及目的

改革开放以来，我国粮食生产取得了重大成就，但农业污染和生态环境破坏等问题愈演愈烈。当前环境资源趋紧问题对农业生产的制约性正逐渐加强，推动农业绿色化发展、破解资源环境压力对实现我国农业可持续发展具有重要的现实意义。传统农业生产率的测算忽略了农业生产造成的污染问题，无法充分体现农业可持续发展的能力。农业环境技术效率将环境污染作为农业生产的一种非期望产出纳入传统的生产率分析框架中，可以有效地衡量生态保护质量与农业发展之间的协同性。近年来，我国农业社会化服务发展迅速，相关利好政策不断出台，服务组织在引领农户进入现代农业发展大格局和乡村振兴中正发挥着越来越重要的作用。在绿色发展理念急需全面落实的背景下，社会化服务能否以及如何促进我国农业环境技术效率的提高，进而保障我国粮食生产可持续发展，是需要我们研究的问题。

在社会化服务快速发展和农业资源趋紧的背景下，本实验在分析社会化服务对我国农户投入要素结构影响的基础上，从技术替代和规模经营视角切入，进一步剖析社会化服务对农业环境技术效率的作用机制，并利用微观数据进行验证。研究结论有助于更全面地解释和理解社会化服务和农业环境技术效率的关系，充实现有研究文献，具有重要的学术价值。此外，研究结论对推动农业供给侧结构性改革、社会化服务合理发展和实现农业现代化具有一定的参考价值。

10.1.2 数据说明

本实验采用的数据来源于课题组于2021年初所做的江西省农户社会化服务与农业生产调查。为了使调查更具科学性，课题组在充分考虑调查地区的经济水平、农业社会化服务发展程度以及绿色农业技术推广程度等差异的基础上，选取江西省北部的九江市、中部的吉安市和南部的赣州市作为样本地区，在每个市随机选取1个县，每个县随机选取2个镇，每个镇随机选取4个村，共263户农户。

针对本实验的研究重点，问卷包含以下方面：①农户家庭特征，如户主年龄及其教育程度、家庭劳动力人数、是否有村干部、家庭成员就业情况等；②农地基本情况，如耕地面积、地块质量、农地流转情况等；③农业生产不同环节的投入情况，如是否使用社会化服务、化肥农药等生产要素投入等；④农户绿色生产技术使用情况，如生产中是否深松耕地、施用有机肥等。

为了保证调查的质量，在正式调查之前先对调查员进行了多次的集中培训，对调查问卷中的相关问题进行阐释与解答，确保调查员完全理解问卷的结构与内容。正式调查时调查员与农户面对面进行交流并代为填写问卷，有效避免农户自行填写问卷以及农户对问卷理解差异产生的偏误。

10.1.3　整体实验设计

1. 理论分析

农户通过转入土地实现农业规模经营，但随着生产规模的不断扩大，农户由于自身资源禀赋的有限性，常常难以满足规模持续扩大伴随而来的生产条件需求，这导致单个农户往往只能选择相对较小的农业规模进行生产。社会化服务组织依托其拥有的专业化资本、对接市场等优势，可以有效地缓解农户面临的劳动力、资金和对接市场等生产约束，进而破解农户由于自身资源禀赋有限而带来的规模经营难题。与此同时，社会化服务带来的成本节约效应、规模经营效应与资源配置效应会增加农户从事农业生产的收益，进而提高农户转入土地的意愿，促进其扩大经营规模。基于以上分析，本实验提出以下假说。

H1：社会化服务可以促进农户扩大经营规模。

单个农户在采纳绿色生产技术时常常会面临资金障碍、经营规模门槛、技术风险等问题，这不仅降低了农户对绿色生产技术的信任感，也导致了有采纳绿色生产技术意愿的农户难以付诸行动。社会化服务组织依托其拥有的专业技术人员、绿色生产资料等优势，极大程度地解决了单个农户采纳绿色生产技术所面临的高风险、高成本以及技术管理能力不足等问题，同时，服务组织通过横向服务规模扩大和纵向多环节服务有效降低了提供绿色生产服务的成本。因此，社会化服务可以有效地解决农户有绿色生产技术采纳意愿但采纳能力不足的难题。此外，服务组织在提供规模连片作业的同时，可以带动无绿色生产技术采纳意愿的农户使用绿色生产技术，成功跨越绿色生产技术采纳意愿形成到主动发生行为所必经的漫长过程。基于以上分析，本实验提出以下假说。

H2：社会化服务可以促进农户采纳绿色生产技术。

社会化服务组织在促进农户采纳绿色生产技术的同时，势必会对传统的农药、化肥等生产要素形成替代作用，如有机肥替代化肥、生物农药替代传统农药等，这极大程度地解决了我国农业生产由化肥、农药等生产要素过度使用造成的污染问题，进而降低了农业生产中的非期望产出。此外，社会化服务推动了我国农业规模化经营进程，而规模化经营带来的土地细碎化缓解、规模经济、投入要素优化和单位面积上化肥/农药投入减少等优势也会提高农作物产量，进而增加期望产出。农作物产量（期望产出）的上升和农业污染（非期望产出）的下降均会导致农业环境技术效率的上升。基于以上分析，本实验提出以下假说。

H3：社会化服务可以促进农业环境技术效率提高。

2. 农业环境技术效率的测度

传统的数据包络分析（data envelopment analysis，DEA）模型存在径向问题和角度问题，径向问题导致投入或产出的非零松弛存在时对评价对象生产率的高估，而角度问题导致无法全面地估计评价对象的生产率，进而带来估计结果不准确的问题。此外，传统的 DEA 模型无法加入非期望产出，估计结果的准确性也会受到影响。因此，为解决 DEA 模型的径向问题和角度问题，本实验采用非径向、非角度的基于松弛变量测度（slacks-based measure，SBM）模型，具体为

$$\min p = \frac{1 - \frac{1}{N}\sum_{n=1}^{N} s_n^x / x_{n0}}{1 + \frac{1}{M+1}\left(\sum_{m=1}^{M} s_m^y / x_{m0} + \sum_{i=1}^{I} s_i^u / x_{i0}\right)}$$

$$\text{s.t.} \sum_{k=1}^{K} z_k x_{nk} + s_n^x = x_{n0}, n = 1, 2, \cdots, N$$

$$\sum_{k=1}^{K} z_k - s_m^y = y_{m0}, m = 1, 2, \cdots, M \qquad (10.1)$$

$$\sum_{k=1}^{K} z_k u_{mk} - s_i^u = u_{m0}, i = 1, 2, \cdots, M$$

$$\sum_{k=1}^{K} z_k = 1; z_k \geq 0;$$

$$s_n^x \geq 0; s_m^y \geq 0; s_i^u \geq 0$$

式中，s_n^x 和 s_i^u 分别为投入要素和非期望产出的冗余；s_m^y 为期望产出的不足；p 为要计算出的农业环境技术效率，其取值为 [0, 1]。当 $p=1$ 时，评价对象呈完全效率，此时 $s_n^x = 0$、$s_i^u = 0$、$s_m^y = 0$，评价对象没有投入要素的冗余、非期望产出的冗余和期望产出的不足；当 $p<1$ 时，评价对象存在一定的效率损失，需要进一步优化投入-产出结构，进而提高其农业环境技术效率。

（1）水稻生产投入指标。借鉴李博伟（2019）的研究，本实验将水稻生产投入要素分为土地投入、劳动投入、化肥投入、农药投入以及资本投入（表 10.1）。其中，土地投入的衡量使用的是水稻种植面积。劳动投入的衡量使用的是水稻种植使用总工日（包括雇工）。化肥投入的衡量使用的是复合肥使用总量、尿素使用总量[5]。农药投入的衡量使用的是农药总成本。资本投入主要包括机械投入，使用机械总成本来衡量；种子投入，使用种子总成本来衡量；排灌投入，使用排灌总成本来衡量。

表 10.1　农业环境技术效率测算指标

---

[5] 实地调查中发现，农户使用的化肥主要是复合肥和尿素。

指标		指标说明
水稻生产投入指标	土地投入	水稻种植面积/亩
	劳动投入	水稻种植使用总工日/工日
	化肥投入	复合肥使用总量/斤
		尿素使用总量/斤
	农药投入	农药总成本/元
	资本投入	机械总成本/元
		种子总成本/元
		排灌总成本/元
水稻生产产出指标	期望产出	水稻总产量/斤
	非期望产出	氮排放量/斤

注：1斤=0.5kg

（2）水稻生产产出指标。水稻生产的产出主要包括期望产出和非期望产出，其中，期望产出使用水稻总产量来衡量，非期望产出使用氮排放量来衡量[6]，根据能量守恒定律，生产中的氮排放量等于化肥中的氮折纯量减去水稻中的氮含量[7]，该指标为正，说明生产对环境具有负的外部性，反之，说明生产对环境具有正的外部性（李博伟，2019）。

3. 社会化服务水平的衡量

从农户的角度出发，农业社会化服务水平可以体现其农业生产过程中能够在社会化服务市场上购买到的服务的程度，即能够接受的社会化服务水平。参考钟真等（2020）的研究，本实验将水稻生产过程分为整地、播种、施肥、打药以及收割共5个环节，将农户的每个环节由社会化服务组织完成的情况进行加权平均，得到单个样本农户水稻生产过程中的社会化服务水平，相应的指标公式为

$$R_i = \sum \alpha_j \times r_{ij} \tag{10.2}$$

式中，R_i为样本农户i水稻生产过程中的社会化服务水平，取值为[0, 1]；α_j为水稻生产环节j的权重，本实验认为水稻生产中每个生产环节都是缺一不可的，重要程度是相等的，因而各环节的权重应该取一样的值，即$\alpha_j=1/5$；r_{ij}为样本农户i的水稻生产环节j是否由社会化服务组织完成，是取值为0或1的二分变量，0表示由农户自己完成，1表示由社会化服务组织完成。如果样本农户i水稻生产的全部环节都由自己完成，则$R_i=0$，表示农户完全"自给自足"，其社会化服务水平最低；相反，如果样本农户i水稻生产的全部环节都由社会化服务组织完成，则$R_i=1$，表示农户全程使用了社会化服务，其社会化服务水平最高。

---

[6] 化肥的大量使用已经成为我国农村面源污染的主要来源之一，样本地区农户使用的化肥主要是复合肥和尿素，因此本实验使用水稻生产过程中的氮排放量衡量非期望产出。

[7] 本实验不考虑土壤中初始氮含量以及作物种子中的氮含量，化肥的氮折纯标准参考《作物施肥原理与技术》的"化肥折纯量参考计算表"。问卷主要调查了复合肥和尿素的用量，其中，复合肥中的氮含量按照"化肥折纯量参考计算表"中公布的14种主要复合肥的平均标准计算得出氮含量为15.18%；尿素中的氮含量按46%计算；根据《农业技术经济手册》，100kg水稻产品中的氮含量为2.05kg。

10.2 实验步骤

利用 Stata 15.0 软件分析农业社会化服务水平对农业环境技术效率的影响。

首先，打开 Stata 15.0 软件，选择 File→Open 选项，打开原始数据；其次，在 Command 命令窗口，输入 tabstat score, by(serv_level) stat(mean) f(%12.3f) nototal，查看农户使用社会化服务水平与农业环境技术效率之间的关系，其中，score 表示农业环境技术效率，serv_level 表示农户使用社会化服务水平。其命令和结果如图 10.1 所示。

```
. tabstat score , by(serv_level ) stat(mean) f(%12.3f) nototal

Summary for variables: score
    by categories of: serv_level

  serv_level |      mean
-------------+----------
           0 |     0.422
  .200000002 |     0.368
  .400000005 |     0.529
  .600000023 |     0.666
  .800000011 |     0.842
           1 |     1.000
```

图 10.1　计算农户使用社会化服务水平

样本地区农户使用社会化服务水平和农业环境技术效率呈现了较明显的同步提高态势，随着样本地区农户使用社会化服务水平从 0 提高到 1，其农业环境技术效率从 0.422 提高到 1.000。在农户使用社会化服务水平提高的同时，其农业环境技术效率也在快速提高，农业社会化服务可能是导致农业环境技术效率提高的一个重要原因。

进一步分析农业社会化服务对农业环境技术效率的影响，分环节讨论使用社会化服务的农业环境技术效率与未使用社会化服务的农业环境技术效率的差异。其命令和结果如图 10.2 所示。

```
. ttable2 score ,by( serv_1 )

Variables    G1(0)    Mean1    G2(1)    Mean2    MeanDiff
score         121     0.399     142     0.552    -0.153***

. ttable2 score ,by( serv_2 )

Variables    G1(0)    Mean1    G2(1)    Mean2    MeanDiff
score         246     0.479      17     0.515    -0.035

. ttable2 score ,by( serv_3 )

Variables    G1(0)    Mean1    G2(1)    Mean2    MeanDiff
score         244     0.454      19     0.843    -0.389***

. ttable2 score ,by( serv_4 )

Variables    G1(0)    Mean1    G2(1)    Mean2    MeanDiff
score         244     0.455      19     0.831    -0.377***

. ttable2 score ,by(serv_5 )

Variables    G1(0)    Mean1    G2(1)    Mean2    MeanDiff
score          25     0.520     238     0.478     0.043
```

图 10.2　不同环节的农业社会化服务水平

农户水稻生产的环境技术效率在整地服务、施肥服务和打药服务上均存在显著的差异,整地服务以大型机械作业为主,可以有效地对人工进行替代,降低了农户的劳动投入,提高了农业环境技术效率;社会化服务组织依托其专业的技术人员提供的施肥服务和打药服务,一方面可以更加合理有效地使用传统化肥、农药等生产要素,另一方面可以促使绿肥、生物农药等环境友好型肥料对化肥的替代,实现了水稻生产中的化肥、农药明显减量使用,减少了水稻生产过程中造成的污染,进而提高了农业环境技术效率。

农户使用育秧插秧服务和收割服务对其环境技术效率的提高并不显著。从实地调查情况来看,样本地区农户使用育秧插秧服务的数量较少,绝大多数农户使用收割服务,导致这两个变量的数据结构都比较单一,进而导致农业环境技术效率在这两个变量上没有明显的差异。

基于非期望产出的 DEA-SBM 模型测算出的农业环境技术效率为 0~1,属于受限因变量,使用普通最小二乘法进行估计会产生偏误,因此使用托宾(Tobit)模型来考察社会化服务对农业环境技术效率的影响。其命令和结果如图 10.3 所示。

```
. tobit score serv_level labour plots sex age edu cadres train farm_year farm_degree, ll(0) ul(1) nol
> og

Tobit regression                                Number of obs    =        263
                                                  Uncensored     =        223
Limits: lower = 0                                 Left-censored  =          0
        upper = 1                                 Right-censored =         40

                                                LR chi2(10)      =      63.92
                                                Prob > chi2      =     0.0000
Log likelihood = -71.410884                     Pseudo R2        =     0.3092

       score |     Coef.   Std. Err.      t    P>|t|     [95% Conf. Interval]
-------------+----------------------------------------------------------------
  serv_level |   .7148299   .1186827     6.02   0.000     .481098    .9485618
      labour |  -.0275088   .0220848    -1.25   0.214    -.0710022   .0159847
       plots |   .0007991   .0006354     1.26   0.210    -.0004522   .0020504
         sex |  -.0034479    .079521    -0.04   0.965    -.1600524   .1531595
         age |   .0013992   .0029139     0.48   0.632    -.0043393   .0071377
         edu |  -.0187458   .0233768    -0.80   0.423    -.0647837   .0272922
      cadres |   .0600634   .0473414     1.27   0.206    -.0331701   .1532969
       train |   .0132356   .0379563     0.35   0.728    -.0615149   .0879861
   farm_year |  -.0035303   .0019671    -1.79   0.074    -.0074043   .0003438
 farm_degree |  -.0466871   .0251838    -1.85   0.065    -.0962836   .0029095
       _cons |   .4425864   .1744228     2.54   0.012     .0990807   .7860921
-------------+----------------------------------------------------------------
 var(e.score)|   .0727772    .007233                      .05984    .0885113
```

图 10.3 社会化服务水平对农业环境技术效率的实证结果

模型估计结果表明,农户使用社会化服务水平对其农业环境技术效率的影响在 1% 的水平下显著为正,随着农户使用农业社会化服务水平的提高,其农业环境技术效率提高。

除了工具变量法,替换变量法(选择能够反映核心变量的外生替换变量进行回归)也是解决内生性问题的一种方法(康晨等,2020)。因此,为了进一步检验模型估计结果的稳健性以及避免由内生性问题带来的估计偏误,本实验使用农户所在乡(镇)的社会化服务水平和所在县的社会化服务水平作为农户社会化服务水平的替换变量(分别是替换变量 1 和替换变量 2)进行稳健性检验。其命令和结果如图 10.4 和图 10.5 所示。

```
. tobit score town_serv_level labour plots sex age edu cadres train farm_year farm_degree, ll(0) ul(1
> ) nolog

Tobit regression                                Number of obs    =      263
                                                Uncensored       =      223
Limits: lower = 0                               Left-censored    =        0
        upper = 1                               Right-censored   =       40

                                                LR chi2(10)      =    50.96
                                                Prob > chi2      =   0.0000
Log likelihood = -77.893992                     Pseudo R2        =   0.2465
```

score	Coef.	Std. Err.	t	P>|t|	[95% Conf. Interval]
town_serv_level	1.819385	.3887414	4.68	0.000	1.053804 2.584966
labour	-.0194884	.0230182	-0.85	0.398	-.06482 .0258433
plots	.0014946	.0006117	2.44	0.015	.0002899 .0026994
sex	-.0194068	.0819548	-0.24	0.813	-.1808073 .1419937
age	.00315	.0029663	1.06	0.289	-.0026918 .0089917
edu	-.0339702	.0238746	-1.42	0.156	-.0809885 .0130481
cadres	.0968557	.0487509	1.99	0.048	.0008645 .192865
train	.0242255	.0391784	0.62	0.537	-.0529319 .1013829
farm_year	-.0046357	.0020078	-2.31	0.022	-.0085897 -.0006816
farm_degree	-.0237837	.0258118	-0.92	0.358	-.0746171 .0270496
_cons	-.0086258	.2211156	-0.04	0.969	-.4440875 .4268359
var(e.score)	.0774454	.0077007			.0636722 .0941979

图 10.4　社会化服务水平对农业环境技术效率的实证结果（替换变量1）

```
. tobit score county_serv_level labour plots sex age edu cadres train farm_year farm_degree, ll(0) ul
> (1) nolog

Tobit regression                                Number of obs    =      263
                                                Uncensored       =      223
Limits: lower = 0                               Left-censored    =        0
        upper = 1                               Right-censored   =       40

                                                LR chi2(10)      =    46.20
                                                Prob > chi2      =   0.0000
Log likelihood = -80.270376                     Pseudo R2        =   0.2235
```

score	Coef.	Std. Err.	t	P>|t|	[95% Conf. Interval]
county_serv_level	1.635843	.3946687	4.14	0.000	.8585881 2.413097
labour	-.0224877	.0231723	-0.97	0.333	-.0681229 .0231475
plots	.0015584	.0006189	2.52	0.012	.0003395 .0027772
sex	-.0171271	.0826586	-0.21	0.836	-.1799138 .1456595
age	.0029077	.0030087	0.97	0.335	-.0030176 .008833
edu	-.0308945	.0241515	-1.28	0.202	-.078458 .0166691
cadres	.0964856	.04919	1.96	0.051	-.0003884 .1933597
train	.0187454	.03945	0.48	0.635	-.0589469 .0964377
farm_year	-.0045399	.0020394	-2.23	0.027	-.0085662 -.0005236
farm_degree	-.0272844	.0259931	-1.05	0.295	-.0784748 .023906
_cons	.0644931	.2219162	0.29	0.772	-.3725453 .5015316
var(e.score)	.0787725	.0078357			.0647584 .0958193

图 10.5　社会化服务水平对农业环境技术效率的实证结果（替换变量2）

模型估计结果表明，农户所在乡（镇）社会化服务水平和县社会化服务水平对农业环境技术效率的影响均在1%的水平下显著为正，模型具有较好的稳健性。

不同规模农户由于自身资源禀赋不同，其农业生产行为可能会存在差异。为进一步检验模型的稳健性，将水稻种植面积大于镇平均水稻种植面积的农户定义为规模农户（scale），反之，则定义为小农户，进一步分规模进行稳健性检验，命令和结果如图10.6和图10.7所示。

```
. tobit score serv_level labour plots sex age edu cadres train farm_year farm_degree if scale==1, ll(
> 0) ul(1) nolog

Tobit regression                                  Number of obs    =       66
                                                  Uncensored       =       55
Limits: lower =  0                                Left-censored    =        0
        upper =  1                                Right-censored   =       11

                                                  LR chi2(10)      =    50.35
                                                  Prob > chi2      =   0.0000
Log likelihood = -4.1352555                       Pseudo R2        =   0.8589

       score |      Coef.   Std. Err.      t    P>|t|     [95% Conf. Interval]
  serv_level |   .6532806   .1697252     3.85   0.000     .3132801    .9932811
      labour |  -.0047685   .0317727    -0.15   0.881    -.0684169    .0588798
       plots |   .0019118   .0009117     2.10   0.041     .0000854    .0037381
         sex |   .0919871   .2379209     0.39   0.700    -.3846258      .5686
         age |   .0044259   .0037185     1.19   0.239    -.0030232    .011875
         edu |   .0325794   .0415499     0.78   0.436    -.0506551    .1158138
      cadres |  -.0064585   .0876769    -0.07   0.942    -.1820964    .1691794
       train |  -.0372801   .0646146    -0.58   0.566    -.1667186    .0921584
   farm_year |  -.0086552   .0030458    -2.84   0.006    -.0147566   -.0025538
 farm_degree |  -.0528073   .0481511    -1.10   0.277    -.1492655    .0436509
       _cons |   .1304865   .3682854     0.35   0.724    -.6072778    .8682507

 var(e.score)|   .0469937   .0093592                      .0315335    .0700338
```

图 10.6　社会化服务水平对农业环境技术效率的实证结果（规模农户）

```
. tobit score serv_level labour plots sex age edu cadres train farm_year farm_degree if scale==0, ll(
> 0) ul(1) nolog

Tobit regression                                  Number of obs    =      197
                                                  Uncensored       =      168
Limits: lower =  0                                Left-censored    =        0
        upper =  1                                Right-censored   =       29

                                                  LR chi2(10)      =    30.55
                                                  Prob > chi2      =   0.0007
Log likelihood = -58.230327                       Pseudo R2        =   0.2078

       score |      Coef.   Std. Err.      t    P>|t|     [95% Conf. Interval]
  serv_level |   .6626872   .1600057     4.14   0.000     .347039    .9783353
      labour |   -.029727   .0288618    -1.03   0.304    -.0866636    .0272095
       plots |  -.0011781   .0017904    -0.66   0.511    -.0047101    .0023539
         sex |   .0065288   .0860493     0.08   0.940    -.1632234     .176281
         age |  -.0030426   .0039688    -0.77   0.444    -.0108719    .0047868
         edu |  -.0282497   .0273239    -1.03   0.303    -.0821524     .025653
      cadres |   .0600404   .0550703     1.09   0.277    -.0485984    .1686793
       train |   .0447967   .0451923     0.99   0.323    -.0443555    .1339489
   farm_year |  -.0006244   .0025254    -0.25   0.805    -.0056062    .0043575
 farm_degree |   -.055791    .028828    -1.94   0.054    -.1126608    .0010789
       _cons |   .6804706   .2172996     3.13   0.002     .2517969    1.109144

 var(e.score)|   .0764628   .0087579                      .0609986    .0958474
```

图 10.7　社会化服务水平对农业环境技术效率的实证结果（小农户）

模型估计结果表明，规模农户和小农户社会化服务水平均在1%的显著性水平下通过了检验，不同规模农户使用社会化服务水平的提高均会促进其农业环境技术效率的提高，进一步验证了模型的稳健性。

本实验涉及的主要变量具体定义见表10.2。

表 10.2　变量定义对照表

变量	定义
score	农业环境技术效率
serv_level	农户使用社会化服务水平
serv_1	是否使用整地服务？1=有，0=没有

续表

变量	定义
serv_2	是否使用育秧插秧服务？1=有，0=没有
serv_3	是否使用施肥服务？1=有，0=没有
serv_4	是否使用打药服务？1=有，0=没有
serv_5	是否使用收割服务？1=有，0=没有
labour	家庭务农劳动力数量，单位为人
scale	是否是规模农户？1=是，0=否
plots	种植水稻的地块数量，单位为块
sex	户主的性别？0=女，1=男
age	户主的年龄，单位为岁
edu	户主教育程度？1 = 没上过学；2 = 小学；3 = 初中；4 = 高中；5=大专及以上
cadres	户主是否是村干部？0=否，1=是
train	户主是否接受过农业培训？0=没有，1=有
farm_year	户主的务农年限，单位为年
farm_degree	户主的务农程度？1 = 完全务农；2 = 农业为主；3 = 务工为主；4 = 完全务工

10.3　讨论与总结

当前环境资源趋紧问题对农业生产的制约性正逐渐加强，推动农业绿色化发展、破解资源环境压力对实现我国农业可持续发展具有重要的现实意义。政府及相关部门应当充分认识到社会化服务对提升农业环境技术效率的积极作用，优先健全农业社会化服务支持政策体系，提高农业社会化服务供给能力。此外，当前社会化服务仍不完善，不同环节的社会化服务发展程度存在差异，整地、收割等环节发展较为完善，而育秧插秧、施肥、打药等环节标准化程度较低，发展速度较慢，应规范农业社会化服务组织行为并改善服务质量，提高这些短板环节的标准化水平，促进农业社会化服务更加均衡、健康地发展。

参 考 文 献

康晨, 刘家成, 徐志刚. 2020. 农业生产外包服务对农村土地流转租金的影响[J]. 中国农村经济, (9): 105-123.

李博伟. 2019. 土地流转契约稳定性对转入土地农户化肥施用强度和环境效率的影响[J]. 自然资源学报, 34(11): 2317-2332.

钟真, 胡珺祎, 曹世祥. 2020. 土地流转与社会化服务："路线竞争"还是"相得益彰"？——基于山东临沂12个村的案例分析[J]. 中国农村经济, (10): 52-70.

实验十一 区域土地利用效率分析

11.1 实验概述

11.1.1 背景及目的

在生态文明建设的大背景下,如何协调区域高质量发展是新时期中国面临的重大问题之一。党的十九大报告将区域协调发展上升为国家战略,强调要建立更加有效的区域协调发展新机制。习近平总书记明确提出新形势下区域发展的总思路,即"按照客观经济规律调整完善区域政策体系,发挥各地区比较优势,促进各类要素合理流动和高效集聚……增强中心城市和城市群等经济发展优势区域的经济和人口承载能力……形成优势互补、高质量发展的区域经济布局"[8]。可见,城市作为区域的单元,其发展是区域协调的重要内容,而城市土地作为城市人口扩张和产业发展的空间载体,是城市经济发展的要素,与区域发展有着密不可分的关系。

2003~2016年,我国东部地区城市化发展高歌猛进,在这一时期,城市土地面积持续增大,扩张明显,但利用效率相对较低,耕地数量锐减、环境污染等土地利用问题不断凸显,尤其在高污染排放的城市中,污染物对城市人居环境的危害不容小觑。这些以资源环境为代价换取一时经济增长的发展方式屡见不鲜,制约区域可持续发展,威胁地区生态安全。由于很长一段时间内没有形成统一的生产要素市场,加之各区域自然资源禀赋各不相同,各区域在要素投入、资源配置、经济发展水平和环境治理能力等方面也存在差距,在城市化发展进程中的主要表现为城市土地利用效率的巨大区域差异。城市土地利用效率的区域差异反映出土地资源的空间错配现象,较低的土地利用效率意味着土地资源的浪费或严重的环境污染,而拥有较高土地利用效率的城市可能面临紧迫的资源约束,难以发挥地区比较优势,形成区域发展的高效集聚。因此,考虑环境约束,为从城市土地利用效率提升的角度实现区域协调高质量发展,有必要明晰我国东部地区中心城市和城市群的城市土地利用效率现状,总结城市土地利用效率的区域发展特征,掌握我国东部地区城市土地利用效率的时空演变规律。

从城市土地利用效率的内涵和评价体系来看,部分学者将城市土地利用效率定义为单位用地的经济产出,选择了单一经济指标进行测算;部分学者认为城市土地利用效率

---

[8] 习近平总书记2019年8月26日在中央财经委员会第五次会议上的讲话,原载《求是》杂志2019年第24期。

受内生集聚经济条件和外生资源禀赋共同作用，选择了经济和社会有关变量构建指标体系；部分学者关注到土地利用需要经济、社会、生态整体系统的协调，构建了更为完善的指标体系，并考虑到土地利用的负面效益，加入了生态负向指标。基于研究视角，学者从城市化、产业一体化、区域一体化的发展进程等方面对城市土地利用效率进行了探究，随着城市土地利用有关研究的不断深入，学者在城市土地利用效率测算的基础上不断加入其他定量分析方法，运用泰尔指数、变异系数、空间自相关分析、多元回归模型等多角度地对不同尺度城市土地利用效率的时空分异与影响因素进行了量化分析。已有研究取得了许多有价值的理论成果，但仍存在以下不足：①对城市土地利用效率的定义尚不够准确，大多数研究测算的是整个决策单元（如城市）的效率，而非城市发展过程中土地要素的利用效率；②只关注了城市土地利用的经济效益，缺乏对经济、社会、生态效益协调统一的考虑，在测度城市土地利用效率时没有考虑非期望产出，即环境条件的限制；③忽视了对区域城市土地利用效率演变特征的分析，难以为区域协调发展总结城市土地利用效率方面的客观经济规律。

基于此，本实验将非期望产出纳入评价指标体系，测算 2003~2016 年中国东部地区城市土地利用效率，在把握区域城市土地利用效率现状的基础上，分析城市土地利用效率的时空演变特征。本实验有助于从土地利用效率角度揭示我国区域发展的客观经济规律，可为未来区域政策调整提供科学借鉴。

11.1.2 数据说明

本实验考虑城市土地利用特征及其产生的经济、社会、生态效益等，借鉴以往研究，确定投入、产出指标，计算我国东部地区[9]100 个地级市 2003~2016 年的土地利用效率并展开分析。选取的投入、产出指标见表 11.1。

表 11.1 城市土地利用效率测度指标体系

指标类型	一级指标	二级指标
投入	资本	固定资产投资额/万元
	土地	建成区面积/km²
	劳动力	第二、三产业从业人员数/万人
期望产出	经济产出	第二、三产业增加值/万元
非期望产出	环境污染	工业废水排放量/万 t
		工业 SO_2 排放量/t
		工业烟尘排放量/t

（1）投入指标。根据经典生产函数，选取资本、土地、劳动力作为投入要素，其中，资本用固定资产投资额表示，土地用建成区面积表示，劳动力用第二、三产业从业人员数表示。

---

[9] 根据国家"七五"计划提出的中国经济区域划分方法，将中国划分为东部（北京、天津、河北、辽宁、上海、江苏、浙江、福建、山东、广东、海南）、中部（山西、吉林、黑龙江、安徽、江西、河南、湖北、湖南）、西部（内蒙古、广西、四川、重庆、贵州、云南、西藏、陕西、甘肃、宁夏、青海、新疆）三大经济区域，港澳台地区暂不列入。

（2）产出指标，包括经济产出和环境污染（非期望产出）。选择第二、三产业增加值作为经济产出指标，工业三废（具体化为工业废水、SO_2、烟尘）排放量作为城市土地利用过程中负外部性的直接体现，可以用来表示环境负效应。因资料统计口径为城市而非市辖区，故采用市辖区工业总产值占城市工业总产值的比例对城市工业三废排放量进行同比例折算，最终得到市辖区工业三废排放量。

本实验所用数据主要来自 2003~2016 年《中国城市统计年鉴》，部分缺失数据通过《中国统计年鉴》、各地区历年统计年鉴等渠道补充，所用到的经济数据采用对应价格指数折算至基期年。本实验仅作为示例未进行折算。

11.1.3 整体实验设计

1. 城市土地利用效率测度

传统的 DEA 模型对无效率情况的测量均以径向测度为基础，只包含所有投入、产出要素等比例增加或减少的情况，未考虑松弛变量，与实际情况不符。Tone（2002）构建了非径向、非角度的 SBM 模型，从投入、产出两个角度计算无效率情况，解决了上述问题。在城市土地利用过程中，产生经济效益等期望产出的同时，伴随环境污染等非期望产出，因此本实验采用进一步演化的不良 SBM（SBM-undesirable）模型来测度城市土地利用效率，其基本规划方程为

$$\rho = \min \frac{1-\frac{1}{m}\sum_{i=1}^{m}\frac{s_i^-}{x_{i_0}}}{1+\frac{1}{s_1+s_2}\left(\sum_{r=1}^{s_1}\frac{s_r^g}{y_{r_0}^g}+\sum_{r=1}^{s_2}\frac{s_r^b}{y_{r_0}^b}\right)} \quad (11.1)$$

$$\text{s.t.} \quad x_0 = X\lambda + s^-$$
$$y_0^g = Y^g\lambda - s^g$$
$$y_0^b = Y^b\lambda + s^b$$
$$s^- \geq 0, s^g \geq 0, s^b \geq 0, \lambda \geq 0$$

将每个地级市的土地利用系统视作一个生产决策单元（decision making unit, DMU），共有 N 个 DMU $(n=1,2,\cdots,N)$，X、Y^g 和 Y^b 分别为每个 DMU 的投入、期望产出和非期望产出，s^-、s^g 和 s^b 分别为投入、期望产出和非期望产出的松弛变量，ρ 为 DMU 的效率 $(0\leq\rho\leq1)$，λ 为权重。对特定 DMU，当且仅当 $s^-=0$，$s^g=0$，$s^b=0$，即 $\rho=1$ 时，DMU 是完全有效的；若 s^-、s^g 和 s^b 中有一个非零，则 DMU 是无效的，仍可以通过调整投入、产出进一步优化。

为解决传统静态效率无法纵向比较的问题，采用全局参比模型，将不同时期的同一个地级市视作不同的 DMU，用整个研究期内的数据构造一个生产前沿面作为效率测度的基准。确定最优生产前沿面，得出城市土地投入的松弛变量后，计算城市土地利用效率（张志辉，2014）。将城市土地投入量及其松弛变量分别记为 X_l、s_l^-，则城市土地利用效率为

$$\text{ULUGE} = \frac{X_l - s_l^-}{X_l} \tag{11.2}$$

2. 核密度估计

核密度估计作为一种非参数估计，不需要有关数据分布的先验知识，主要用于估计随机变量的概率密度，用连续的密度曲线来描述变量的分布形态，是研究不均衡分布的常用方法。将随机变量 X 的密度函数记为 $f(x)$，其估计式为

$$f(x) = \frac{1}{nh} \sum_{i=1}^{n} K\left(\frac{X_i - x}{h}\right) \tag{11.3}$$

式中，n 为观测值数量；h 为带宽；$K(x)$ 为核函数，通常包括高斯核函数、叶帕涅奇尼科夫（Epanechnikov）核函数、均匀核函数等类型。本实验借助 Stata 13.0 软件，选用高斯核函数对城市土地利用效率区域差异的动态演进展开研究，带宽设置为默认值，绘制主要年份的核密度曲线图，通过对比曲线的位置、峰度和形状来考察其分布的变化情况（刘华军等，2020）。其中，高斯核函数的表达式为

$$K(x) = \frac{1}{\sqrt{2\pi}} \exp\left(-\frac{x^2}{2}\right) \tag{11.4}$$

3. 空间自相关分析

空间自相关是检验某一区域单元的某种属性值是否显著地与其邻近区域单元的同种属性值相关联的重要指标，包括全局空间自相关和局部空间自相关。全局空间自相关体现了属性值整体的集聚程度。本实验采用全局 Moran 指数来衡量，具体公式为

$$I = \frac{n \sum_{i=1}^{n} \sum_{j=1}^{n} W_{ij} (x_i - \bar{x})(x_j - \bar{x})}{\sum_{i=1}^{n} \sum_{j=1}^{n} W_{ij} \sum_{i=1}^{n} (x_i - \bar{x})^2} \tag{11.5}$$

式中，I 为全局 Moran 指数；n 为区域单元数量；x_i、x_j 分别为区域单元 i、j 的属性值，$\bar{x}$ 为研究区属性值的平均值；W_{ij} 为空间权重矩阵。全局 Moran 指数的取值范围为[−1, 1]，在给定的显著性水平下，全局 Moran 指数大于 0 表示存在空间正相关，值越大，相关性越明显；全局 Moran 指数等于 0 表示空间上呈随机性；全局 Moran 指数小于 0 表示存在空间负相关，值越小，空间差异越大。

全局空间自相关分析体现了整体空间关联特征，但无法指出聚集和异常值出现的具体位置，因此采用局部空间自相关分析进一步研究，采用局部 Moran 指数来衡量每个区域单元属性值与其邻近区域单元属性值之间的集聚或差异程度，具体公式为

$$I_i = \frac{n(x_i - \bar{x}) \sum_{j=1}^{n} W_{ij}(x_j - \bar{x})}{\sum_{i=1}^{n} (x_i - \bar{x})^2}, i \neq j \tag{11.6}$$

11.2　实验步骤

（1）利用 DEA Solver Pro 15.0 软件计算我国东部地区城市土地利用效率。

按照 DEA Solver Pro 15.0 软件及所选模型要求的格式在 Excel 2016 软件中整理好指标数据，如图 11.1 所示。

DMU	(I)建成区面	(I)第二产业从业	(I)第三产业从业	(I)固定资产投	(O)第二产业增加	(O)第三产业增加	(Obad)市辖区工业SC	(Obad)市辖区工业废	(Obad)市辖
北京市2003	1180	165.17	308.77	20399011.71	12512847.68	21883408.24	111746.2857	12846.5299	31506.2
天津市2003	487	92.84	85.47	10062444.12	10968365.4	10001516.34	209862.2463	19698.71892	78890.61
石家庄市2003	141	28.08	27.76	2311183.693	2756577.334	3022342.063	109423.3211	9908.689267	47081.24
唐山市2003	187	29.84	18.25	1412922.877	3895291.759	1970430.994	165479.6582	15824.8501	165479.7
秦皇岛市2003	80	8.46	11.35	776742.1765	892126.8142	1529641.127	47710.88412	3089.325447	11812.87
邯郸市2003	101	24.18	11.54	973611.1373	1770262.976	501203.8422	118841.2857	7730.151078	53269.7
邢台市2003	47	6.11	7.58	500711.5577	535476.7123	268106.4095	33125.24677	2044.678646	20448.6
保定市2003	78	10.68	10.08	906734.1911	932065.5656	891874.2105	21982.19715	5999.416296	9988.757
张家口市2003	77	10.74	8.17	461347.8553	885257.1175	682976.344	135778.4787	4786.105365	19541.71
承德市2003	40	4.75	5.26	346392.4703	500150.4662	286501.9037	33366.62692	1287.884564	10716.79
沧州市2003	35	5.09	5.43	458961.9365	427809.5218	316853.9802	8986.564656	1842.585801	5371.069
廊坊市2003	45	3.43	5.92	646825.34	486180.3793	486180.3793	10569.20235	2556.145206	6852.386
衡水市2003	31	3.47	5.4	499810.4085	351107.3411	282659.9183	11154.04214	1070.360329	7863.834
沈阳市2003	261	39.4	53.5	4975240.019	6746331.764	6707812.741	35742.852	6797.417312	24690.15
大连市2003	248	65.12	36.59	4209627.184	5681718.797	6129752.979	56471.36362	28907.86282	27053.13
鞍山市2003	136	22.82	11.14	1041132.044	2671605.909	1915630.784	44427.13209	4657.47219	25095.47
抚顺市2003	118	17.18	9.21	623838.6155	1419234.662	803426.5053	56298.883	7184.940004	31259.93
本溪市2003	107	14.27	7.28	509376.8347	1004111.569	662488.77	43433.91147	6493.788674	20292.85
丹东市2003	53	6.75	6.12	302163.9468	366262.0694	587563.7307	19887.1417	3399.125249	12528.13
锦州市2003	60	6.68	8.28	611134.4885	634343.0971	686001.5105	44099.07939	3022.904355	40058.77
营口市2003	81	5.97	7.08	620245.8887	500962.8027	398221.7833	15988.26283	1588.459764	9101.289

图 11.1　指标数据图

打开 DEA Solver Pro 15.0 软件，如图 11.2 所示。选择 Undesirable Outputs (BadOutput-V) 模型，如图 11.3 所示，设定期望产出与非期望产出的权重，如图 11.4 和图 11.5 所示。选择输入数据与保存数据的路径，单击 OK 按钮，即可得到不同 DMU 的效率，如图 11.6 和图 11.7 所示。在输出文件中，可以切换不同工作表来查看具体效率值、不同指标的松弛变量等结果，如图 11.8 所示。

图 11.2　DEA Solver Pro 15.0 软件界面

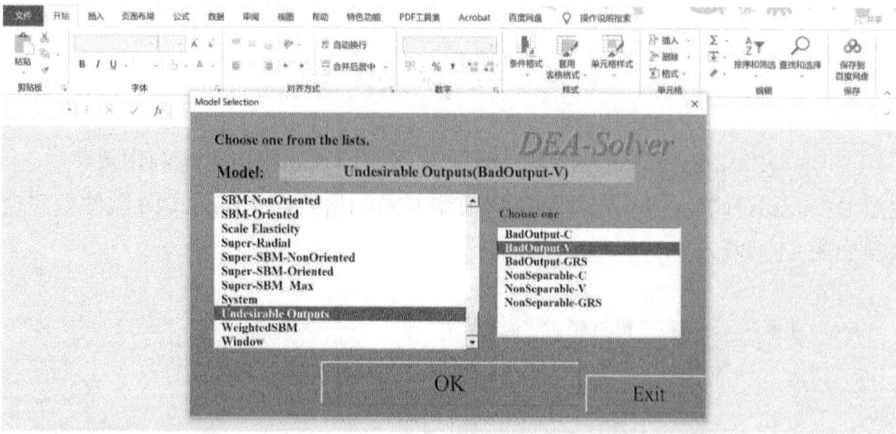

图 11.3　选择 Undesirable Outputs (BadOutput-V)模型

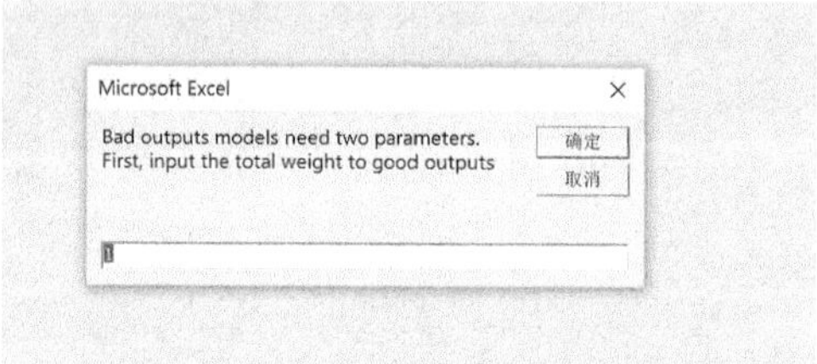

图 11.4　输入期望产出总权重

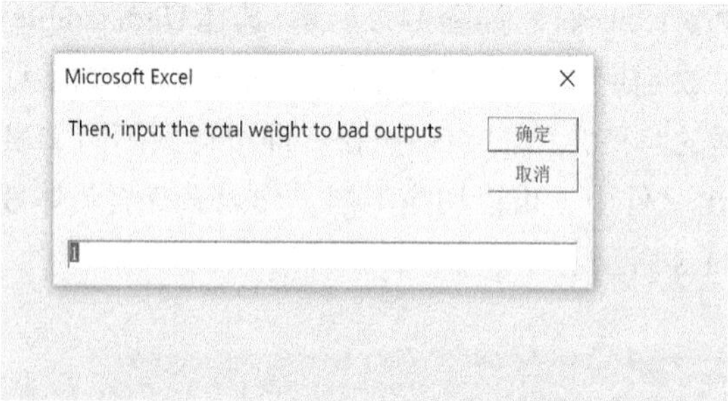

图 11.5　输入非期望产出总权重

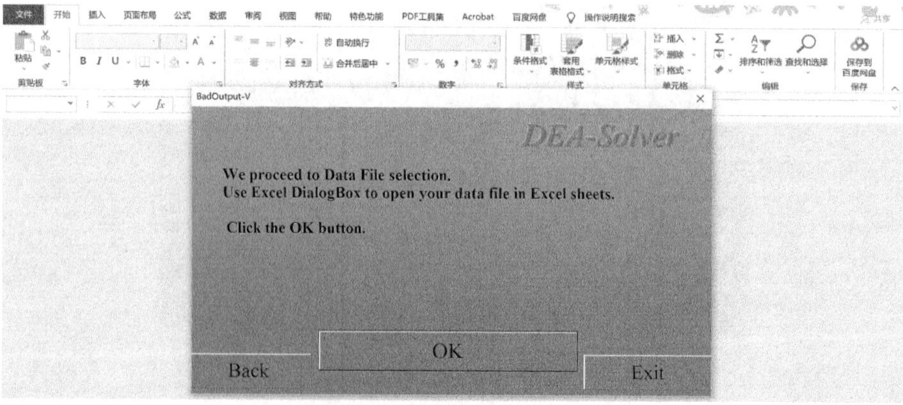

图 11.6　打开数据文件

实验十一 区域土地利用效率分析

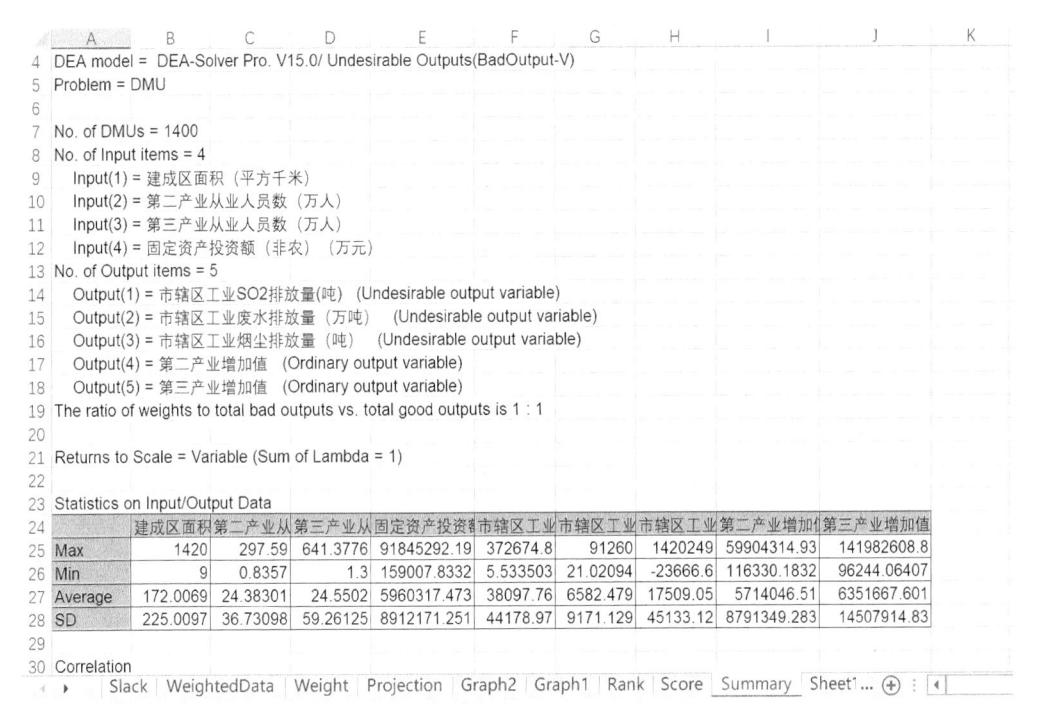

	A	B	C	D	E	F	G	H	I	J	K
4	DEA model = DEA-Solver Pro. V15.0/ Undesirable Outputs(BadOutput-V)										
5	Problem = DMU										
6											
7	No. of DMUs = 1400										
8	No. of Input items = 4										
9	Input(1) = 建成区面积（平方千米）										
10	Input(2) = 第二产业从业人员数（万人）										
11	Input(3) = 第三产业从业人员数（万人）										
12	Input(4) = 固定资产投资额（非农）（万元）										
13	No. of Output items = 5										
14	Output(1) = 市辖区工业SO2排放量（吨）（Undesirable output variable)										
15	Output(2) = 市辖区工业废水排放量（万吨）（Undesirable output variable)										
16	Output(3) = 市辖区工业烟尘排放量（吨）（Undesirable output variable)										
17	Output(4) = 第二产业增加值（Ordinary output variable)										
18	Output(5) = 第三产业增加值（Ordinary output variable)										
19	The ratio of weights to total bad outputs vs. total good outputs is 1 : 1										
20											
21	Returns to Scale = Variable (Sum of Lambda = 1)										
22											
23	Statistics on Input/Output Data										
24		建成区面积	第二产业从	第三产业从	固定资产投资	市辖区工业	市辖区工业	市辖区工业	第二产业增加值	第三产业增加值	
25	Max	1420	297.59	641.3776	91845292.19	372674.8	91260	1420249	59904314.93	141982608.8	
26	Min	9	0.8357	1.3	159007.8332	5.533503	21.02094	-23666.6	116330.1832	96244.06407	
27	Average	172.0069	24.38301	24.5502	5960317.473	38097.76	6582.479	17509.05	5714046.51	6351667.601	
28	SD	225.0097	36.73098	59.26125	8912171.251	44178.97	9171.129	45133.12	8791349.283	14507914.83	
29											
30	Correlation										

图 11.7 数据文件

No.	DMU	Score	Excess 建成区面积 S-(1)	Excess 第二产业从 S-(2)	Excess 第三产业从 S-(3)	Excess 固定资产投资 S-(4)	Excess 市辖区工业 S+(1)	Excess 市辖区工业 S+(2)	Excess 市辖区工业 S+(3)	Shortage 第二产业增 S+(4)	Shortage 第三产业增加值 S+(5)
1	北京市200	0.188058	859.1387	130.5377	257.6435	12214069.27	95879.94	7707.071	28497.58	0	0
2	天津市200	0.214105	361.8692	78.82901	65.87598	4459487.87	176369.1	13055.36	67954.09	0	0
3	石家庄市20	0.18306	89.52861	24.57084	21.41552	1540131.444	92409.99	8327.861	44096.65	0	0
4	唐山市2010	0.240693	138.2419	26.14521	13.10642	207262.2388	145174.9	13495.79	161167.3	0	1007243.25
5	秦皇岛市20	0.202222	46.33913	6.704165	8.088553	499296.6868	36008.16	2228.58	10244.38	653120.7	0
6	邯郸市20	0.125679	63.71988	22.3833	8.118606	677249.422	105347.1	6750.405	51454.97	0	1249034.166
7	邢台市20	0.157615	5.00042	4.260019	3.950036	179683.2319	17294.94	909.7575	18312.8	1528205	1769788.211
8	保定市20	0.172981	54.2018	9.035518	7.25442	680836.6663	15161.4	5462.954	9091.243	0	36625.8354
9	张家口市20	0.206283	35.00042	8.890019	4.540036	140319.5294	119948.2	3651.184	17405.91	1178424	1354918.277
10	承德市20	0.217399	0	2.922594	1.718405	35815.09143	18526.09	218.7093	8717.021	1439213	1629516.062
11	沧州市20	0.233845	7.289821	3.499826	2.220058	185970.7439	0	1190.002	4150.409	792636.2	948876.6239
12	廊坊市20	0.244255	13.98535	1.779745	2.612927	362725.4042	0	1792.019	5420.097	929266.3	958115.6638
13	衡水市20	0.223066	0	1.820011	2.093357	215750.7197	591.8559	306.7288	6432.483	1063475	1160844.513
14	沈阳市20	0.291941	151.9997	25.29682	38.91063	2593818.918	16234.6	3771.867	20647.7	0	0
15	大连市20	0.280696	159.5439	27.52384	24.30338	1495076.143	34496.06	25609.74	21790.74	0	0
16	鞍山市20	0.245873	91.75698	20.35772	7.007644	426492.4625	27111.63	3126.211	22237.25	0	434189.9339
17	抚顺市20	0.175037	86.36597	15.44705	6.038127	356986.5666	45599.43	6390.837	29829.32	0	602676.2339
18	本溪市20	0.189735	65.00042	12.42002	3.650036	188348.5089	27603.6	5358.867	18157.05	1059570	1375405.851
19	丹东市20	0.2256	14.60974	4.940769	2.649545	0	5843.415	2382.878	10637.88	1473021	1230338.631
20	锦州市20	0.200091	18.00042	4.830019	4.650036	290106.1626	28268.77	1887.983	37922.97	1429338	1351893.11
21	营口市20	0.155615	39.00042	4.120019	3.450036	299217.5629	157.9557	453.5386	6965.487	1562719	1639672.838

图 11.8 输出文件

选择建成区面积的松弛变量，按照式（11.2）计算出各年份的城市土地利用效率。

（2）选取 2003 年、2008 年、2012 年和 2016 年作为典型年份，分析城市土地利用效率的动态演进。

将典型年份的城市土地利用效率转为 Stata 13.0 软件适用格式并调用，在 Command 命令窗口，输入 reshape long ulue, i(area) j(year)，将数据转为便于进行核密度估计的格式，如图 11.9 所示。

图 11.9　转换数据格式

继续在 Command 命令窗口输入

```
tw(kdensity ulue  if year==2003,kernel(gaussian))   ///
(kdensity ulue  if year==2008,kernel(gaussian))     ///
(kdensity ulue  if year==2012,kernel(gaussian))     ///
(kdensity ulue  if year==2016,kernel(gaussian)),    ///
legend(label(1  "2003kernel")label(2  "2008kernel")label(3
"2012kernel")label(4 "2016kernel")col(4))
```

打开 Graph editor 工具窗口，进一步调整核密度曲线图的颜色和背景，如图 11.10 所示。

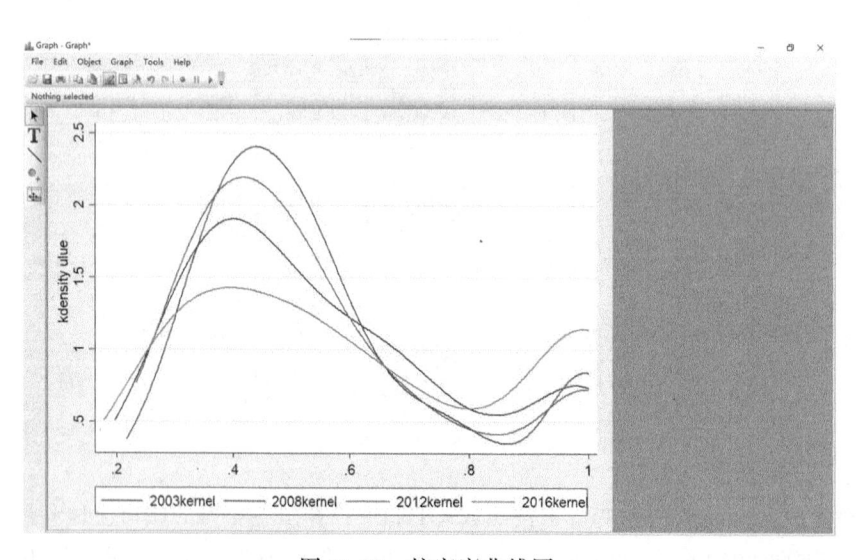

图 11.10　核密度曲线图

就位置而言，核密度曲线中心波动变化，说明城市土地利用效率整体变化不大。就形状而言，核密度曲线为双峰，城市土地利用效率始终呈多极分布，存在低值聚集和高值聚集。就峰度而言，低值区的波峰先上升后下降，高值区的波峰波动变化，但总体呈上升趋势，城市土地利用效率的极化程度随之变化，波峰范围逐渐扩大，说明城市土地利用效率区域差异增大。

（3）利用空间自相关来分析城市土地利用效率的空间关联特征。

将 Excel 2016 软件中的数据导入 Arcgis 属性表。在 Arcgis 中打开全国地州界.shp，右击全国地州界面数据，查看属性表，选择其中的 RID 字段，在 Excel 2016 软件中添加相对应的一列。右击全国地州界面数据，选择"连接和关联"→"连接"选项，如图 11.11 所示。依据 RID 字段连接数据，如图 11.12 所示，并保存为东部地区城市土地利用效率面数据。由于连接后的属性表只保存在内存中，需要将面数据导出后保存，方法也是右击全国地州界面数据，选择"数据"→"导出数据"选项，选择保存位置即可。

图 11.11 选择"连接和关联"→"连接"选项

图 11.12 连接数据

选择空间自相关工具来探究城市土地利用效率与其邻近研究单元之间的关系。打开 ArcToolbox 工具，选择"空间统计工具"→"分析模式"→"空间自相关"选项，在"空间自相关"工具窗口中选择图 11.13 所示的选项，其中，空间关系概念化和距离法可依据帮助选项卡中的提示自由选择参数，本实验选择反距离方法和欧氏距离，并进行标准化，2003 年东部地区城市土地利用效率的运行结果如图 11.14 所示。

图 11.13 "空间自相关"工具窗口

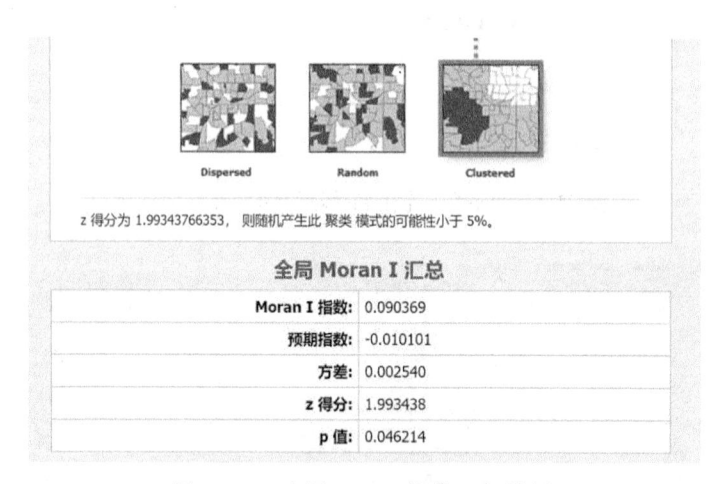

图 11.14 全局 Moran 指数运行结果

结果表明，在 5%的显著性水平下，全局 Moran 指数为正，但数值偏小，2003 年东部地区城市土地利用效率分布是非随机的，存在较弱的空间集聚特征。可进一步计算其余年份东部地区城市土地利用效率的全局 Moran 指数，探究其集聚特征的演化趋势。

为了进一步确定效率高低聚集的具体位置，运用局部空间自相关进一步分析。打开 ArcToolbox 工具，选择"空间统计工具"→"聚类分布制图"→"聚类和异常值分析"选项，在"聚类和异常值分析"工具窗口中选择图 11.15 所示的选项，运行后即可得到对应的城市土地利用效率聚类和异常值分析结果。

图 11.15 "聚类和异常值分析"工具窗口

由结果可知，2003 年北京、上海的土地利用效率比周围的城市高，长江三角洲地区甚至出现了明显的低值聚集现象，城市发展的扩散效应还未显现。可将该方法进一步应用至其他典型年份，探讨城市土地利用效率局部关联特征的变化情况。

11.3 讨论与总结

本实验在考虑非期望产出（环境污染）的基础上，建立了城市土地利用效率测度指标体系，抓住城市发展过程中土地单要素的投入冗余，运用 SBM-undesirable 模型测算了环境约束下的城市土地利用效率，进一步比较了长时间序列下城市土地利用效率的时空演变路径，可揭示城市土地利用效率的差异演变特征，并对其空间关联特征进行地理空间形态表达，从而丰富区域城市土地利用效率研究。

参 考 文 献

刘华军, 乔列成, 孙淑惠. 2020. 黄河流域用水效率的空间格局及动态演进[J]. 资源科学, 42(1): 57-68.

张志辉. 2014. 中国城市土地利用效率研究[J]. 数量经济技术经济研究, 31(7): 134-149.

Tone K. 2002. A slacks-based measure of super-efficiency in data envelopment analysis[J]. European Journal of Operational Research, 143(1): 32-41.

实验十二 土地利用格局优化研究

12.1 实 验 概 述

12.1.1 背景及目的

土地利用格局优化是一个包含多层次、多目标,需要持续拟合与决策的复杂系统工程,主要包括两个方面:一是对宏观土地利用数量结构进行优化的配置模型;二是对微观土地利用空间格局进行优化的配置模型。当前土地利用优化研究主要基于各土地利用类型的经济及生态功能效益,设定不同情景对土地利用的结构与布局进行优化,优化方法经历了由定性分析评估到定量计算、由静态优化到动态模拟、由固定条件下的孤立寻优到可变条件下的趋势分析、由数量配置为主到预测空间变化的过程(谢花林,2008)。根据反规划理论,所有空间的规划和设计都应该从规划和设计生态基础设施入手,妥善解决生态基础设施用地问题,再行安排城市建设用地、工矿/仓储用地、生活配套设施用地等(俞孔坚等,2008)。因此,本实验在生态系统服务价值最大化情景下确定关键性生态用地,以生态用地目标约束为前提对案例区土地利用结构及布局进行优化。

本实验希望达到以下目的:①掌握运用当量因子法量化土地利用生态系统服务价值的方法;②掌握基于生态系统服务价值的关键性生态用地的识别方法;③掌握利用 FLUS_V 2.4 软件计算景观格局指数的方法。

12.1.2 数据说明

本实验所使用的数据存储于 data_exp12 文件夹中,包含的数据信息见表 12.1。

表 12.1 实验数据信息

数据类型	数据来源	数据内容	数据说明
空间数据	网络获取	LULC 现状数据	栅格数据(30m×30m)
空间数据	网络获取	案例区范围	矢量数据
空间数据	网络获取	案例区 DEM	栅格数据(30m×30m)
空间数据	网络获取	案例区一般道路	矢量数据
空间数据	网络获取	案例区高速公路	矢量数据
空间数据	网络获取	案例区县政府所在地	矢量数据

其中，LULC 现状数据的形式为栅格，格式为 tif，格网单位为 30m×30m，年份为 2010 年、2015 年和 2020 年。其数据来源于中国年度土地覆盖产品（annual land cover product of China，CLCD），数据获取地址为 https://doi.org/10.5281/zenodo.5816591。其 LULC 现状分类包括耕地、林地、灌丛、草地、水域、建设用地、湿地和裸地 8 个一级类。本实验对地类进行了重新划分，归并为耕地、林地、草地、水域和建设用地 5 个一级类，且所用数据统一为 1980 年西安坐标系。

12.1.3 整体实验设计

本实验主要在 ArcGIS 10.2.2、FLUS_V 2.4 和 Excel 2016 的软件环境下，通过识别 2015 年的生态系统服务价值，确定关键性生态用地，以此作为土地利用格局优化的生态用地目标约束。预测研究期土地利用数量结构，引入 FLUS 土地利用模拟优化 2020 年土地利用格局，以生态用地目标约束为前提，对各土地利用在空间上进行精确配置，使土地利用格局优化结果能在空间上直观地表达，以便于土地利用的开发和管理。整体实验流程如图 12.1 所示。

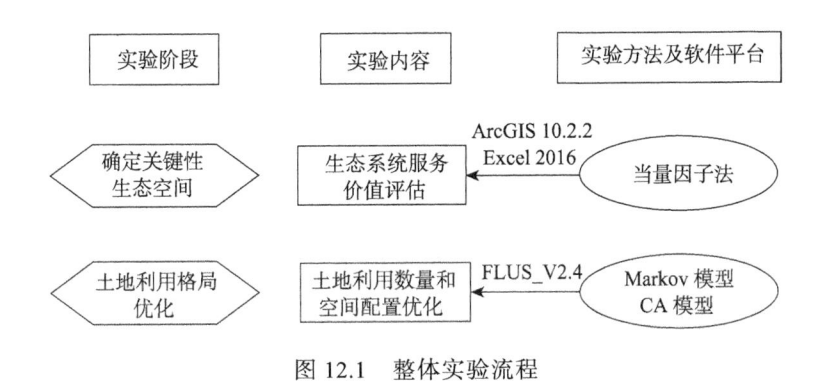

图 12.1 整体实验流程

1. 生态系统服务价值评估

1）指标体系

根据对生态系统服务内涵的理解和概念的界定，构建生态系统服务价值评估指标体系（表 12.2）。首先，根据生态系统服务的价值属性，生态系统服务价值大致分为经济价值和生态价值。其次，根据千年生态系统评估的分类方法，以服务类别将生态系统服务划为四大类：供给服务、调节服务、支持服务和文化服务。最后，根据生态系统的过程和功能特点，将其分为 11 个指标（谢高地等，2015）。

表 12.2 生态系统服务价值评估指标体系

一级指标	二级指标	三级指标	指标内涵
经济价值	供给服务	食物生产	提供食物
		原材料生产	提供原材料
			提供生物医药
		水资源供给	提供淡水

续表

一级指标	二级指标	三级指标	指标内涵
生态价值	调节服务	净化环境	吸收污染物
		水文调节	水循环
		气体调节	固定 CO_2
			释放 O_2
		气候调节	调节气温
			调节降雨
	支持服务	土壤保持	积累肥力
		养分循环	积累养分
		生物多样性	提供生物栖息地
	文化服务	景观美学	游憩文化体验
			提供教育信息

2）单位面积生态系统服务的经济价值

在当量因子法中，单位面积耕地生态系统食物生产服务的经济价值作为标准当量，标准当量在价值当量表中对应的当量因子是 1，即价值当量表以单位面积耕地生态系统食物生产服务的经济价值作为标准当量，其他生态系统服务的当量因子由其相对于标准当量的贡献定义，计算公式为

$$E_a = \frac{1}{7}\sum_{i=1}^{n}\frac{m_i p_i q_i}{M} \qquad (12.1)$$

式中，E_a 为单位面积耕地生态系统食物生产服务的经济价值（元/hm^2），即一个标准当量的经济价值；i 为农作物种类；m_i 为第 i 种农作物的种植面积（hm^2）；p_i 为第 i 种农作物的单价（元/t）；q_i 为第 i 种农作物的单位面积产量（t/hm^2）；M 为农作物的总种植面积（hm^2）；1/7 是指自然食物产量（无人力投入）的经济价值是单位面积耕地生态系统食物生产服务的经济价值的 1/7（谢高地等，2003）。

食物生产服务在中国涉及三种主要农作物：稻谷类、豆类、薯类。案例区的稻谷类作物以水稻为主，豆类作物主要是大豆和蚕豌豆，薯类作物主要是甘薯。本实验结合案例区的农作物实际种植情况，采用水稻、大豆、蚕豌豆和甘薯来计算一个标准当量的经济价值。为了避免价格波动可能对评估结果产生的影响，本实验的农作物价格全部以 2017 年的全国农产品市场平均价格为价格基准，得到案例区 2010 年一个标准当量的经济价值为 2525.37 元/hm^2。

3）修正当量因子

谢高地等（2015）提出的价值当量表是根据 2010 年全国的相关数据制定的。我国地域辽阔，生态系统服务的当量因子在全国与地区之间具有很大区别，如果直接引用谢高地等基于全国的价值当量表进行计算，会严重影响评估结果的准确性。因此，需要用一些指标对单位面积生态系统服务价值当量表进行修订，使之可以应用于案例区的生态系统服务价值评估。

某地区的生态系统服务价值与该地区的自然环境条件密切相关。一般来说，食物生产、原材料生产、气候调节、气体调节、养分循环、净化环境、生物多样性和景观美学

服务强度与 NPP 正相关；水文调节和水资源供给服务强度与降雨量正相关；土壤保持与土壤性质正相关（谢高地等，2015；孙艺杰等，2017）。本实验采用的修正因子为 NPP、单位面积年均降雨量和水土保持面积比例。在生态系统服务强度与自然环境条件呈线性关系的假设下，修正公式为

$$\begin{cases} P = N/\overline{N} \\ R = W/\overline{W} \\ S = E/\overline{E} \end{cases} \quad (12.2)$$

式中，P 为 NPP 修正因子，N 为 2010 年案例区生态系统的平均 NPP（gC/m^2，gC 指有机碳质量），$\overline{N}$ 为 2010 年全国生态系统的平均 NPP（gC/m^2），P 取值为 1.62；R 为降雨量修正因子，W 为 2010 年案例区单位面积年均降雨量（mm/hm^2），$\overline{W}$ 为 2010 年全国单位面积年均降雨量（mm/hm^2），R 取值为 6.46；S 为水土保持服务修正因子，E 为 2010 年案例区水土保持面积比例，$\overline{E}$ 为 2010 年全国水土保持面积比例，S 取值为 2.43。需要指出，NPP 数据的获取难度大，且不易计算。本实验只修正得到 2010 年案例区单位面积生态系统服务价值当量表，一个地区的当量因子在短时间内不会发生明显变化，之后的评估依然沿用该表。修订后得到案例区单位面积生态系统服务价值当量表，见表 12.3。

表 12.3　案例区单位面积生态系统服务价值当量表（单位：无量纲）

生态系统	供给服务			调节服务				支持服务			文化服务
	食物生产	原材料生产	水资源供给	气体调节	气候调节	净化环境	水文调节	土壤保持	养分循环	生物多样性	景观美学
耕地	1.79	0.40	−8.43	1.44	0.75	0.22	9.66	1.26	0.25	0.28	0.13
林地	0.47	1.07	2.20	3.50	10.50	3.12	30.61	6.44	0.32	3.89	1.71
草地	0.36	0.53	1.16	1.84	4.88	1.62	14.27	3.38	0.18	2.05	0.90
水域	1.29	0.37	53.54	1.24	3.70	8.96	660.34	2.26	0.11	4.12	3.05
建设用地	0.00	0.00	0.00	0.03	0.00	0.16	0.19	0.05	0.00	0.03	0.02

4）价值核算

根据各种土地利用类型的面积和单位面积生态系统服务价值系数，计算区域生态系统服务价值总量，计算公式为

$$ESV = \sum_{i=1}^{n} VC_i \times A_i \quad (12.3)$$

$$VC_{ij} = E_a \times V_{ij} \quad (12.4)$$

式中，ESV 为生态系统服务价值总量（元）；VC_i 为第 i 种土地利用类型的生态系统服务价值系数（元/hm^2）；A_i 为第 i 种土地利用类型的面积（hm^2）；VC_{ij} 为第 i 种土地利用类型的单位面积生态系统服务 j 价值系数（元/hm^2）；V_{ij} 为第 i 种土地利用类型的单位面积生态系统服务 j 价值当量因子；i 为土地利用类型；j 为生态服务类型。

2. FLUS 模型

FLUS 模型由中山大学刘小平教授团队开发，用于模拟人类活动与自然影响下的土地

利用变化以及未来土地利用情景。

相较于传统 CA 模型，FLUS 模型的空间动态模拟能力强，能够有效处理在人类活动和自然影响下各种土地利用类型之间发生转换时的不确定性。FLUS 模型主要由基于神经网络的适宜性概率计算模块和基于自适应惯性机制的 CA 模块构成。首先，将一期土地空间布局数据与所选取的各类空间驱动力导入神经网络计算模块，通过设置相关参数得到各种土地利用类型的适宜性概率。其次，根据设置的邻域影响因子、自适应惯性系数和转换成本，结合适宜性概率，得到土地利用类型转换总概率。最后，依据转换总概率、限制转换区等设置，采用轮盘赌选择的自适应惯性机制，实现各种土地利用类型间的转换，模拟土地空间布局。轮盘赌选择的自适应惯性机制弥补了模型在模拟土地利用类型间竞争关系时的不足，模拟精度较高。

FLUS 模型可结合联合国政府间气候变化专门委员会（Intergovernmental Panel on Climate Change，IPCC）的气候变化情景，具备在全球变暖和"碳达峰""碳中和"背景下的模拟能力，其发布的封装 FLUS 模型的 GeoSOS-FLUS 软件进一步提高了地理模拟模型的实用性，已实际应用于多个城市的城镇开发边界划定。本实验使用 FLUS_V2.4 软件（https://www.geosimulation.cn/FLUS.html），软件自带中文用户手册（https://www.geosimulation.cn/FLUS/GeoSOS-FLUS%20Manual_CHS%202019.pdf）。

12.2 实验步骤

12.2.1 生态系统服务价值计算

根据已有研究，一个标准当量因子的生态系统服务价值为 3406.5 元/hm²（谢高地等，2015）。根据表 12.3，计算可得案例区单位面积的不同土地利用类型的生态系统服务价值，见表 12.4。

表 12.4 案例区单位面积的不同土地利用类型的生态系统服务价值（单位：元/hm²）

生态系统	供给服务			调节服务				支持服务			文化服务
	食物生产	原材料生产	水资源供给	气体调节	气候调节	净化环境	水文调节	土壤保持	养分循环	生物多样性	景观美学
耕地	4520	1010	−21289	3637	1894	556	24395	3182	631	707	328
林地	1187	2702	5556	8839	26516	7879	77302	16263	808	9824	4318
草地	909	1338	2929	4647	12324	4091	36037	8536	455	5177	2273
水域	3258	934	135208	3131	9344	22627	1667603	5707	278	10405	7702
建设用地	0	0	0	76	0	404	480	126	0	76	51
合计	9874	5984	122404	20330	50078	35557	1805817	33814	2172	26189	14672

根据案例区 2015 年的不同土地利用类型的面积，计算可得到案例区 2015 年的不同土地利用类型生态系统服务价值，见表 12.5。汇总可得出耕地、林地、草地和水域的生态系统服务价值分别为 155230 万元、5871003 万元、1595 万元和 436372 万元。

表 12.5　案例区 2015 年的不同土地利用类型生态系统服务价值（单位：万元）

生态系统	供给服务			调节服务				支持服务			文化服务
	食物生产	原材料生产	水资源供给	气体调节	气候调节	净化环境	水文调节	土壤保持	养分循环	生物多样性	景观美学
耕地	35853	8012	−168852	28843	15022	4407	193488	25238	5007	5608	2604
林地	43230	98417	202353	321926	965777	286974	2815469	592343	29433	357797	157284
草地	18	27	59	94	250	83	731	173	9	105	46
水域	762	218	31616	732	2185	5291	389934	1335	65	2433	1801
建设用地	0	0	0	0	0	0	0	0	0	0	0
合计	79863	106674	65176	351595	983234	296755	3399622	619089	34514	365943	161735

12.2.2　关键性生态用地识别

1. 制作生态系统服务价值空间分布图

在 ArcGIS 10.2.2 软件中加载 2015.tif 文件，选择 ArcToolbox→Conversion Tools→From Raster→Raster to Polygon 选项。在 Raster to Polygon 工具窗口（图 12.2）的 Input raster 栏选择需要转换的栅格数据，Field 栏选择待转换的栅格数据属性，Output polygon features 栏设置转换后的文件存储位置，名称为 2015pre.shp，并取消 Simplify polygons 选项的勾选（若选中 Simplify polygons 选项，则 ArcGIS 10.2.2 软件会对转换后的图斑边界进行简化）。

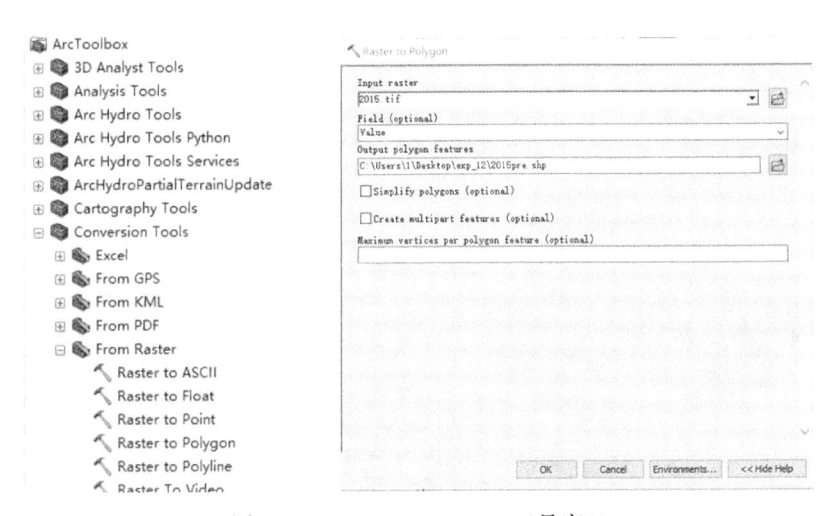

图 12.2　Raster to Polygon 工具窗口

由于转换后的土地利用类型矢量数据不具备行政区划这一属性，使用 ArcGIS 10.2.2 软件的 Union 工具，将 2015 年土地利用类型的矢量数据（2015pre）与行政区划数据（boundary）叠加，生成带有行政区划的矢量数据。在菜单栏中选择 Geoprocessing→Union 选项，在 Union 工具窗口（图 12.3）的 Input Features 栏选择待叠加的数据，Output Feature Class 栏设置叠加后文件的存储位置，名称为 2015.shp。

图 12.3　Union 工具窗口

转换和叠加后的土地利用类型文件（2015.shp）如图 12.4 所示。在 Table of Contents 栏右击该文件，打开属性表，属性表中 gridcode 为土地利用类型代码，Shape_Area 为图斑面积（单位为 m^2）。

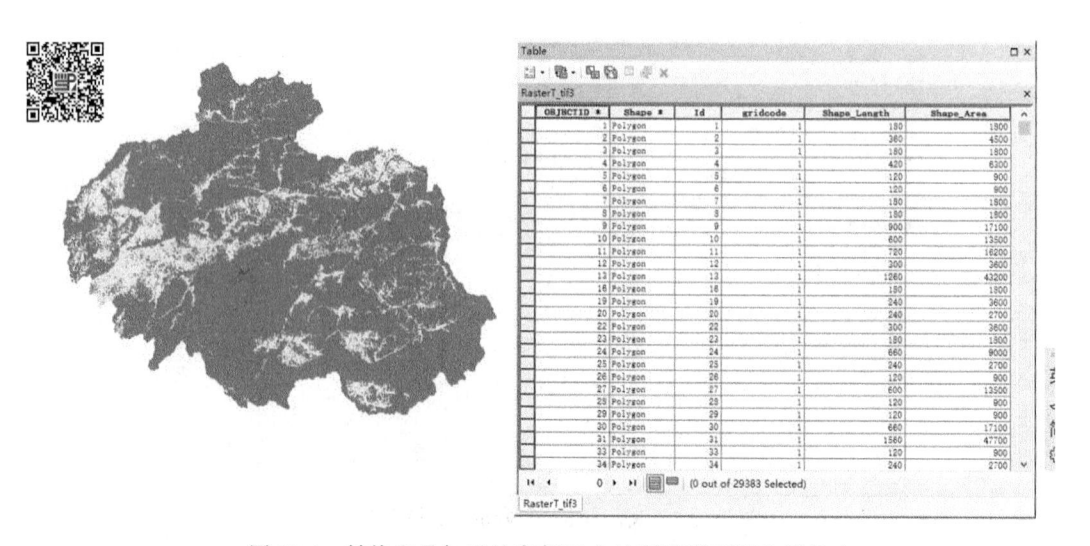

图 12.4　转换和叠加后的案例区土地利用类型图和属性表

2. 生态系统服务价值评估结果制图

打开转换和叠加后的 2015.shp 文件属性表，选择 Add Field 选项，为 2015.shp 文件添加生态系统服务价值 esv 字段，如图 12.5 所示。

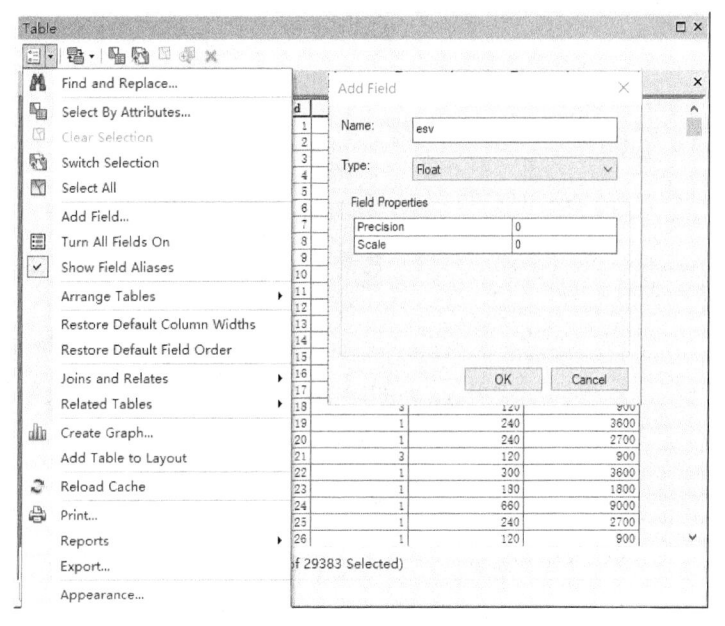

图 12.5　添加生态系统服务价值 esv 字段

选择 Selection→Select By Attributes 选项,在 Select By Attributes 界面选择"gridcode"选项,并单击 Get Unique Values 按钮,以选取耕地为例,其表达式如图 12.6 所示。

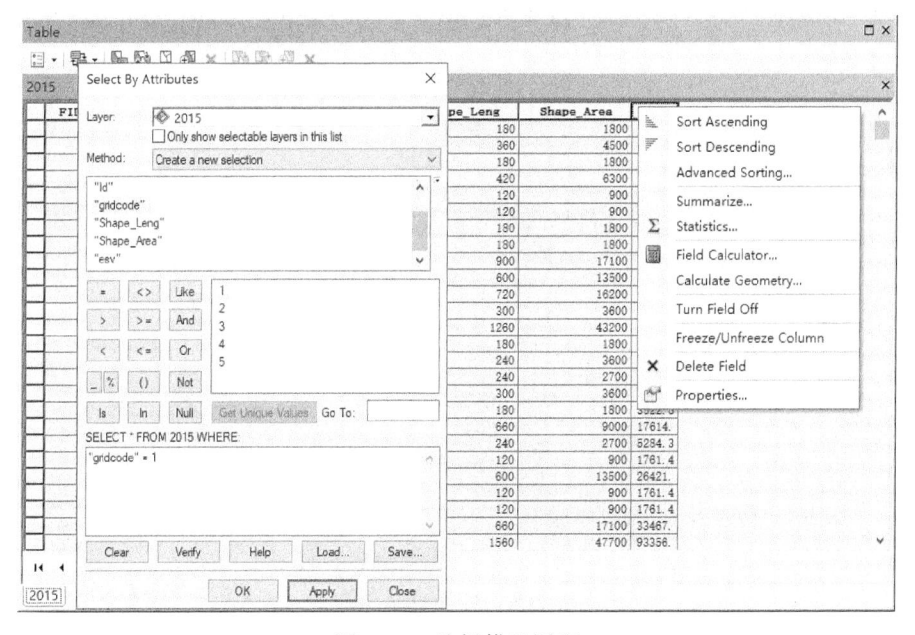

图 12.6　选择耕地图斑

选中耕地后,右击新增的 esv 字段,打开 Field Calculator(字段计算器)工具。以耕地为例,其某一图斑的生态系统服务价值计算表达式为 esv=155231/79314.57*[Shape_Area],即生态系统服务价值÷地类面积×图斑面积,依据此步骤,分别计算剩余地类每一个图斑的生态系统服务价值,如图 12.7 所示。

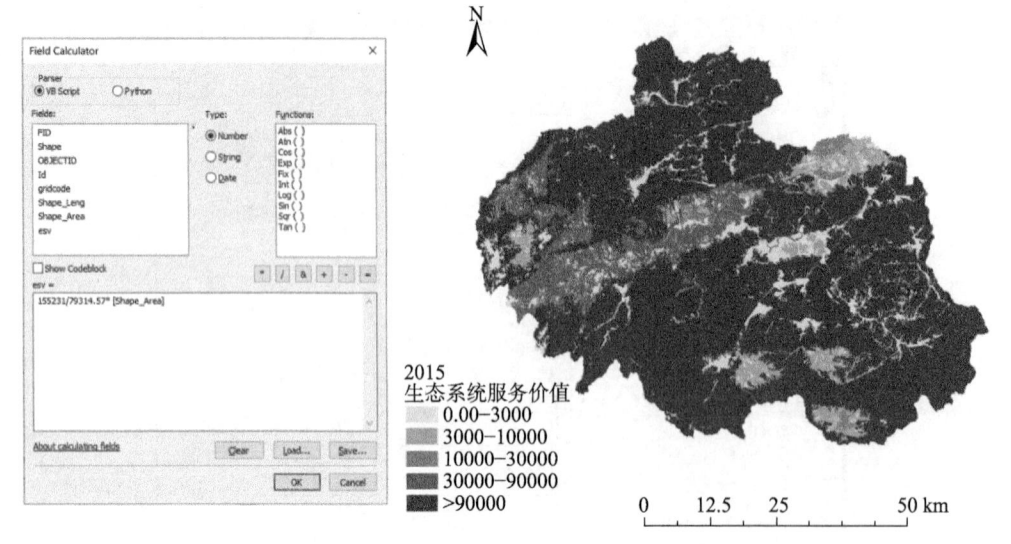

图 12.7　Field Calculator 工具窗口和生态系统服务价值分布

3. 提取关键生态用地

本实验将生态系统服务价值大于 25 亿元的地块设置为关键生态用地，并将其设置为后续 FLUS 模型中的限制转换数据。这里利用 Add Field 工具，为其添加 styd 字段，并利用 Field Calculator 工具，将生态系统服务价值小于 25 亿元的地块的 styd 设置为 1，结果如图 12.8 所示。

图 12.8　添加 styd 字段

FLUS 所使用的数据均为栅格数据，这里运用 Conversion Tools（转换工具）将上述添加 styd 字段的矢量文件转换为栅格文件。选择 ArcToolbox→Conversion Tools→To Raster 选项，在 Polygon to Raster 工具窗口（图 12.9）的 Input Features 栏选择待转换的文件，Value field 栏选择转换后的像元值，这里选取 styd，并设置文件存储位置等相关参数，即可得到限制转换数据 eco_land 图层。

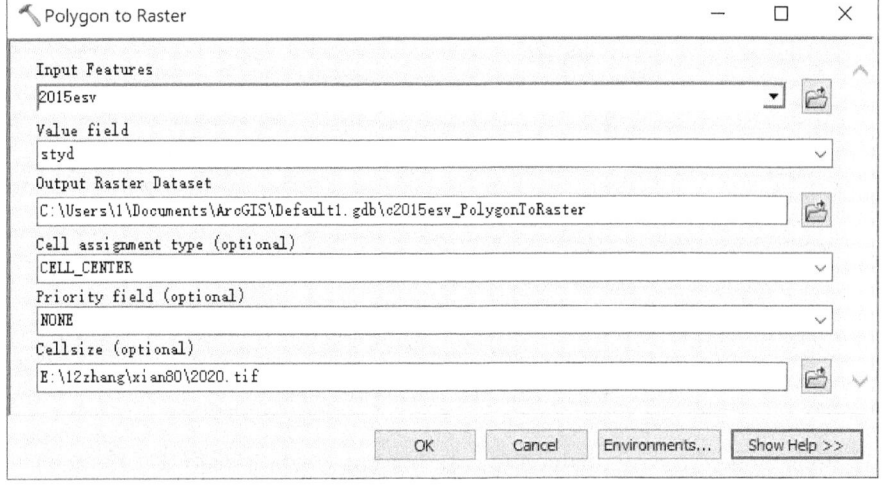

图 12.9　Polygon to Raster 工具窗口

12.2.3　生态用地目标约束下的土地利用格局优化

本实验主要采用 FLUS_V2.4 软件完成，所涉及的相关数据见表 12.6，内容和步骤主要参照 FLUS_V2.4 软件的中文用户手册，单击菜单栏 Help 按钮，即可获取软件的更多说明。

表 12.6　FLUS 模型数据情况

类型	文件名	数据说明	用途
土地利用数据	2010.tif	案例区 2010 年土地利用数据	模型输入
	2015.tif	案例区 2010 年土地利用数据	模型输入
	2020.tif	案例区 2010 年土地利用数据	精度验证
限制转换数据	eco_land.tif	关键性生态用地掩膜	禁止关键性生态用地与其他地类相互转换
驱动力数据	DEM.tif	高程	计算适宜性概率，代表地形对土地利用变化的影响
	ASPECT.tif	坡向	
	SLOPE.tif	坡度	
	dist2city.tif	到县城距离	计算适宜性概率，代表交通、区位对土地利用变化的影响
	dist2highway.tif	到高速公路距离	
	dist2road.tif	到一般道路距离	
	dist2water.tif	到水域距离	

1. 土地利用数量配置优化

土地利用数量配置优化的结果直接影响土地利用格局优化的结果。本实验根据案例区 2010~2015 年土地利用类型转移概率矩阵，利用 FLUS_V2.4 软件中的 Markov 模型计算得到案例区 2020 年的土地利用数量配置。Markov 模型将土地利用变化过程视为 Markov 过程，将某一时刻的土地利用类型对应 Markov 过程中的可能状态，它只与前一时刻的土地利用类型相关，土地利用类型之间相互转换的面积、数量或比例即状态转移概率。

打开 FLUS_V2.4 软件，其界面如图 12.10 所示。

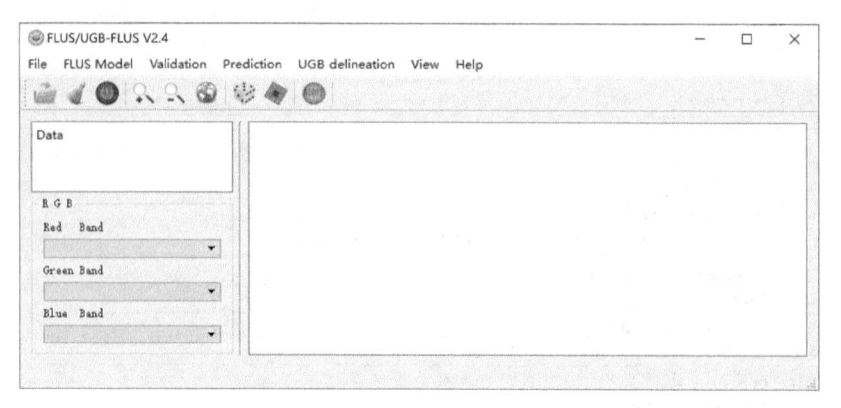

图 12.10　FLUS_V2.4 软件界面

选择 Prediction→Markov Chain 选项，在 Markov Chain 工具窗口（图 12.11）的 Start year image 栏中加载案例区 2010 年土地利用数据 2010.tif，End year image 栏中加载案例区 2015 年土地利用数据 2015.tif，Start year 栏设置为 2010（年），End year 栏设置为 2015（年），Predict year 栏设置为 2020（年），单击 Run 按钮。窗口中将显示模型结果，其中 Conversion Matrix 为 2010～2015 年的土地利用转移矩阵，Conversion Probability 为土地利用转换适宜性概率，Predict amount 为 2020 年的不同土地利用类型像元数量的预测结果。

图 12.11　Markov Chain 工具窗口和运行结果

根据像元数量，可以计算出案例区 2020 年不同土地利用类型的面积，案例区 2020 年土地利用预测目标结果见表 12.7。

表 12.7　案例区 2020 年土地利用预测目标结果

参数	耕地	林地	草地	水域	建设用地
像元数量/个	910896	4003575	1822	27539	59514
面积/hm²	81980.64	360321.8	163.98	2478.51	5356.26

2. 基于神经网络的适宜性概率计算

本实验运用 FLUS_V2.4 软件的适宜性概率计算模块，通过输入自然、交通区位、社会经济等土地利用变化驱动力，采用人工神经网络（artificial neural network，ANN）算法计算出案例区每种地类的空间分布适宜性概率，其中驱动力数据处理方法可参考 6.2.1 节的内容，这里不再详述。

打开 FLUS_V2.4 软件，选择 FLUS Model→ANN-based Suitability Probability Estimation 选项，在 Land Use Data 栏中输入土地利用数据，在弹出的对话框中选择案例区 2015 年土地利用分类栅格数据 2015.tif。单击 Set NoData Value 按钮，在 Set NoData Value 窗口（图 12.12）中将 Land Use Code 为 15 的地类设置为 NoData Value，并单击 Accept 按钮。

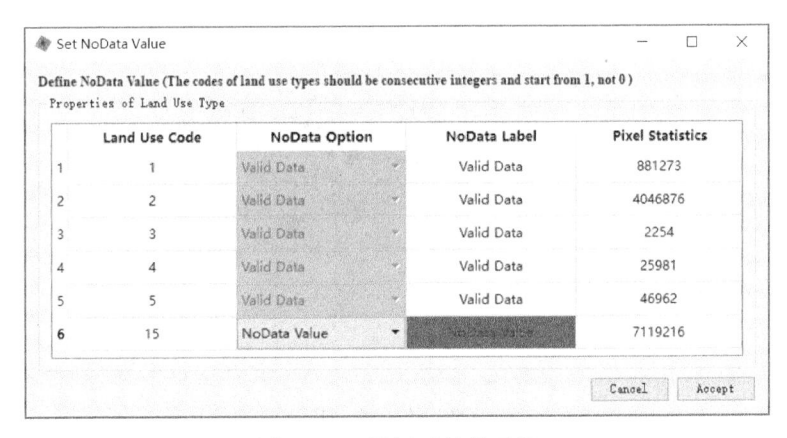

图 12.12　设置无效像元值

在 Save path 组合框中设置适宜性概率文件的保存路径，并默认选择数据保存类型为 Single Accuracy；在 Driving Data 组合框中选择表 12.6 的驱动力数据，由于驱动力数据未做归一化处理，选择 Normalization 单选按钮，将数据进行标准化处理，然后单击 Start Running 按钮，开始 ANN 模型训练和适宜性概率的计算。在 ANN Training 组合框中，选择 Uniform Sampling（均匀采样）单选按钮，Sampling Rate（采样比例）设置为 20，即采样点数量占案例区有效像元数量的 20%，采样比例过高软件将报错，无法运行。Hidden Layer（隐藏层数量）设为默认值 12，隐藏层数量增多可降低误差，提高概率数据精度。相关参数设置如图 12.13 所示。

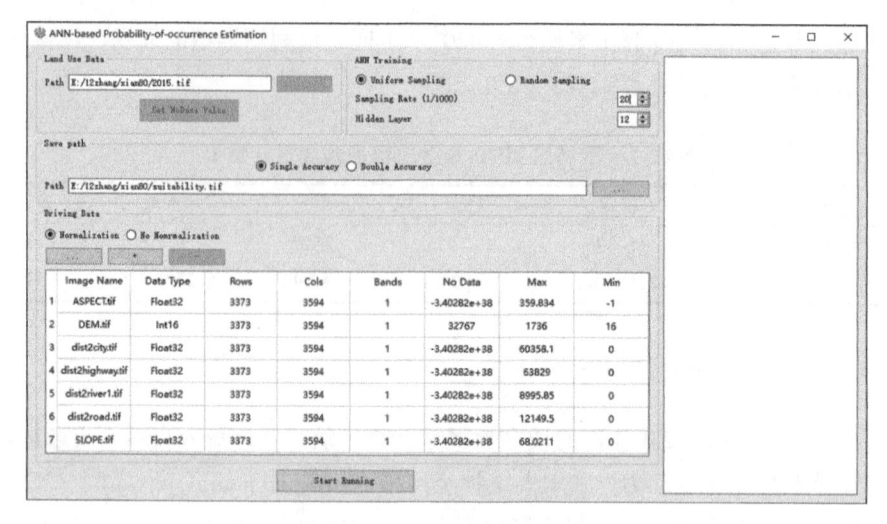

图 12.13　ANN 参数设置

FLUS_V2.4 软件生成的适宜性概率图 suitability.tif 如图 12.14 所示。

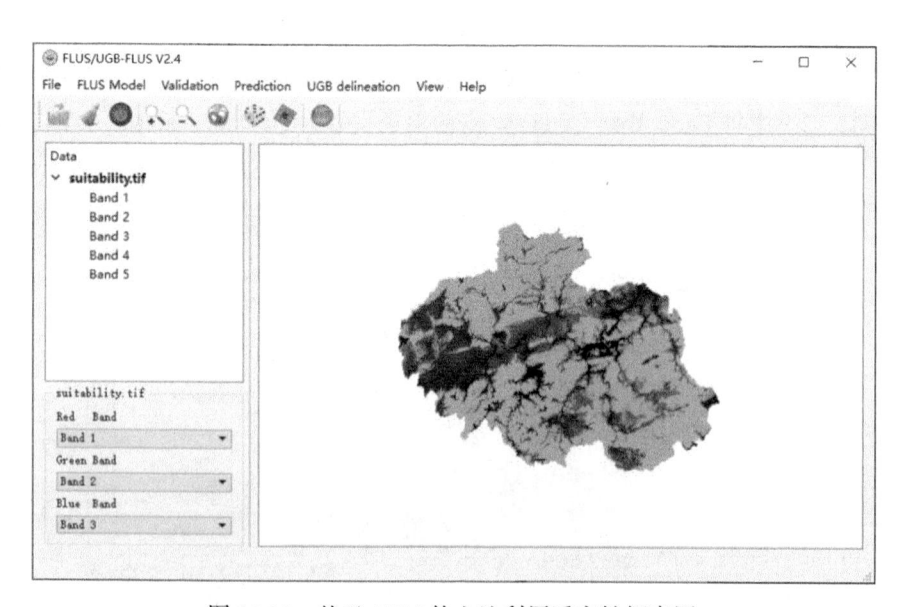

图 12.14　基于 ANN 的土地利用适宜性概率图

3. 基于自适应惯性机制的 CA 模拟

打开 FLUS_V2.4 软件，选择 FLUS Model→Self Adaptive Inertia and Competition Mechanism CA 选项。在 Land Use Data 组合框中输入土地利用数据，在弹出的对话框中选择案例区 2015 年土地利用分类栅格数据 2015.tif。在 Probability Data 组合框中选择前面生成的适宜性概率图 suitability.tif，并设置结果的保存路径。

（1）限制转换区域设置。在 Restricted Data 组合框中单击 Restricted Area 单选按钮，选择前面生成的 styd.tif，其中栅格值为 0 表示不可以发生土地利用类型转换，栅格值为 1 表示可以发生土地利用类型转换。

（2）模拟用地转换的数量目标。选择 Land Use Demand→Initial Pixel Number 和 Land Use Demand→Future Pixel Number 选项，即为初始年份（2015 年）和目标年份（2020 年）各种土地利用类型的像元数量，2020 年土地利用类型像元数量为表 12.7 的预测结果。

（3）成本矩阵。成本矩阵 Cost Matrix 表示用地转换许可。当用地不允许转换时，设为 0，否则，设为 1。本实验设置的成本矩阵如表 12.8 所示。

表 12.8　FLUS 模型成本矩阵

地类	耕地	林地	草地	水域	建设用地
耕地	1	1	0	1	1
林地	1	1	0	0	1
草地	1	1	1	1	1
水域	0	0	0	1	0
建设用地	1	1	1	1	1

（4）邻域因子参数设置。邻域因子参数 Weight of Neighborhood 随着土地利用类型转换的难易程度而改变，其取值为 0~1，越接近 1，土地利用类型转换越难。本实验将耕地、林地、草地、水域和建设用地的邻域因子参数设置为 0.8、0.6、0.2、0.3 和 0.9。邻域因子参数设定的主观性较强，读者在实际操作中需要通过多次尝试来确定合理的值。

（5）模拟参数设置。Simulation Setting（模拟参数设置）组合框中，Maximum Number of Iteration（最大迭代次数）栏设为 300，Neighborhood（邻域大小）栏设为 3，Accelerate（加速因子）栏设为 0.1。

设置完成后的界面如图 12.15 所示，并单击 Accept 按钮。

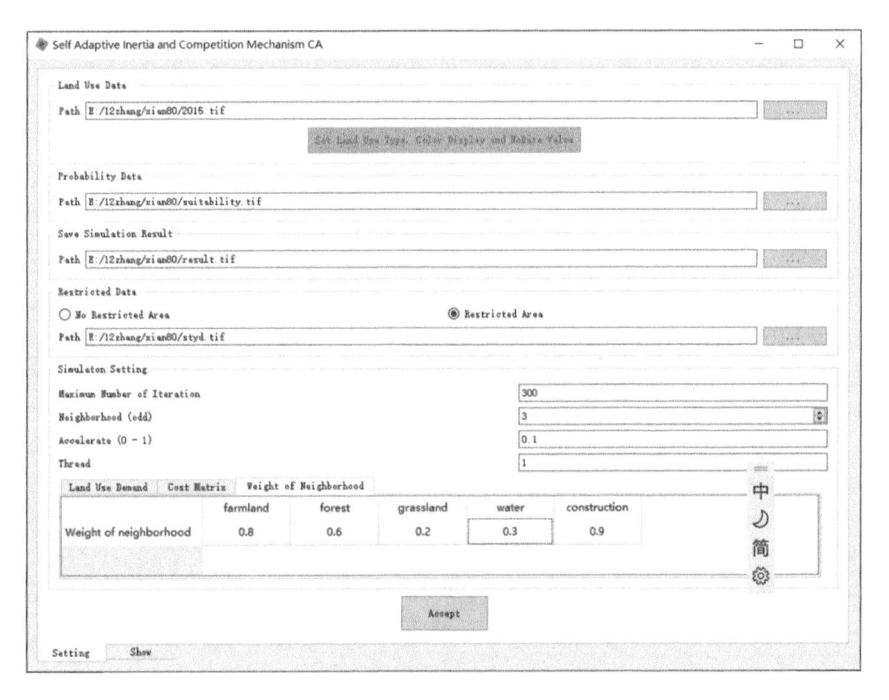

图 12.15　自适应惯性机制的 CA 模拟参数设置

完成迭代模拟参数的设置后，在窗口左下角单击 Show 按钮，并在 Show 界面单击 Run 按钮，开始土地利用变化的模拟，模拟过程如图 12.16 所示。

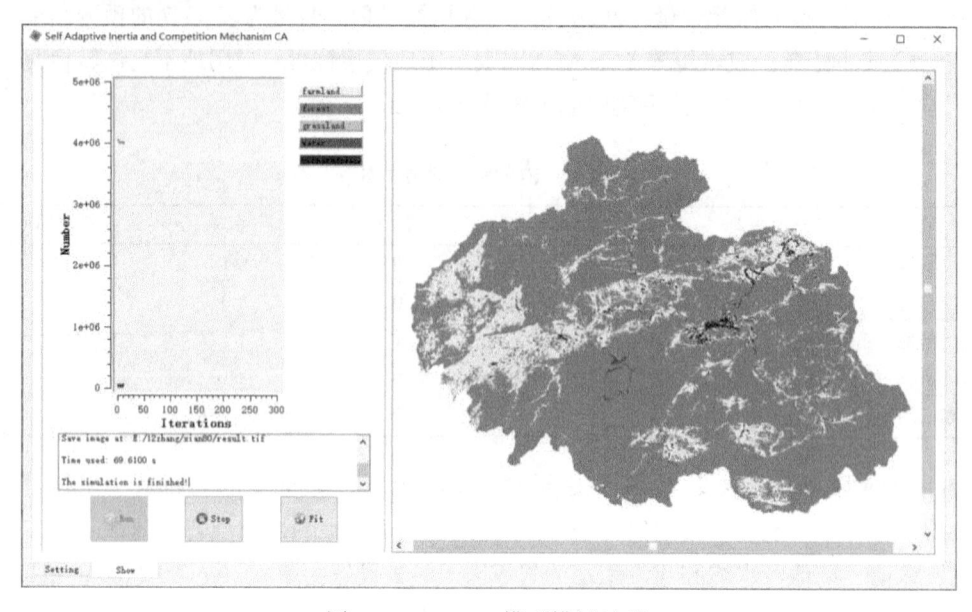

图 12.16　FLUS 模型模拟过程

4. 精度评价与优化结果分析

1）模拟精度评价

FLUS_V2.4 软件有 Kappa 和 FoM 两种精度检验指标，选择 Validation→ Precision Validation 选项。如图 12.17 所示，在计算 Kappa 值时，Ground Truth 栏选择 2020 年的实际土地利用数据 2020.tif，Simulation Result 栏选择前面的模拟结果 result.tif，其他设置参考默认值；在计算 FoM 值时，Start Map 栏选择起始年份的土地利用数据 2015.tif，其他两项和 Kappa 值计算时一致。

（a）计算 Kappa 值

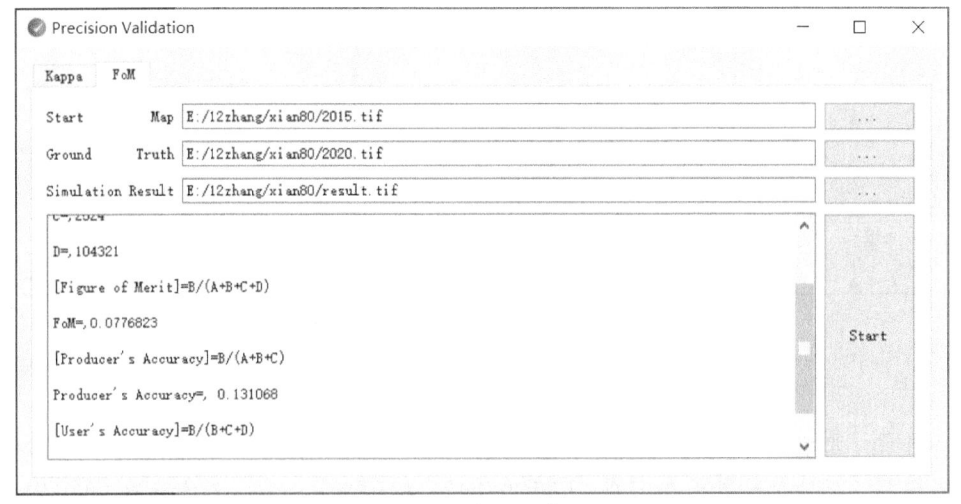

（b）计算 FoM 值

图 12.17　FLUS 模型精度验证

计算结果会在界面下方显示，并自动保存在软件目录下 FilesGenerate 文件夹的 Kappa.csv 和 FoM.csv 两个文件中。在此次模拟中，Kappa 值为 0.858457，FoM 值为 0.0776823，Kappa 值更接近 1，说明模拟精度较高。

2）优化结果分析

案例区 2020 年土地利用现状和优化结果如图 12.18 所示。

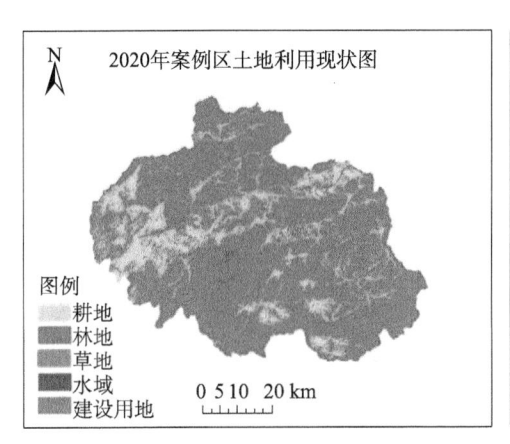

图 12.18　案例区 2020 年土地利用现状与优化结果

从地类数量结果来看，相较于 2020 年现状，优化后林地、草地和水域等重要生态用地的面积有所增加（表 12.9）。

表 12.9　优化前后地类数量对比（单位：个）

对比项	耕地	林地	草地	水域	建设用地
2020 年现状	942509	3975955	1518	26435	56929
优化后	910896	4003575	1995	27539	59341

从生态系统服务价值来看，相较于 2020 年现状，优化后生态系统服务价值有所提升（表 12.10）。

表 12.10　优化前后生态系统服务价值对比（单位：万元）

对比项	耕地	林地	草地	水域	合计
2020 年现状	166018	5768114	1075	443996	6379203
优化后	160449	5808184	1413	462539	6432585

12.3　讨论与总结

本实验主要在 ArcGIS 10.2.2 软件与 FLUS_V2.4 软件的支持下，在生态系统服务价值最大化情景下确定关键性生态用地，以生态用地目标约束为前提，对案例区 2020 年土地利用数量结构及空间布局进行优化。从结果来看，优化后案例区生态用地的面积有所增加，生态系统服务价值有所提升。

土地利用格局优化是针对土地利用不合理问题而提出的，本实验在生态用地优先的前提下对土地利用格局进行优化研究。在 FLUS_V2.4 软件中，生态用地优先这一优化条件主要反映在对预期土地利用数量的确定，以及模拟过程中的限制转换图层的选取上。在实际研究中，读者可以设置不同的准则和条件并修改相应的参数，以实现耕地保护情景、可持续发展情景和城市扩张情景等不同条件下的土地利用格局优化的研究。

本实验也存在一些可以改进的地方，例如，在土地利用数量配置优化时，可以采取差分演化算法、多目标规划模型等方法；在确定关键生态用地时，可以运用最小累积阻力模型、电路理论和生态敏感性分析等方法；在土地利用变化驱动力选取时，可以增加人口数量和地区生产总值等社会经济因素，以进一步提高模型模拟的准确性和精度。

参 考 文 献

孙艺杰, 任志远, 赵胜男, 等. 2017. 陕西河谷盆地生态系统服务协同与权衡时空差异分析[J]. 地理学报, 72(3): 521-532.

谢高地, 鲁春霞, 冷允法, 等. 2003. 青藏高原生态资产的价值评估[J]. 自然资源学报, 18(2): 189-196.

谢高地, 张彩霞, 张雷明, 等. 2015. 基于单位面积价值当量因子的生态系统服务价值化方法改进[J]. 自然资源学报, 30(8): 1243-1254.

谢花林. 2008. 土地利用生态安全格局研究进展[J]. 生态学报, 28(12): 6305-6311.

俞孔坚, 李海龙, 李迪华. 2008. "反规划"与生态基础设施: 城市化过程中对自然系统的精明保护[J]. 自然资源学报, 23(6): 937-958.

Liang X, Liu X P, Li X, et al. 2018. Delineating multi-scenario urban growth boundaries with a CA-based FLUS model and morphological method[J]. Landscape and Urban Planning, 177: 47-63.